D1865325

DIE MACHER

Wirtschaftsreportagen aus einem satten Land

von
Dieter Kampe

Centaurus-Verlagsgesellschaft
Pfaffenweiler 1986

CIP-Kurztitelaufnahme der Deutschen Bibliothek

Kampe, Dieter:
Die Macher: Wirtschaftsreportagen aus e. satten Land / Dieter Kampe. — Pfaffenweiler: Centaurus-Verlagsgesellschaft, 1986.
ISBN 3-89085-143-6

Alle Rechte, insbesondere das Recht der Vervielfältigung und Verbreitung sowie der Übersetzung, vorbehalten. Kein Teil des Werkes darf in irgendeiner Form (durch Fotokopie, Mikrofilm oder ein anderes Verfahren) ohne schriftliche Genehmigung des Verlages reproduziert oder unter Verwendung elektronischer Systeme verarbeitet, vervielfältigt oder verbreitet werden.

© *CENTAURUS-Verlagsgesellschaft mit beschränkter Haftung, Pfaffenweiler 1986*

Druck: difo druck, 8600 Bamberg · Printed in Germany

INHALT

Vorwort

Was ist eigentlich los in der Bundesrepublik Deutschland? Leben wir in einer modernen Industriegesellschaft, wohlhabend, effizient und gerecht? Oder in einer Bananenrepublik, in der Lobbyisten Politiker manipulieren, freche Wirtschaftsbetrüger sich bereichern und renommierte Institutionen die Bürger mit Lügen beruhigen?

Mit ihren Nachrichten liefern Rundfunk und Fernsehen täglich Beweise und Anschauungsmaterial für beide Standpunkte. Ereignisse, Aktionen, Meinungen blitzen auf, werden aber kaum verständlich. Denn kurz muß die Nachricht sein: im Fernsehen maximal 90 Sekunden, in den programmreformierten Rundfunkanstalten drei Minuten (zwischen zwei Musiktiteln), in Zeitungen und Zeitschriften möglichst nur Zweispalter. Erklären kann man so gar nichts, allenfalls abbilden, beschreiben, wiedergeben.

Wo keiner etwas erklärt, kann auch niemand etwas verstehen. Warum die Verhältnisse in diesem Land so sind, wie sie sind, wird erst durch Hintergrundwissen verständlich. Dieses ist keineswegs langweilig oder abstrakt. Denn im Hintergrund stehen eigentlich immer amüsante und spannende oder auch groteske und »unglaubliche« Geschichten. Sie erst schildern (und erklären zugleich), wie die Verhältnisse, die »gewachsenen Strukturen«, entstanden sind und was sie bewirken. Acht solcher Geschichten enthält dieses Buch.

Es ist, wie es ist. Eben das ist falsch. Es ist, wie es wurde; und es hätte anders werden können! Denn alles ist veränderbar. Dazu aber muß man verstehen. Und dazu wiederum braucht man Informationen: über Menschen und Motive, Institutionen und Interessen, Macher und Machtstrukturen.

Deshalb werden hier Geschichten über »Macher« vorgestellt, die an der Nahtstelle von Politik und Wirtschaft operieren - also dort, wo es spannend und folgenreich für viele wird. Dort entstehen Probleme, Strukturen und Verhältnisse, die über den Tag hinaus aktuell bleiben, die weiterwirken, auch wenn einzelne Personen des Spiels ausgetauscht werden. Die hier gesammelten Reportagen, die ich in den letzten Jahren geschrieben habe, sind heute - leider - nicht weniger aktuell, nicht weniger aussagekräftig als zum Zeitpunkt ihres ersten Erscheinens. Leider - denn sie belegen auch, wie wenig sich in den grundsätzlichen und wichtigen Bereichen unserer Gesellschaft verändert hat.

An erster Stelle dieser Sammlung steht ein Portrait des **Sachverständigenrates zur Begutachtung der gesamtwirtschaftlichen Entwicklung.** Die **Fünf Weisen,** wie sie populär heißen, geben vor, die wirtschaftliche und wirtschaftspolitische Entwicklung unseres Landes erklären und auch prognostizieren zu können. Sie geben auch Tips, was gemacht werden sollte. Viele Politiker holen sich bei ihnen Ideen, Programme und Bestätigungen. Was alljährlich in den dicken Gutachten dieses Rates veröffentlicht wird, ist allerdings nicht der Weisheit letzter Schluß. Seine gewichtigen Werke enthalten häufig nur das Weltbild und das Wunschdenken einiger konservativer Ökonomieprofessoren. Das Gespräch mit den noblen Herren zeigt hingegen nicht den Heiligenschein. Erkennbar wird vielmehr ein triviales Glaubensbekenntnis: Der Markt wird's schon richten. Eine nicht sehr einfallsreiche, aber wirksame Botschaft.

Eine Wirtschaftsmacht sollten eigentlich die Verbraucher sein. Das Schlagwort »König Kunde« will eben dies suggerieren. Und doch zeigen die Skandale der letzten Zeit - Östrogen im Kalbfleisch, faule Eier in den Nudeln und Gift im Wein - den Verbraucher weit eher als Opfer. Der ohnmächtige Kunde muß nehmen, was ihm angeboten wird. Es gibt aber Organisationen, die in seinem Namen sprechen, ihn vertreten, für ihn Politik machen wollen. Dies sind die **Verbraucherschutz-Organisationen,** die Arbeitsgemeinschaft der Verbraucher, die Verbraucherzentralen, die Stiftung Warentest. Warum bei deren Arbeit so wenig herauskommt, berichtet das Kapitel: **»Ladenhüter«.**

Als Versicherungskunden schützt den Verbraucher eine offizielle staatliche Instanz: das **Bundesamt für das Versicherungswesen.** Das glauben jedenfalls die meisten Versicherungsnehmer. In Wirklichkeit aber schützt das Aufsichtsamt die Versicherungsunternehmen - **die Angstmacher** - vor einem möglichen Konkurs. So überlebt auch die marodeste Firma. Bezahlen müssen es letztlich die Versicherten. Mit ihren Beiträgen, den Versicherungsprämien, haben sie die Assekuranzwirtschaft zur reichsten Branche dieses Landes gemästet. Dieses viele Geld macht Freunde. Einer davon ist der Finanzminister, der sich von den milliardenschweren Versicherungsunternehmen das Geld für die Staatsverschuldung holt. Deshalb ist er der Branche auch sehr gewogen, was sich wiederum auszahlt.

Wie das Geld aus den Taschen der Verbraucher in die Kassen der Unternehmer fließt, ist mittlerweile deutlich geworden. Daß das Geld der öffentlichen Kassen, also die Steuergelder, nicht schnell und mysteriös in dunklen

Kanälen versickert, darauf achtet der **Bundesrechnungshof.** Eine sinnvolle - und, wie die jährliche Beschwerdeliste des Rechnungshofes zeigt, auch eine sehr notwendige Einrichtung. Weil aber vieles von der Kritik der Rechnungsprüfer folgenlos im Dickicht der Bürokratie verschwindet, hat sich eine private Organisation vorgenommen, der Kritik Nachdruck zu verleihen und den Amtsschimmel in Trab zu halten. Der **Bund der Steuerzahler** beweist, daß der Protest engagierter Bürger oft mehr bewirkt als Paragraphen und Verordnungen.

Einer der bekanntesten Politiker der siebziger und frühen achtziger Jahre war Josef Stingl, Präsident der **Bundesanstalt für Arbeit.** Obwohl seine Popularität mit dem unpopulären Anstieg der Arbeitslosigkeit zusammenhing, wirkte der bullige Mahner aus Nürnberg vertrauensvoller als all die vielen Bonner Politiker, die ständig den Aufschwung beschworen und die Arbeitslosenzahl nur als einen lästigen statistischen Wert betrachteten. Stingl verkörperte demgegenüber **das schlechte Gewissen der satten Nation.** Der Mann, der das wichtigste soziale Netz unseres Landes reformierte und verwaltete, das steht im Mittelpunkt des fünften Kapitels.

Wer keine Arbeit hat, sucht sich einen Job. Angebote gibt es aber nicht nur beim Arbeitsamt. Die Boulevardzeitungen bringen täglich vielversprechende Anzeigen, in denen »dynamische Aufsteiger« gesucht werden. Gelockt wird mit äußerst attraktiven Gehaltsversprechungen: »bis zu 12.000 Mark im Monat sind möglich«, heißt es da. Wer nur clever und fix genug ist, so der Eindruck beim Lesen dieser Anzeigen, der kann auf die Schnelle Gehälter erzielen, für die andere jahrzehntelang schuften müssen. Was sich hinter diesen **unkonventionellen Job-Angeboten** verbirgt, habe ich erfahren, indem ich mich um diese attraktiven Stellen beworben habe und sie dann auch ausübte. Phantastische Gehälter habe ich dabei nicht erreicht, phantastische Geschichten aber gleich im Dutzend erlebt. Näheres unter **»Einfältige Jäger und schnelle Mäuse«.**

Die Jobs, die ich da einige Wochen lang ausübte, entsprachen wohl kaum dem, was sich Gewerkschaftsführer **Franz Steinkühler** unter einem ordentlichen Arbeitsplatz vorstellt. Meine enormen Gewinnchancen erkaufte ich mir nämlich mit dem Verzicht auf Tariflohn, soziale Absicherung und regelmäßigen Feierabend. Das allerdings, meint Steinkühler, können ohnehin zukünftig nicht mehr die alleinigen Ziele gewerkschaftlicher Arbeit sein. Wie Steinkühler die Industriegesellschaft von morgen und die **neue Rolle der Gewerkschaften** sieht, läßt sich im siebten Kapitel nachlesen.

Zum Schluß geht es noch einmal um das große Geld. Diesmal aber nicht um die leeren Versprechungen dubioser Job-Vermittler, sondern um **Wirtschaftsverbrecher,** die mit krummen Touren tatsächlich Millionen scheffeln. Am Beispiel der Arbeit eines **Wirtschafts-Staatsanwalts** zeigt sich, weshalb die Redewendung »Die Kleinen hängt man, die Großen läßt man laufen« den realen Gegebenheiten entspricht - und weshalb die **Herren im weißen Kragen, aber ohne weiße Weste** sich in der Bundesrepublik so sorglos tummeln können.

Mit dieser Auswahl meiner in den letzten Jahren geschriebenen Wirtschaftsreportagen möchte ich deutlich machen, daß wir keineswegs, wie Voltaire seinen Candide sagen läßt, in der besten aller möglichen Welten leben. Veränderungen sind notwendig, Reformen wären sinnvoll. Denn die hier beschriebenen Verhältnisse produzieren Opfer; deshalb ist die politische Aufgabe der Veränderung ernst zu nehmen. Aber nicht todernst. Denn es geht zwar um Lebens-, nicht aber um Überlebenschancen wie in den Entwicklungsländern, die ich in einem früheren Buch beschrieben habe. Gewalt und Not haben in der Dritten Welt andere Dimensionen. Die »Wirtschaftsreportagen aus einem satten Land«, die ich hier vorlege, zeigen ernste Probleme und komische Situationen, seriöse Macher und lächerliche Figuren. Sie alle spielen mit im großen Gesellschaftsspiel, hoffen, bangen, strampeln. Und es geht uns nicht schlecht dabei. Aber es könnte uns besser gehen.

Hamburg, im Juni 1986 Dieter Kampe

Fünf Weise in der Wirtschaft

Stell dir vor, allen geht's gut und keiner weiß, warum. Allgemeiner Wohlstand ist für die Wirtschaftswissenschaftler noch immer ein Ratlosigkeit erzeugendes Phänomen, vor dem sie stehen wie der Freak vor der Frage, ob die Amerikaner rüsten, weil die Russen rüsten, oder ob die Russen rüsten, weil die Amerikaner rüsten. Der Erfolg hat viele Väter, am wirtschaftlichen Mißerfolg sind immer die anderen schuld, und wie man nach der Krise wieder zu Wachstum und Wohlstand gelangen kann, weiß keiner. Was ist die Basis einer boomenden Wirtschaft? Ist es die neue Generation dynamischer Unternehmer? Ist es die Konsumlust der Massen? Neue Technologien, die nie gekannte Produkte hervorbringen? Die geschickte Wirtschaftspolitik der Regierung? Oder geht's etwa aufwärts, weil gerade sowieso alles aufwärts geht? Ist ja auch egal. Hauptsache, uns geht's gold.

Ursachenforschung kann äußerst langweilig sein, vor allem, wenn alle einen dicken Bauch haben und sich keiner dafür interessiert, wieso der Rubel rollt. Dann reicht es höchstens für Seminararbeiten neugieriger Studenten oder Doktorarbeiten linker Sozialdemokraten, die nun endlich einmal grundsätzlich und grundlegend klarstellen möchten, wie das alles zusammenhängt. (Weniger engagierte Leute halten sich in solchen Prosperitätsphasen lieber an Marxens Grundgedanken, daß alle Theorie grau und nur das Business grün ist.) Nähern sich die Wachstumsraten der Volkswirtschaft jedoch jener Null, die vor wenigen Jahren noch alle, die Amt und Würden hatten, für erstens unmöglich und zweitens verwerflich hielten, dann wird gefragt nach den Bedingungen des Aufschwungs, nach dem Rezept des Wohlstands. Dann kommt zwar für Leitartikler und Kneipenkommentatoren die große Stunde, aber für Wirtschaftswissenschaftler naht die bittere Stunde der Wahrheit.

Wie Kinder, die angesichts eines tanzenden Kreisels nicht wissen, ob er sich linksrum oder rechtsrum dreht, können die Wirtschaftswissenschaftler nicht sagen, wie der Kreisel Volkswirschaft wieder zum Tanzen gebracht werden kann, wenn er erst einmal ins Trudeln gerät. Die einen schlagen vor, ihm einen linken Drehimpuls zu geben und die Nachfrage anzukurbeln; andere, die vermuten, daß der Kreisel dann nur noch Bocksprünge macht, raten zu rechten Drehimpulsen und wollen daher den Unternehmern das Investieren erleichtern. Damit's in die Schublade paßt, bekommen beide Vorschläge noch rasch ihr Etikett: »nachfrageorientierte Wirtschaftspolitik« und »angebotsorientierte Strategie«. Das löst zwar noch kein Problem und beantwortet keine Fragen, aber immerhin sind jetzt wieder die neugierigen Studenten und die um grundlegende Klärungen bemühten Doktoranden beschäftigt. Und die Wahrheit? Wohin muß der Drehimpuls gehen?

Die auf dem Kreisel sitzen, müßten es ja eigentlich wissen. Doch solange der Kreisel sich schnell dreht, sind alle im Konsumrausch; kommt der Kreisel ins Trudeln, ist sich natürlich jeder erst mal selbst der Nächste und versucht seine PS-Pferdchen ins Trockene zu bringen.

Wer schlau ist, weiß allerdings, wo's langgeht, denn er kennt die Wahrheit. Wenn man als Politiker also selber nicht mehr weiß, wo's langgeht, dann hole man sich ein paar schlaue Leute, sagen wir mal fünf (ungerade Zahl ist auf jeden Fall besser, Wahrheit hin, Wahrheit her), und gebe ihnen die Aufgabe, sich zu allen Fragen eines Sachgebietes zu äußern. Ein paar gute Tips kommen immer dabei rüber, und auch sonst bringt das eine ganze Menge Vorteile: Paßt einem das, was die Schlauköpfe sagen, kann man sich gegenüber der Öffentlichkeit darauf berufen, daß die Schlauen - die man am besten noch »die Weisen« nennt - auch genau dies gesagt und empfohlen haben. Sind die professoralen Ratschläge nebelig und verschwommen - was bisweilen vorkommen soll -, dann kann man gegenüber Kritikern darauf verweisen, daß selbst den Eggheads nichts eingefallen ist. Und kommt es doch mal zu Meinungsverschiedenheiten, dann kann man die Weisen immer noch totschweigen, als wirklichkeitsferne Theoretiker abstempeln, auf andere politische Prioritäten oder ominöse Sachzwänge verweisen. Summa summarum: so ein paar Weise können nicht schaden.

Das sagte sich auch der Vater des deutschen Wirtschaftswunders, als er 1964 bemerkte, daß Wunder nicht ewig dauern und er auf seinem Wunderkonstruktions-Thron bald nicht mehr vor Kritik geschützt sein würde. Ludwig Erhard berief also fünf Koryphäen der Wirtschaftswissenschaft, auf daß sie alljährlich ergründen, was es mit der Wirtschaft auf sich hat. Er faßte die »Fünf Weisen« in einem Gremium zusammen, gab ihnen im besten Ministerialdeutsch den Titel »Sachverständigenrat zur Begutachtung der gesamtwirtschaftlichen Entwicklung« und band die Entlohnung an ein Gutachten, das die Weisen seitdem in jedem Herbst abzuliefern haben. Die Weisen wurden der Wahrheit verpflichtet, nichts anderem als der Wahrheit, der wissenschaftlichen Redlichkeit und dem state of the art.

Nun ist das mit der Wahrheit ja so eine Sache, spätestens seit Pontius Pilatus sind Zweifel aktenkundig geworden, und auch im Nachkriegsdeutschland gab es Leute, die bezweifelten, ob die von einer christdemokratischen Regierung berufenen Wahrheitssucher wirklich die alleinige und einzige Wahrheit suchen und finden würden. Die sozialdemokratische Bundestagsfraktion setzte daher durch (informell natürlich, denn offiziell soll man ja an der Wahrheit nicht zweifeln), daß einer der Wahrheitssucher den Gewerkschaften nahestehen solle. Im Proporzdenken bereits geübt, forderte die CDU - natürlich auch informell, aber nicht weniger ernsthaft -, daß dann ein Weiser auch offiziell der Unternehmensseite nahestehen müsse. Handschlag drauf, und los ging's.

Seitdem gibt es fünf unabhängige Weise, die allein der Wahrheit verpflichtet sind, von denen jedoch drei besonders unanhängig und der Wahrheit verpflichtet sind, während zwei andere zwar auch unabhängig und allein der Wahrheit verpflichtet sind, aber offen zugeben dürfen, daß sie einem der Tarifpartner nahestehen.

Der Weg von der Bielefelder Innenstadt zur Universität geht vorbei am Oetkerpark und der Oetkerhalle. Breite, neue Straßen führen die nächsten vier Kilometer durch gartengrüne Neubausiedlungen zum ostwestfälischen Intelligenzzentrum. Vor 15 Jahren war hier nichts, Stadtrand; Dornberg hieß diese Gegend damals sehr treffend, heute ist es 4800 Bielefeld 15. Aus der Ferne sehe ich die massige Betonburg; in dieser verschachtelten Denkfabrik hat Niklas Luhmann seine Systemtheorie von der Ausdifferenzierung der Subsysteme entwickelt. Solche Gedanken drängen sich hier auf. Wo immer man das Universitätsgelände betritt, stößt man auf einen übersichtlichen, klar gegliederten Lageplan. Sie stehen hier: Punkt. Klare Pfeiler, klare Wege. Von A bis Y alles geordnet. Es soll ja Studentengenerationen gegeben haben, die sich im Universitätsleben nicht zurechtfanden. Das ist in Bielefeld - zumindest in dieser Hinsicht - nicht möglich.

Professor Glastetter telefoniert gerade. Er bittet um einen Moment Geduld. Ich trete ans Fenster und blicke in einen tiefen Innenhof. Von hier aus wirken die Fassaden noch eintöniger als von außen. Unten, wie Gewächshäuser, die breitwinkligen Plexiglasdächer der darunterliegenden Eingangshalle, umrandet von ein paar Büschen. Das Ganze wirkt wie eine Mischung aus Hochsicherheitstrakt und Gartenbauschule. Das Zimmer des Ordinarius zeichnet sich gleichfalls durch eine spartanisch karge Einrichtung aus. Regal, Schreibtisch, Tisch mit vier Stühlen; helles Holz, dunkelgraue Stahlrohre, so etwas findet man bei jedem Oberpostrat und in jedem Finanzamt. Bücher stehen nur wenige im Regal, dafür gut vierzig Ordner, ordentlich mit Schreibmaschine beschriftet: »Wirtschaftspolitik«, darunter dann »Wissenschaftstheorie« bis »Konjunkturforschung«. Rechts einige Stapel mit Zeitschriften, Schriftenreihe des Statistischen Bundesamtes, Konjunkturdaten, Jahresgutachten.

Werner Glastetter, der Mittvierziger, ist freundlich und von sympathischer Offenheit. Die Krawatte gelockert, den obersten Hemdknopf geöffnet, wirkt er gelöst und entspannt. Das offene Jackett zeigt die heutzutage in akademischen Berufen obligatorischen Übergewichtskilo. Füllig würden ihn die Westfalen nennen; das bedeutet, daß man gutes Essen zu schätzen weiß, aber noch längst nicht dick ist, was Zurückhaltung verlangen würde. Von 1979 bis 1981 war Herr Glastetter Mitglied des Sachverständigenrates zur Begutachtung der gesamtwirtschaftlichen Entwicklung - er war einer der Fünf Weisen.

Er galt immer als der »gewerkschaftsnahe Professor«, ein Titel, der ihn heute noch in milde Rage bringt. »Manche haben da wirklich geglaubt, ich kriege meine Direktiven aus der DGB-Zentrale... Was natürlich Blödsinn ist!«, fügt er noch hinzu, damit da nicht die geringsten Zweifel bleiben. Werner Glastetter beginnt stockend einen sehr allgemeinen wissenschaftstheoretischen Exkurs über Wertfreiheit. Philosophische Feinheiten sind seine Stärke nicht, und meine Bitte, das Ganze doch einmal konkret am Beispiel Sachverständigenrat aufzuzeigen, nimmt er mit dankbarem Blick entgegen.

»Die Intention der Politiker bei der Gründung des Sachverständigenrates war, ein unabhängiges Gremium zu schaffen, von dem man Argumentationshilfe zur Begründung sogenannter unpopulärer Maßnahmen erhoffte«, beginnt Glastetter. »Eine Regierung darf ja den Sozialpartnern nichts vorschreiben, aber sie kann sagen: Seht her, die unabhängigen Wissenschaftler sagen, gesamtwirtschaftlich ist dieses oder jenes notwendig - nun haltet euch mal daran, im Interesse des Gemeinwohls. Und innerhalb gewisser Grenzen«, schiebt er nach einer kleinen Pause hinterher, »kann die Wissenschaft durchaus Sachzwänge aufdecken und sagen: Wenn A passiert, dann folgt daraus B.«

Ich blicke aus dem Fenster und sage, daß irgendwo draußen in diesem Großbunker Herr Luhmann sitze, der Volkswirtschaften als überkomplexe Systeme bezeichnet habe, was mir zumindest insofern einsichtig sei, als es in wirtschaftspolitischen Fragen keine eindeutigen Wenn-dann-Beziehungen gebe. Jetzt leuchtet etwas in den braunen Augen meines Gesprächspartners auf, und es kommt Bewegung in seine Sitzhaltung. »Ja, es gibt natürlich mehrere Wege zu einem Ziel. Das ist ja genau die wichtige Frage: Soll ein Beratungsgremium sich allein für einen Weg stark machen? Die Entscheidung für eine und gegen andere Strategien ist nicht ohne bestimmte Werthaltungen möglich. Und diese Prämissen und Wertpositionen müßte jedes Gremium eigentlich offenlegen und deutlich machen. Wenn man z.B. dem Wachstum Priorität gibt, dann muß man für die Rentabilität der Investitionen sorgen. Dann darf man, wie Adenauer sagte, in Verteilungsfragen nicht so pingelig sein. Dann muß man akzeptieren, daß derjenige, der Häuser baut, bei den Mieten auch zuschlagen darf. Gefährlich wird es nur, wenn die Wissenschaftler sagen: Es gibt nur diesen Weg. Eigentlich müßten sie sagen: Politiker, du hast drei mögliche Strategien zur Auswahl: A, B und C. A hat das Ziel Wachstum und erfordert einen Preis etwa im Bereich soziale Gerechtigkeit oder auch Umweltschutz. B zielt auf Vollbeschäftigung, würde aber die Inflation anheizen. C setzt den Umweltschutz über alles und hätte Einbußen bei Einkommen und Export zur Folge. Das sind also unterschiedliche Ziele, unterschiedliche Wege und unterschiedliche Kosten. Der Wissenschaftler bleibt insofern in der wertfreien Sphäre, als er nur die unterschiedlichen Strategien und ihre jeweiligen Implikationen darlegt. Der Politiker muß dann seine Prioritäten deutlich machen und Entscheidungen treffen - genau dazu ist er ja gewählt worden.«

»In jeder Volkswirtschaft ist im Grunde genügend Wachstums- und Investitionsdynamik vorhanden.« Wer diesen Satz ohne Wenn und Aber unterschreibt, ist Angebots-Theoretiker. Im letzten Ratsgutachten war von der »Robustheit der Investionsneigung« die Rede. Wird diese Prämisse zugrunde gelegt, dann können wirtschaftliche Flautezeiten nur damit erklärt werden, daß irgend etwas die an sich gegebene Dynamik bremst. Bremser ist immer »der Staat«, Bremswirkungen entstehen durch ein Zuviel an Reglementierung. Zum aktiven Vokabular des Angebots-Theoretikers gehören deshalb Begriffe wie: administrative Investitionshemmnisse, Lohnkostenbelastung, Steuerbelastung. Und andererseits: Renaissance der Marktwirtschaft, Revitalisierung der Wirtschaft, Entstaatlichtung, Bremsen lockern. »Supply management« - wie der ursprünglich deutsche Begriff von Reagan, Laffer und Stockman amerikanisiert wurde - bedeutet, daß die Wirtschaftspolitik sich an den Interesen der Anbieter, der Produzenten, zu orientieren hat. Der dynamische Unternehmer muß entfesselt werden.

Dem Konzept fehlt es nicht an innerer Logik. Fallen die Fesseln, ermöglicht die Geldpolitik eine bessere Liquiditätsausstattung, sorgt die Finanzpolitik für niedrige Zinsen, halten sich die Gewerkschaften mit Lohnforderungen zurück - dann ist die Rentabilität der Investitonen gesichert, die Unternehmer investieren, die Wirtschaft wächst, Beschäftigung, Einkommen und Nachfrage sind die Folge. Die Wirtschaft dreht sich im Kreis. Hurra, alle sind glücklich.

Die Strategen der Angebotstheorie behaupten, der Kreisel drehe sich, weil er einen Drehimpuls von den Investoren erhielt. Skeptiker fragen, wie denn eine Investition zu Verkaufserlösen und Gewinnen führen kann, wenn die Nachfrage nicht vorhanden sei. Wie immer, wenn sich Ökonomen schwertun, etwas empirisch zu belegen, holen sie ein Theorem aus der Tasche. Das hier passende ist 180 Jahre alt, stammt von Jean Baptiste Say und lautet schlicht und ergreifend: »Jede Produktion sucht sich ihre Nachfrage.« Wer keine Drähte zur Industrie hat und nur nachdenken kann, dem wird nach Betätigung der grauen Zellen das Theorem als Münchhausen-Logik erscheinen: der Herr zieht sich selbst am eigenen Schopf aus dem Sumpf. Wer die Drähte zur Industrie hat (was nicht ausschließt, daß er trotzdem denken kann), der weiß, daß Marktforschung und Marketing heute in Blüte stehen, weil die Unternehmen damit hinter den Konsumentenwünschen herjagen wie die Politiker mit Meinungsumfragen hinter den Wählern. Vom hochkarätigen Unilever-Marketingmanager bis zum drittklassigen Verkaufsleiter einer mittelständischen badischen Möbelfabrik würden alle Absatzfachleute in röhrendes Lachen ausbrechen, riete ihnen ein Wirtschaftspolitiker an, sie sollten nur munter drauflosproduzieren, denn ein Herr Say verbürge sich dafür, daß ihre Produkte sich schon eine Nachfrage suchten.

Die nachfrageorientierten Wirtschaftsstrategen glauben deshalb nicht an die Eigendynamik unternehmerischer Investitionsneigung. Investitionsentscheidungen, meinen sie, treffen Unternehmer erst, wenn sie Märkte sehen. »Zunächst einmal«, sagt Werner Glastetter, »müssen doch Impulse da sein. Und da ist der Staat gefordert. Wenn die Nachfrage im Nebel liegt, dann bricht kein Unternehmer zu neuen Ufern auf. Wenn in der heutigen Situation, wo die Unternehmer zögern, sich der Staat auch zurückhält, dann schafft er nicht Freiräume, in die robuste Investitionsdynamik einbrechen kann, sondern er schafft Leerräume, die die Wirtschaft insgesamt noch mehr schwächen. Nachfrage-Konzept sagt im Grunde nur: Bremsen lockern reicht hier nicht, wir brauchen Impulse. Ob diese Imprulse von der Einkommensseite, über Steuerentlastungen, kommen oder über öffentliche Ausgaben, wie das Zukunftsinvestitionsprogramm, das ist eine ganz andere Frage. Rein von der Logik her sind beide Modelle in sich konsistent. S a c h l i c h muß man nach der Tragfähigkeit der Konzepte fragen. Und da bin ich allerdings der Meinung, daß das angebotsorientierte Konzept auf Dauer nicht trägt. Der Theorie zufolge sollen Investitionen Arbeitsplätze schaffen, die wiederum Einkommen schaffen, was Nachfrage bedeutet. Aber wer garantiert mir denn, daß die Investitionen zur Schaffung neuer Arbeitsplätze genutzt werden? Es sieht doch viel eher so aus, daß rationalisiert wird, autonatisiert wird. Was nach oben geht, ist dann die Produktivität, aber nicht die Beschäftigung. Genau das passiert seit einiger Zeit, der Aufschwung kommt ja nicht, trotz aller Bemühungen. Bereits 1980 hat man ihn für den Sommer 1981 prognostiziert. Aber auch heute sieht ihn noch keiner.«

Werner Glastetters Miene schwankt zwischen Zerknirschung über den ausbleibenden Aufschwung, Mitgefühl für die Betroffenen und Selbstbewußtsein, weil er ja weiß, warum der Aufschwung nicht kommt. Weiser zu sein und mit den Opfern ideologischer Wirtschaftspolitik mitzufühlen ist sicherlich nicht gerade gemütsentlastend.

Schwächen und Mängel einer rein angebotsorientierten Wirtschaftspolitik sind theoretisch nachweisbar und lassen sich am Beispiel der Reagonomics und der Thatcher-Politik auch in der praktischen Politik belegen. Kenneth Galbraith lehnte es Anfang 1982 ab, einen Lexikon-Artikel über »Supply side economics« zu schreiben, weil er meinte bis das Lexikon erscheine, spreche schon niemand mehr von dieser abgewrackten Politik.

Doch deutsche Christdemokraten haben noch heute wenig mehr im Wirtschaftsprogramm stehen als »Entstaatlichung«, und die Mehrzahl der wirtschaftlichen Lehrstuhlinhaber zwischen Hamburg und München hängt noch immer der Angebotsorientierung an. Warum? »Das deutsche Wirtschaftswunder«, holt Werner Glastetter weit aus, »hat der Erhard ja dadurch auf die Beine gestellt, daß er Bremsen abgebaut hat, die er noch aus der nationalsozialistischen Wirtschaftspolitik und aus der Wirtschaftspolitik der unmittelbaren Nachkriegszeit übernommen hatte. Das nannte man damals zwar noch nicht so, aber das war angebotsorientierte Politik, und das funktionierte. Denn es gab ja einen ungeheuren Bedarf an Wohnungen, Kleidung, Nahrung bis hin zu den Gebrauchsgütern, Autos, Mopeds, Kühlschränken. Aufgrund dieses gegebenen Nachfrageüberhangs hat die Angebotspolitik wunderbar funktioniert. Weil diese Dynamik im Wirtschaftspozeß sowieso schon drin war, war die beste Wirtschaftspolitik: keine Wirtschaftspolitik.«

Doch heute gibt es keinen Nachfrageüberhang. Werner Glastetter wird lebhaft und beugt sich nach vorn. Bis jetzt hat er meistens nur ruhig gesprochen, etwas dozierend, ein wenig auch in der langsamen Art, die Gewerkschaftsfunktionäre auszeichnet: Ruhe, Beständigkeit und dickes Fell symbolisierend. Jetzt ist er elektrisiert. »Sättigung ist zwar ein gefährliches Wort, denn satt sind wir ja eigentlich nie. Wer will nicht noch ein größeres Auto und noch 'n paar schicke Anzüge, und warum auch nicht, nicht wahr?« Da bricht sie voll durch, die gewerkschaftliche Verteilungsfixierung der sechziger Jahre. Kommt er damit noch an bei seinen jungen Studenten? Heißt bei denen Grün noch Eigenheim im Grünen? Wie auch immer. »Aber man muß doch sehen, daß die Ausstattung der Haushalte heute sehr gut ist. Das ist doch kein Zufall, daß bei AEG die Konsumbereiche gekappt werden. Ich hatte vor einiger Zeit eine Fernsehdiskussion, an der auch der Herr Dürr teilnahm, und da hat der Herr Dürr erklärt:»Wir haben im ganzen Bereich der Konsumgüterproduktion immense Überkapazitäten.« Ich hab' das noch nie so klar formuliert gehört. Das heißt: man muß also gar nicht darüber diskutieren, ob der Bedarf gesättigt ist, denn wir haben auf jeden Fall die Kapazitäten dafür. In diesem großen Bereich der Konsumartikelherstellung wird es also keineswegs zu Neuinvestitionen kommen, sobald man irgendwelche Bremsen lockert.«

Ganz im Gegensatz zu dem, was man von Weisen erwartet, zerstritt sich Werner Glastetter 1981 mit seinen weisen angebotsorientierten Kollegen und trat zurück. »Im Herbst 1980 hatte ich im Gutachten ein Minderheitsvotum abgegeben, im Sommer darauf noch mal. Die vier anderen Räte haben einheitlich ein Konzept verfolgt, ich konnte meine Ansichten da nicht einbringen. Ist das sinnvoll, habe ich mich gefragt, bei jeder passenden und unpassenden Gelegenheit mit einer abweichenden Meinung per Minderheitsvotum nachzukarren? Ich habe das dann nicht mehr als konstruktive Mitarbeit verstehen können.« Mehr will er dazu nicht sagen und verschanzt sich hinter §10 der Satzung, der auch Ehemalige zur Verschwiegenheit über Interna verdonnert.

Als ich später beim Essen noch einmal nachhake, schließe ich aus den wenigen Worten und der leidenden Miene, daß ihn diese Erfahrung nicht gerade glücklich gemacht hat. Wurde er unter Druck gesetzt? »Nein. Aber Sie werden ja sehen, Herr Sievert ist ein temperamentvoller Mann und ... und dann bin ich halt rausgegangen und hab' mein Minderheitsvotum geschrieben. Währenddessen haben die anderen natürlich ihre Mehrheitslinie weiter diskutiert. Ja, und dann kam ich wieder rein und ... ach ... « Er hat keine Lust, das alles noch einmal en detail zu rekapitulieren. Ein geächteter Weiser, allein auf verlorenem Posten.

Und wo blieb die Rückenstärkung aus Bonn? Sozialdemokratische Regierungspolitiker hätten ihn doch fördern und schützen, aufbauen und aufwerten müssen. »Ach«, winkt Glastetter müde ab, »der Schmidt war doch immer ein Angebotstheoretiker, und der Lahnstein, mit dem habe ich neulich erst böse gestritten, als wir vor einer Fernsehdiskussion gemeinsam am Schminktisch saßen. Die arme Frau ist gar nicht zum Pudern gekommen. Da sind sie doch alle stur auf konservativer Linie.«

Die Nostalgiewelle der späten siebziger Jahre machte auch die Auffassung aus der Frühzeit des Kapitalismus wieder beliebt, ein sich selbst überlassenes Wettbewerbssystem erreiche automatisch Vollbeschäftigung, Preisstabilität und Wohlstand für alle - ein Glaubensbekenntnis, das bereits 1929 mit der Realität der Weltwirtschaftskrise kollidiert war und seitdem nicht mehr unbedingt als der Weisheit letzter Schluß gegolten hatte.

Um die Widerlegung der klassischen Wirtschaftstheorie und ihrer Glaubenssätze hatte sich in den dreißiger Jahren bereits ein etwas unkonventioneller englischer Professor - kauziges Resultat der ländlichen Idylle kleiner, aber angesehner Universitätsstädtchen in Mittelengland - bemüht. Statt an seinen Ausarbeitungen über die Finanzen Indiens weiterzufeilen, schrieb John Maynard Keynes plötzlich Abhandlungen über Fragen der formalen Logik, betätigte sich in geradezu unschicklichem Maße als Kunstmäzen und heiratete eine schöne Balettänzerin. Als habe er damit noch nicht genug Leute vor den

Kopf gestoßen, schrieb er auch noch ein Büchlein, in dem er die Grundannahmen der klassischen Nationalökonomie auseinanderpflückte und so das Weltbild aller Wirtschaftsexperten zerstörte. Seinen Tips zur Meisterung der großen Depression konnten seine Kollegen nichts entgegenhalten, und so blieb es nicht aus, daß sich Politiker fanden, die die Vorschläge des Mister Keynes in der Praxis ausprobierten. Die Korrektur marktwirtschaftlicher Prozesse durch Staatseingriffe brachte die Wirtschaft wieder ins Lot, und Mister Spleeny avancierte zum Lord.

Als das nachkriegsdeutsche Wirtschaftswunder zu Ende ging und Prosperität nicht mehr selbstverständlich war, wurde Keynessches Gedankengut auch hierzulande populär. Zeitweiliger Staatsinterventionismus mauserte sich zur Globalsteuerung, Keynes' Korrekturvorstellungen vermählten sich mit sozialdemokratischer Staatsanbetung und zeugten ein weltweit bis dahin unbekanntes Wesen, ein Kind namens »Konzertierte Aktion«. Diese Neuschöpfung war einmalig, aber nicht der erste originäre Schritt westdeutscher Wirtschaftler. Mit international gängigen Begriffen wie Profit, Klasse und Mehrwert hatten sie sich schon immer schwergetan; sie sprachen lieber von Gewinn, Sozialpartnern und Wertschöpfung. Irgend jemand, der von ganzem Herzen glaubt, daß wirklich alle in einem Boot sitzen, schlug dann vor, die Bootsfahrer alle um einen Tisch zu versammeln, um gemeinsam festzulegen, wie die Konjunktur sich zu entwickeln habe. Da auch die Herren Minister an der Konzertierten Aktion teilnahmen, brauchte es nicht bei Forderungen und Empfehlungen zu bleiben, nein, Wirtschaft und Konjunktur wurden gleich per Gesetz verpflichtet, stabil zu bleiben und zu wachsen. Erstaunliche Parallelen zu den Brüdern und Schwestern im Osten taten sich da auf. Walter Ulbricht ließ ein ganzes Lehrbuch mit ökonomischen Gesetzen des Sozialismus veröffentlichen und glaubte so, per Gesetzeskraft menschliche Schwächen, Fehler und Widerstände gegen den unaufhaltsamen Aufstieg des Sozialismus ausschalten zu können. Und am Rhein verabschiedete die Große Koalition das Gesetz zur Stabilität und zum Wachstum der Wirtschaft und glaubte sich damit aller Krisengefahren enthoben.

Doch während Lehramtskandidaten und Lokführer ihre Verfassungstreue nachweisen mußten, pfiff die Konjunktur auf die Bonner Gesetze und schwankte munter weiter, zunächst maßvoll, dann immer heftiger. Schließlich platzte die Konzertierte Aktion, und dann war's aus mit dem demand management. Globalsteuerung ade. Was von der Keynesschen Lehre übrigblieb, war der Glaube, Staatsverschuldung und öffentliche Ausgabenprogramme könnten Arbeitslosigkeit und Investitionsschwäche beseitigen. Die den Simplifizierungswünschen der Politiker entgegenkommende Lehrbuchmeinung, daß es völlig egal sei, wofür die öffentlichen Ausgaben verwendet werden, ob zur Finanzierung von Forstarbeiten und zum Aufreißen von Straßen oder als

Subvention bestimmter sozialer Gruppen (schließlich würde ja doch alles zur Nachfrage werden), machte Staat, Behörden und Ämter zum großzügigen Gastgeber. Hey, big spender, Bedarf haben wir alle!

Die Staatsverschuldung wuchs, doch die positiven Folgen blieben aus. Den Bundesbürgern war das schnurz, sie lebten selber auf Pump wie nie zuvor in der Nachkriegszeit. Der Strauß-Kohlsche Wechselgesang vom Staatsbankrott, vor der Wahl 1980 in schrillen Tönen vorgetragen, stieß auf taube Ohren - Schuldner haben Verständnis füreinander. So sehr sich die CDU/CSU und später auch die FDP bemühten: über das Thema Staatsverschuldung war die SPD nicht aus dem Sattel zu heben. Nachdem es über andere Wege dann doch gelang, versprach der neue, mißtrauisch-konstruktive Kanzler Entstaatlichung (gemäß der alten Regel, keine Wirtschaftspolitik sei die beste Wirtschaftspolitik), praktizierte aber flugs Investitionsanreize, Forschungsförderung und Ergänzungsabgabe. Lauschen wir also der Pedigt vom sich selbst regulierenden Marktsystem, aber schätzen wir deshalb die Arbeit fleißiger Staatsinterventionisten nicht gering, die sich auch weiterhin um unser aller Wohl bemühen!

Ist der Sachverständigenrat unabhängig und überparteiisch? Kritiker werfen ihm vor, daß er die Ansprüche der Arbeitnehmer und des Staates zugunsten der Unternehmergewinne zurückschrauben würde. So läßt das natürlich kein Ratsmitglied gelten und zieht sich auf die im Gesetz verankerten Pflichten und Ziele von Wachstum und Stabilität zurück. Doch noch 1968 schrieb der heutige Ratspräsident Olaf Sievert: »Die Haupterwartung maßgeblicher Schöpfer des Sachverständigenrates war, er möge dafür sorgen, daß die Löhne weniger stark steigen als bis dahin.« Diesen Erwartungen war der Rat natürlich nicht verpflichtet, aber überraschenderweise laufen seine Empfehlungen immer wieder darauf hinaus, die Gewerkschaften sollten sich in den Lohnrunden doch bitte zurückhalten oder maßvoll zeigen. Diese Forderung ergab sich natürlich nur als Folge des Stabilitätswunsches; um das auch allen deutlich zu machen, entstanden Begriffe wie: beschäftigungskonforme Lohnhöhe, kostenniveauneutrale Lohnpolitik und vollbeschäftigungskonformer Preis für Arbeit. Was damit gemeint war, verstand man in der Düsseldorfer DGB-Zentrale recht gut; die Gewerkschafter bescheinigten dem Rat »eine erstaunliche Armut an neuen Ideen und Lösungsvorschlägen« und nannten ihn eine »konservative Effizienzbremse«.

Wiesbaden im Herbst 1982 zeigt sich nostalgisch-schizophren. Richtung Innenstadt stehen noch viele alte Stadtvillen, gelber Sandstein oder roter Klinker. Kunstvolle Säuleneingänge, Butzenscheibenfenster, phantasievolle Dächer. Im Erdgeschoß Video-Center, Playothek, Players Place, lautstarke und aggressive Elektronik-Spielzeuge made in Japan; am

Eingang Gruppen jeanstragender Teenager, die gedankenverloren an filterlosen Zigaretten ziehen. Sie sind hier Randgruppe. Diese Stadt ist fest in den Händen vermögender Rentner, die in den Kurkliniken ihr Ischias kurieren, die Cafés rund um den Kurpark okkupieren, die Preise hochtreiben und das Leben auf den Straßen prägen.

Ich schlage einen Bogen um den Kurpark, gehe durch ein altes Villenviertel und nähere mich dem riesigen Gebäude des Statistischen Bundesamtes. Zwölf Stockwerke hoch, schmal und langgestreckt, paßt es in diese Umgebung wie ein Tanker in den Yachthafen. Im obersten Stockwerk, gleichsam auf einem Berg von Zahlen thronend, residiert der Sachverständigenrat zur Begutachtung der gesamtwirtschaftlichen Entwicklung.

Professor Olaf Sievert kann sich sehen lassen in Wiesbaden. Um die Fünfzig, füllige Statur, teurer dunkler Flanellanzug, Mercedesfahrer. Er wirkt seriös und beruhigend wie ein guter Doktor, gibt aber zu erkennen, daß er der Chefarzt ist. Er stellt sich als Wissenschaftler so dar, wie die Position es erfordert: dicke Brille, gediegene Kleidung und ernsthafter Gesichtsausdruck. Wir tagen in seinem Arbeitszimmer, das, dreimal so groß wie das der anderen Weisen, recht spartanisch eingerichtet ist und außer einer blauen Campingliege nichts Persönliches besitzt. Olaf Sievert kennt den Rat der Weisen seit 18 Jahren. Zunächst war er Generalsekretär, ging dann kurz fort, um sich zu habilitieren, kehrte bald als Ratsmitglied zurück und ist seit 1976 der große Vorsitzende. Der Rat sei »sein Lebenswerk«, hat er einmal gesagt. Es in aller Breite vorstellen zu können bereitet ihm sichtlich Vergnügen. Außerdem ist er in Sonntagslaune. Vor zwei Stunden hat Kanzler Kohl dem Rat in einer Regierungserklärung ein paar lobende Worte zugedacht.

Auf die Frage nach den wirtschaftstheoretischen Grundannahmen der Ratsempfehlungen antwortert er, der Rat sei niemals auf ganz bestimmte wirtschaftswissenschaftliche Überzeugungen fixiert gewesen. Er betrachte jeweils alle Auffassungen, die zur Problemlage vorliegen, und suche »die überlegene« aus. In den letzten Jahren habe man allerdings immer stärker hervorheben müssen, daß die Probleme heute weniger auf der Nachfrageseite als vielmehr auf der Angebotsseite zu suchen seien. Gestörte Angebotsbedingungen, das bedeute, die Ansprüche der Menschen seien zu hoch, deshalb kämen bestimmte Produktionen gar nicht zustande. »Wenn Sie ein Erdbeerbeet im Garten haben und sich sagen: ich beackere das und erwarte eine Ernte von zwei Zentnern - doch dann erfahren Sie von einem Nachbarn, daß normalerweise nur ein Zentner drin ist, dann lassen Sie's. Diese Produktion unterbleibt, weil Ihre Ansprüche höher sind als das, was dabei herauskommt. Im Prinzip ist es in der Volkswirtschaft genauso; da geht's nicht um Eigenproduktion, sondern um die Herstellung von Gütern. Wenn dort die Erwartungen und Ansprüche bezüglich Lohn und Leistung nicht zueinander passen, wird nicht produziert. Und dann gibt's Arbeitslosigkeit - es sei denn einer der Beteiligten reduziert seine Ansprüche. Wenn wir nach Störungen im Marktsystem suchen, dann stoßen wir immer wieder auf die Ansprüche der Arbeitnehmer. Ist das tarifvertraglich festgelegte Lohnniveau zu hoch, dann stellt sich Arbeitslosigkeit ein.«

Nach den Ölpreiserhöhungen, fährt Professor Sievert fort, seien wir nun einmal gezwungen, unsere Ansprüche zu reduzieren, um das Öl bezahlen zu können - aber vom einmal erreichten Anspruchsniveau herunterzusteigen sei eben sehr schwer. Mit sorgenvoller Miene drückt der Ratsherr den Rest seiner Zigarre aus. Gleich darauf hält er ein goldes Röhrchen in Händen, dem er eine neue Zigarre entnimmt, Marke »Willem II., Optimum«.

»Wir haben den Gewerkschaften vorgeschlagen«, sagt er und pustet den Rauch zur Decke, »eine Lohnpolitik zu betreiben, die den Lohnkostendruck mildert, denn das ist die quantitativ bedeutsamste Maßnahme. Ferner brauchen wir: Umstrukturierung der öffentlichen Haushalte auf der Ausgabenseite, Umstrukturierung des Steuersystems in eine wachstumsfreundliche Richtung und Eindämmung der konsumtiven Staatsausgaben. Das sind die zentralen Momente unserer Strategie, zu der wir seit 1976 geraten haben. Ich meine, verstehen Sie mich nicht falsch, wir sind keine Gegner hoher Löhne, ein Volkswirt ist immer froh, wenn die Wirtschaft so floriert, das hohe Löhne gezahlt werden können.«

Olaf Sievert will ja nicht der Buhmann der Gewerkschaften werden. Deshalb spricht der Rat in seinem letzten Gutachten zwar einerseits vom »zu hoch gewordenen Konsum«, konstatiert jedoch andererseits für 1982: »Was den Haushalten an nominalen Einkommenssteigerungen blieb, reichte nicht aus, den Geldwertschwund wettzumachen; seiner Kaufkraft nach ist das verfügbare Einkommen also gesunken.« Und auch 1983 wird der private Verbrauch »erneut schrumpfen«. Zu stark dürfte man die Lohnschraube auch nicht nach unten drehen, denn: »Zur wirtschaftlichen Belebung gehören auch kaufbereite Verbraucher.«

Die Löhne dürfen also weder zu hoch noch zu niedrig sein. Sehr weise. Wer zwischen sinkender privater Nachfrage und kaufbereiten Verbrauchern einen Widerspruch sieht, gibt sich damit als blutiger Laie zu erkennen: weniger Einkommen bedeutet nämlich mehr Konsum. In den Worten der Weisen: »Was vielen zu begreifen schwerfällt: Bei reduzierten individuellen Einkommensforderungen und staatlichen Ansprüchen, bei günstigeren Kostenverhältnissen der Unternehmen also, ist im Prinzip mehr Produktion rentabel, und damit ist mehr Beschäftigung, mehr Einkommen und daraus in der Summe mehr Konsum möglich und auf die Dauer auch zu erwarten als bei höheren Forderungen, sprich Kosten.« Was vielen zu begreifen schwerfällt.

Das Rezept, das Professor Sievert mir verkündet, ist in der Tat das seit Jahren gepredigte. Die Zuversicht, daß es das richtige ist, klingt im Sondergutachten vom Oktober 1982 aber weitaus gedämpfter. Dort heißt es gleich zu Beginn unter Ziffer 9: »Zu fragen ist, warum es so viel schlechter kam, als vorausgesehen worden war, da doch die Kostenentwicklung, namentlich bei Löhnen und bei den importierten Vorprodukten, eher auf eine Verbesserung der Lage hinwirkte, die Zinsen zwar nicht stetig zurückgingen, aber das Jahr über doch immerhin merklich sanken und die Gewinnmargen wieder ausgeweitet werden konnten.«

Löhne runter, Gewinne rauf - und trotzdem ging's nicht bergauf. Wie peinlich! Alle angebotsorientierten Bedingungen, die der Rat in seinem Jahresgutachten 1981 aufgestellt hatte, waren erfüllt. Wunderbar! Doch leider passierte trotzdem nicht, was der Rat erwartet hatte. Der Aufschwung kam nicht. Sollte der Rat auf dem Holzweg sein? Sollte die Erwartung, daß gut verdienende Unternehmer brav investieren, falsch sein? Statt die eigenen Zweifel zu vertiefen, flüchtet sich der Rat in Durchhalteparolen und weckt langfristige Hoffnungen: »Aus unserer Prognose ergibt sich, daß die Bruttoeinkommen aus Unternehmertätigkeit und Vermögen im Jahre 1983 eine stärkere Verbesserung aufweisen werden als 1982. Die Maßnahmen zur Investitionsförderung, die Investitionszulage ebenso wie die geplanten Steuererleichterungen, werden neben der üblichen Verzögerung in der Anpassung der Steuervorauszahlungen dazu führen, daß die Nettoeinkommen aus Unternehmertätigkeit und Vermögen noch kräftiger steigen.« Wem da nicht das Wasser im Munde zusammenläuft! Da muß man doch einfach investieren!

Und wer garantiert, daß Investitionen überhaupt zu Arbeitsplätzen führen? »Natürlich kommen wir zur Vollbeschäftigung nicht zurück ohne Erweiterungsinvestitionen. Am Anfang stehen noch Investitionen, die vor allem auf Rationalisierung gehen, klar. Aber dabei entstehen ja auch positive Beschäftigungseffekte, weil die neuen Maschinen ja zunächst mal gebaut werden müssen.« Und wenn sie dann eingesetzt werden, ergänze ich, vernichten sie Arbeitsplätze. Doch Professor Sievert bleibt zuversichtlich: »Sie müssen bedenken, daß es dann ja auch zu Kostensenkungen kommt, kapitalintensive Produktionsverfahren sind ja billiger als traditionelle. Bei sinkendem Kostenniveau können die Realeinkommen dann stärker steigen.«

Störrisch verweise ich darauf, daß die höheren Löhne den verbleibenden Beschäftigten zugute kommen, während andere aus dem Produktionsprozeß herausrationalisert worden sind und keine Hoffnung auf Beschäftigung haben, wenn die Arbeit nicht neu verteilt wird durch andere Arbeitszeiten. »Aber wenn diejenigen, die noch Arbeit haben, höhere Einkommen erhalten und eine größere Nachfrage entfalten, dann gibt es doch auch zusätzliche Produktionsmöglichkeiten für diese Nachfrage, und dazu braucht man wieder zusätzliche Arbeitskräfte. So breitet sich die Vorteilswirkung von Rationalisierungen aus.«

Olaf Sievert skizziert diese Planspielchen mit unerschütterlicher Ruhe.

Er plaudert mehr, als er argumentiert. Seine Stimme bleibt gleichförmig und ruhig, sein Lächeln höflich entgegenkommend, seine Gestik kontrolliert. Seine ständigen Happy-End-Kalküle sind irritierend, sie wischen alle wohlbegründbaren Einwände vom Tisch, überspielen alle Unwägbarkeiten durch verstärkten Rekurs auf die Grundannahmen und Glaubenssätze. Damit gibt sich der Ratsvorsitzende im Gespräch sicherer und überzeugter als die Ratsgutachten in ihrem theoretischen Teil. Glaubt er, als Weiser der Öffentlichkeit Unsicherheiten, offene Fragen und Ratlosigkeit nicht offenbaren zu dürfen? Mit dem Ausdruck »Erwartung der Bürger« ist in den letzten Jahren immer häufiger ein psychologischer Begriff in die Gutachten eingeflossen - ähnlich der politique pure, wo statt der inhaltlichen Richtigkeit einer Position die Kalkulierbarkeit einer Person zum Wert an sich wurde. Lieber geradlinig und berechenbar die falsche Strategie weiterfahren als die Anarchie riskieren.

Im zwölften Stock des Statistischen Bundesamtes, hoch über Wiesbaden, treffe ich auch Professor Horst Albach, jenen beschränkt unabhängigen Weisen, der offen mit der Unternehmerseite sympathisieren darf, weil er auf ihren Vorschlag hin dem Rat angehört. Der schlanke, hochgewachsene Einundfünfzigjährige setzt sich, nachdem er die Hemdmanschetten aus dem Jackettärmel gezupft und mit einer raschen Handbewegung das dunkle, von silbriggrauen Strähnen durchzogene Haar geordnet hat, mir gegenüber, als gelte es, Kulenkampffs Quizfragen zu beantworten. Der sportlich-dynamische Professor spricht nicht nur inhaltlich klar, sondern auch politisch sehr deutlich - doch leidet er unter einer Krankheit, die Politiker häufig vor Fernsehkameras befällt: Er überhört die Frage und legt lieber in freier Rede seine Position dar. Doch auch daraus ist schon manches Schöne entstanden.

»In der Tat fühle ich mich verantwortlich dafür mitzuwirken, die Wirtschaftsmacht der Unternehmen zu stärken durch geeignete Wirtschaftspolitik, denn wenn es den Unternehmen gutgeht,dann geht es auch den Arbeitnehmern gut.« Das ist wirklich ein klares und deutliches Glaubensbekenntnis; zudem eine altbekannte These, die Adam Smith vor zwei Jahrhunderten bereits aufstellte und die seitdem oft wiederholt worden ist (was alleine sie nicht wahrer macht). Auch Professor Albach wiederholt den Satz in den folgenden Stunden, fast beschwörend, mehr als ein dutzendmal (was ihn auch nicht wahrer macht). Aber hochkomplexe Wirtschaftsprozesse auf einfache Grundformeln zu bringen kann ja auch schon eine Leistung sein.

»Differenzen zwischen angebotsorientierten und nachfrageorientierten Ratsmitgliedern werden in der Öffentlichkeit viel zu stark hochgespielt. Wir alle haben Angebot und Nachfrage im Blick. Unterschiede gibt es nur bezüglich der Schätzurteile über die Problemlage, in der wir uns befinden. Ich glaube, daß die gegenwärtigen Probleme nicht darin wurzeln, daß nicht genügend

Nachfrage da wäre, sondern daß die Unternehmen nicht genügend Finanzkraft und Investitionskraft haben, um neue Arbeitsplätze zu schaffen. Da gilt es anzusetzen, und wenn die Investitionskraft gestärkt ist, dann wird es auch allen wieder besser gehen, und alle können dann auch mehr ausgeben - und in Erwartung dessen, daß es besser wird, auch h e u t e schon mehr ausgeben. Das ist das Kernproblem.«

Natürlich ist es das nicht, es ist vielmehr der Kerngedanke seines Credos, aber Horst Albach hat diesen letzten Satz mit viel Emphase und Engagement vorgetragen. Bei einzelnen Worten, die er stark betont, ballt er die rechte, kräftige Tennisfaust, seine Stimme wird dabei etwas tiefer und rauchiger. »Das Dilemma besteht immer darin, daß es Maßnahmen gibt, die kurzfristig wirken, aber vielleicht langfristig die Probleme vergrößern, während andere Maßnahmen auf die Dauer wirksam sind, aber eben erfordern, daß man kurzfristig eine Erschwerung der Probleme durchsteht.« Wieder eine beeinduckende Argumentation. Der Wissenschaftler läßt sich nicht von Scheinerfolgen blenden, er sucht den wahrhaft richtigen Weg, auch wenn er dornig ist. Respekt. In der Praxis kann man mit dieser Logik natürlich jeden Verfechter anderer Strategien diffamieren, während man selbst - falls man mit der eigenen Methode auf die Nase fällt - einfach nicht lange genug Zeit hatte.

Bevor ich das Gespräch realitätsnäher gestalten kann, bekomme ich noch einmal eine Portion Selbstverständnis serviert: »Ich selbst bin Betriebswirt. Und als Betriebswirt ist man den Problemen des einzelnen Unternehmens vielleicht doch näher, als das der Volkswirtschaftler ist. Der Betriebswirt geht davon aus, daß die Wirtschaft nur läuft, wenn Investitionen rentabel sind. Inzwischen aber bringt die Verzinsung von Investionen in Unternehmen in vielen Fällen weniger, als wenn ich das Geld auf die Bank trage. Das ist ein unhaltbarer Zustand, den gilt es zu beseitigen - im Interesse der Beschäftigung! Das hat mit unternehmerfreundlicher Politik überhaupt nichts zu tun. Wenn man das angebotsorientierte Politik nennen will, gut; ich nenne es mitarteiter- und beschäftigungsorientierte Politik.«

Auf der Suche nach neuen Rezepten, die Konjunktur anzukurbeln, hake ich ein, habe die sozialliberale Regierung seit Anfang 1982 doch eine angebotsorientierte Politik betrieben, indem sie Inverstitionen über Prämien und verbesserte Abschreibungen um rund ein Drittel verbilligt habe. Trotzdem sei nichts passiert. Dies und das Scheitern der Reaganomics lasse doch Zweifel an dieser Strategie aufkommen. »Ich glaube, man sollte von einer Politik, die die Investitionen stärkt, nicht kurzfristige Erfolge erwarten. Wer die Dinge fair betrachtet, der wird zugestehen, daß die Politik, die die Vereinigten Staaten eingeleitet haben, schon erhebliche Erfolge gebracht hat, die Inflationserwartung, die Inflationsmentalität ist gebrochen, die Inflationsrate ist beachtlich gesenkt worden ...«

»Aber die Arbeitslosigkeit ist ebenso beachtlich gestiegen!«

»... im Augenblick noch, ich sage ja, daß die Wirkungszeit bei Investitionen lang ist, denn wer wird in Arbeitsplätze investieren, die zwanzig, dreißig Jahre lang bestehen und Geld kosten, wenn er nur an ein kurzfristiges Strohfeuer glaubt?«

In the long run, we are all dead, hatte Keynes gesagt, und ich denke an die Schulabgänger ohne Ausbildungsplatz und die arbeitslosen Twens, denen der Hinweis auf die lange Wirkungskette von Investitionen wenig Trost gibt. Und gegen die Hoffnung, daß mehr Investitionen mehr Arbeitsplätze bedeuten, spricht überdies, daß viele Branchen zur Zeit mit geringer Kapazitätsauslastung arbeiten, also gar keinen Grund haben, ihr Produktionspotential auszubauen.

Horst Albach lächelt entgegenkommend, die rechte Hand ist wieder zur Faust geballt. »Aber nicht alle arbeiten heute mit halber Kraft, es gibt ja auch Branchen, zukunftsweisende Industrien, die arbeiten bis an die Grenze ihrer Kapazität, die müßten aufstocken. Andere, tendenziell veraltete Branchen, müssen sowieso abbauen, weil sich im Rahmen des weltweiten Strukturwandels der Standort Bundesrepublik für diese Industrien nicht mehr lohnt. Die Investitionen in den modernen Industrien schaffen neue Beschäftigungsmöglichkeiten.«

Diese Milchmädchenrechnung hatte Herman Kahn schon vor zehn Jahren medienwirksam und fortschrittseuphorisch in die Welt posaunt: Fortschritt heißt, das Alte stirbt, das Neue wächst, Arbeitskräfte müssen wechseln aus der Schuhmacherei in die Software-Produktion, alles paletti, jeder hat seine Arbeit, dazu noch eine viel angenehmere, sauberere und interessantere. Heute weiß man, daß die modernen, hochtechnologischen Branchen mit sehr viel weniger Arbeitskräften auskommen als die traditionellen Betriebe. Wer bereit ist, sich durch dicke Statistikbände und empirische Studien zu quälen, kann die entsprechenden Zahlen auch für die Bundesrepublik nachlesen. Also zitiere ich im Angesicht des Weisen die Quellen und wiederhole die Ergebnisse: Der Strukturwandel ist nicht beschäftigungsneutral, er setzt Arbeitskräfte frei. Die expandierenden modernen Betriebe können nur einen Teil der Arbeitskräfte aufnehmen, die ihre Jobs verlieren.

»Diese Zahlen, die Sie zitieren, ja, gut, aber ich würde sie nicht so interpretieren, wie Sie das getan haben. Ob diese Freisetzungseffekte eintreten und wie groß sie sind - darauf haben die fünf Institute ja hingewiesen -, ist eine Frage des Tempos des Strukturwandels und des Wachstums in der Wirtschaft. Sicher ist richtig, daß der Strukturwandel in der Vergangenheit eine Beschäftigungslücke geschaffen hat. Jeder weiß aber, daß daran administrative Hemmnisse schuld waren: Bei Atomkraftwerken und Kabelfernsehen ist ja vieles abgeblockt worden. Wenn dort die Wachstumshemmnisse nicht so stark aufgebaut worden wären, sähe das schon anders aus. Und da wir ja auch noch das große Problem haben, eine wachsende Erdbevölkerung mit Gütern des materiellen Wohlstands zu versorgen, ist Wachstumspessimismus ganz fehl am Platze. Im Gegenteil!«

Wenn die Wirtschaft nicht stagnieren würde, dann würde sie wachsen. Wenn wir noch blinder auf Fortschritt setzen würden, gäbe es keine Wachstumsprobleme. Was? Wie? Umweltprobleme? Menschenfreindliche Technik? Dann denkt doch mal an die armen Neger! Wie das Privatfernsehen in Niedersachsen mit der Überwindung von Hungersnot in der Sahel-Zone zusammenhängt, bleibt das Geheimnis des weisen Hinterkopfes von Herrn Professor Albach. Vor einer Stunde hätte ich dem freundlichen Professor noch jeden Gebrauchtwagen abgekauft. Jetzt werde ich schon bei alten Hüten skeptisch.

Auch macht sich eine gewisse Enttäuschung breit. Meine Versuche, die Argumentationskette, die den Empfehlungen und Strategien des Sachverständigenrates vorangeht, Schritt für Schritt zu verfolgen und die zugrundeliegenden Annahmen herauszufinden, schlugen immer wieder fehl. Mein Gegenüber springt von der Mikroelektronik zum Agrarprotektionismus, von Wechselkursen zum Welttextilabkommen, von der Hochzinspolitik zu Sättigungsgrenzen bei Konsumgütern, von der Stahlkrise zur internationalen Arbeitsteilung. Unvermittelt wird der Redefluß, der einen guten Eindruck von der Komplexität und Vielschichtigkeit der Wirtschaft im allgemeinen und der Weltwirtschaft im besonderen gibt, unterbrochen von Einschüben wie: »Also, Vollbeschäftigung ist immer möglich, wenn die Kosten stimmen.« Oder: »Die sichere Erwartung rentabler Investitionen ist dazu natürlich die Voraussetzung.« Oder: »Die Marktwirtschaft neigt eigentlich zur Stabilität!« Und, oft genommen und gern angebracht: »So wächst das, wenn die Investitionen stimmen.«

Ich hatte vom Mitglied eines Rates, der Vorschläge zur praktischen Wirtschaftspolitik macht, mehr Empirie erwartet. Was kam, waren theoretische Planspiele. Wissenschaftstheoretiker würden sagen, daß es sich bei Leuten, die mit derartig vielen Prämissen arbeiten, um Modelltheoretiker handelt. Nach mehr als drei Wenn-Annahmen sagt der Berliner: Wenn meine Oma Räder hätte, wär' se 'n Omnibus.

Ich versuche einen Sprung, der uns von Modellüberlegungen wegführen könnte: »Reichen die traditionellen Rezepte der Ökonomie überhaupt noch aus, Wachstumsschwäche, Arbeitslosigkeit, Wandel der internationalen Arbeitsteilung und rasanten technologischen Fortschritt zu bewältigen? Oder müssen auch gesellschaftspolitische Mittel eingesetzt werden, wie Verkürzung der Arbeitszeit?«

»Tja, da muß man kurzfristige und längerfristige Gesichtspunkte unterscheiden. Mittelfristig besteht das Problem der Arbeitszeitverkürzung darin, daß wir zu Regelungen kommen, die irreversibel sein könnten. In den neunziger Jahren werden wir wegen der demographischen Kurve weniger Arbeitskräfte zur Verfügung haben; dann ist die Frage: Werden die wenigen Beschäftigten genügend arbeiten, um die vielen Rentner mitzufinanzieren? Außerdem wollen die Leute doch gar kein früheres Pensionsalter! Die Bonner Gerontologen-Studie hat uns gezeigt, daß die meisten auch noch nach der Pensionierung arbeiten möchten. Zu 80 Prozent bestand dieser Wunsch! Denken Sie daran, daß in den Vereinigten Staaten das Pensionsalter für Beamte auf 70 Jahre hochgesetzt wurde.«

Interessante Entwicklung, zugegeben, aber wie kriegen wir nun die 30 Millionen Arbeitslosen in den OECD-Staaten vom Tisch? »Wissen Sie«, schiebt Horst Albach nach, und seine Stimme ist wieder tief und rauchig, »meine Grundüberzeugung, mit der ich auch hier alle Arbeiten angepackt habe, ist, daß Arbeit genug für alle da ist! Aber wenn man weiterhin höhere Einkommen will, dann muß man auch anpacken!« Wieder hat er ein Pathos in der Stimme, das Berliner Trümmerfrauen zu Höchstleistungen getrieben hätte. Doch letztlich sind das alles nur bekannte, oft wiederholte Positionen und Meinungen, keine umwerfenden Belege. Die Resignation und der Unmut, mit denen Werner Glastetter sich an die Ratsarbeit erinnert, werden mir einsichtig. Wie hält sein Nachfolger Krupp das aus? Zunächst andersrum die Frage an Albach: Wie hält der Rat das neue Mitglied Krupp aus? »Gut«, strahlt Albach sofort zurück, »Herr Krupp ist ja kein Dogmatiker und ein Wachstumsgegener ist er auch nicht, im Gegenteil.«

»Aber in Grundfragen ist er doch anderer Meinung, er ist doch eher Nachfrage-Theoretiker. Ist das nicht belastend, wenn die Ratsmehrheit damit rechnen muß, daß Herr Krupp immer an den gleichen Stellen deutlich macht, daß er das anders sieht?«

Albach grinst burschikos und ballt die rechte Faust: »Wir kennen seine Position ja aus den Publikationen. Da muß man eben ausloten, wie weit er mitgeht. Wir versuchen die Formulierungen so weit zu entschärfen, daß er möglichst viel mittragen kann. Und er muß sich dann ja auch jedesmal fragen, ob er das gerade noch schlucken kann oder ob er den Finger hebt und ausschert. Dann muß er eben raus und in seinem eigenen Kämmerlein über Nacht seine eigenen zehn Seiten schreiben. So was überlegt man sich natürlich gut.«

Hans-Jürgen Krupp ist nicht sonderlich erbaut, Fragen über Grundsätzliches beantworten zu müssen. Das hält auf. Der Präsident des Deutschen Instituts für Wirtschaftsforschung (DIW), Professor in Frankfurt und wirtschaftspolitischer Berater Holger Börners ist im Prinzip immer in Eile. Er hält Vorlesungen an der Universität Wien, sitzt der Bonner Transfer-Enquête-Kommission vor, leitet die Berliner Wissenschaftskommission zu Problemen des Arbeitsmarktes, und seit Frühjahr 1982 ist er einer der Fünf Weisen. Den Hans-Dampf-in-allen-Gassen sieht man dem jungenhaft freundlichen Wissenschaftsmanager nicht an; er strahlt Sorglosigkeit aus, als wisse er, daß der Papa für die Spesen des Herrn Sohn aufkommt. Sein Vater-Sohn-Verhältnis zur SPD führte zu einer vorbildlichen Polit-Karriere, deren bislang angestrebte Krönung, das Staatssekretärsamt in Bonn, ihm nur aufgrund ungünstiger personeller Konstellationen versagt blieb. Aber das kann ja noch werden; derzeit hat die Sozialdemokratie an smarten, gremiengewandten Fachleuten keinen Überfluß.

Seine Konfliktvermeidungshaltung zeigt er schon, als ich ihn auf Spannungen zur angebotsorientierten Ratsmehrheit anspreche. »Ich bin ja kein reiner Nachfrage-Theoretiker, die Dinge liegen ja doch etwas komplizierter. Meine Position, daß die Wirtschaft auch zu Ungleichgewichten neigt, zumindest kurzfristig, ist im Rat nicht sehr stark vertreten, und deshalb habe ich auch keine überzogenen Erwartungen gehabt. Man muß eben miteinander diskutieren, Probleme deutlich machen, der Öffentlichkeit deutlich machen, daß unterschiedliche Auffassungen bestehen. Und Gott sei Dank bin ich in der wissenschaflichen Diskussion nicht ganz so allein, wie ich es im Rat bin.«

Später deutet er an, die SPD habe es wohl verschlafen, während ihrer Regierungszeit zumindest einen weiteren arbeitnehmerfreundlichen Weisen durchzusetzen - was, wenn auch konfliktreich, machbar gewesen wäre. Jetzt muß er die ganze Arbeit alleine bewältigen und dabei noch Flagge zeigen. Doch, so meint Herr Krupp, die Fronten seien gar nicht so starr. »Es gibt da einige gewichtige Aussagen in den Gutachten, die ich voll trage und die auch die Ratsmehrheit trägt. Der Rat hat z.B. einen Beschäftigungsbeitrag von 10 Milliarden oder mehr vorgeschlagen; das halte ich für sehr vernünftig - und das hat ja auch der DGB in seinen Programmen gefordert. Ferner hat der Rat gesagt, daß diese Mittel auch für öffentliche Investitionen bereitgestellt werden sollten. Das halte ich für wichtig. Die Mehrwertsteuer-Erhöhung hat er abgelehnt mit einem angebotsorientierten Argument und einem Argument, das nachfragetheoretisch begründet war. Diese Punkte, die wir gemeinsam tragen, sind für mich eigentlich wichtiger als die Punkte, bei denen es abweichende Voten gegeben hat.«

Der Rat sei für Argumente offen, nur eben nicht in dem nötigen Umfang, faßt Hans-Jürgen Krupp seine Haltung zur Ratsmehrheit zusammen. So hätte Werner Glastetter das wohl kaum formuliert. Aber der hatte eben, trotz Parallelen in den inhaltlichen Positionen, einen ganz anderen approach.

»So groß ist der Streit mit der Ratsmehrheit gar nicht, prinzipiell; das ist alles eher eine Frage des Grades.« Auf mein erstauntes Gesicht hin erhalte ich gleich noch einen Kurs in Kompromißkunde: »In einer Ungleichgewichtssituation der Wirtschaft, wenn Kapazitäten nicht ausgelastet sind, die Nachfrage zu gering ist, es sozusagen ein Gleichgewicht bei Unterbeschäftigung gibt, da bin ich der Meinung, müssen sich Angebotspolitik und Nachfragepolitik ergänzen«. So kann man natürlich auch sagen, daß alle an einem Strick ziehen müssen, wenn man mal kurz vernachlässigt, daß die Beteiligten an entgegengesetzten Enden ziehen.

Und wie sieht das Tauende aus, an dem Hans-Jürgen Krupp zieht? Traditionell gewirkt mit rosa Fäden, will es scheinen. »In einer Situation, wie wir sie jetzt haben, brauchen wir zusätzliche Wachstumsanstöße. Ich habe im Rat gesagt, diese zusätzlichen Wachstumsanstöße muß man zur Not auch über zusätzliche Steuern oder über zusätzliche Kreditaufnahmen des Staates finanzieren - wenn Einsparungen im notwendigen Umfang nicht möglich sind. Die Ratsmehrheit hat gesagt: »Wir brauchen zwar die Wachstumsanstöße, aber wenn das über Einsparungen nicht geht, dann können wir das eben nicht machen. Das halte ich für eine Politik ohne Erfolgschancen.«

Präsident Krupp geht vorsichtig mit seinen Gegnern um, er sieht viel Gemeinsames, einiges ist diskussionsträchtig, ab und zu hält er Positionen des Rats für »blauäugig«. Darüber ereifert er sich nicht; für ihn geht es nicht um Wahrheit, Identität oder darum, recht zu haben. »Wissen Sie, wenn man diesen Job der wissenschaftlichen Politikberatung schon seit Jahren macht ...«, beginnt er, als ich ihn frage, wie er persönlich die Kontroversen im Rat und die einseitige Reaktion der Öffentlichkeit erträgt, und dann winkt er mit einem Lächeln ab, das wohl Routine ausdrücken soll. Den Profi ficht das alles nicht an: games poeple play.

Der Sachverständigenrat begutachtet die wirtschaftliche Lage, sagt vorher, wie es vermutlich weitergehen wird, und gibt Tips. Die Tips fußen auf den Prognosen. Eine Bewertung der Arbeit der Ratsherren ist also möglich, indem man die Prognosen mit der später eingetretenen realen Entwicklung vergleicht. Wurde gut geschätzt und richtig vermutet? In den siebziger Jahren zumindest hätte man mit der Treffsicherheit der Ratsprognosen auf dem Rummel keine Rose geschossen. Die prognostizierten Wachstumsraten für (die jeweils zweiten Halbjahre von) 1973, 1974, 1975 und 1977 lagen beträchtlich neben der Realität, und zwar um durchschnittlich 2,5 Prozent. Dabei neigten die Ratsherren zu überzogen optimistischen Einschätzungen der Wachstumsentwicklung. Weil nicht sein kann, was - nach der Debatte über Nullwachstum - nicht sein darf?

Was auch immer die Ursachen waren, die Fehler lassen staunen: Im Herbstgutachten 1974 sagte der Rat für das folgende Jahr eine Wachstumsrate von 1,9 Prozent voraus. Es kam indes zu einer Schrumpfung von 1,8 Prozent. Derartige Fehleinschätzungen machen Politikern und Haushaltsplanern zu schaffen, denn 0,5 Prozent Wirtschaftswachstum mehr (oder weniger) bedeuten 2 Milliarden Mark Steuereinnahmen mehr (oder weniger) sowie 1 bis 1,5 Milliarden Mark zusätzlich an die Bundesanstalt für Arbeit.

Wenn es mit den genauen Wachstumsraten hapert, wie steht es dann mit der Tendenz der weiteren Entwicklung? Gibt der Rat zuverlässige Auskünfte über die Richtung der konjunkturellen Entwicklung? Kündigt er Wendepunkte der Konjunktur rechtzeitig an, um den Politikern zur Zeit die notwendigen Maßnahmen zu empfehlen? Das Jahresgutachten 1972 sagte eine Fortsetzung der guten konjunkturellen Erholung im zweiten Halbjahr 1973 voraus. Daß schon im ersten Vierteljahr der Abschwung einsetzte, konnte ja keiner ahnen. Im Herbstgutachten von 1973 wurde der bereits stattfindende Abschwung allerdings klar erkannt und deutlich beim Namen genannt. Die »Wachstumsschwäche« würde sich, meinten die Ratsherren, über das ganze Jahr 1974 hinziehen. Jawoll, Treffer, genauso kam es. Jetzt spekulierten die Räte weiterhin auf Baisse und sagten für ganz 1975 einen weiteren Abschwung voraus. Pech, denn schon im zweiten Quartal des Jahres ging's wieder aufwärts. Na ja. Jedenfalls wurde dieser Aufschwung in der Diagnose des Gutachtens von 1975 richtig wiedergegeben - und dann gleich auf 1976 weiterprojiziert. Doch statt Wachstum reichte es nur zu Stagnation. Hartnäckig prognostizierte der Sachverständigenrat 1976, 1977 und 1978 einen ausgeprägten Aufschwung für das nächste Jahr - und hartnäckig beharrte die Konjunktur auf Stagnation. Fazit: Mit schöner Regelmäßigkeit wurde die Entwicklung zu optimistisch eingeschätzt; zwischen 1973 und 1980 wurde nur e i n m a l ein zutreffendes Bild von der Richtung und der Intensität der konjunkturellen Entwicklung des nächsten Jahres gezeichnet.

Am besten beurteilt das Prognose-Problem der Sachverständigenrat selbst. Im Jahresgutachten 1977 findet sich unter der Ziffer 339 der schlauste Satz, der wohl je in einem wissenschaftlichen Gutachten gestanden hat: »Wir wissen, daß es auch anders kommen kann. Und in diesem Jahr spricht vielleicht vieles dafür, daß das, was tatsächlich geschieht, eher besser als schlechter sein wird als jene Entwicklung, die wir für am wahrscheinlichsten halten. Aber das ist zu ungewiß.«

Ladenhüter

Thomas Schlier hat die Bedächtigkeit, aber auch die Aufrichtigkeit eines alten Landpfarrers. Seine langsamen, überlegten Äußerungen verraten die Erfahrung langer Gremiensitzungen. Der bedauernde Blick, die ruhige, häufig leise Stimme, die fehlende Vehemenz seiner Aussagen lassen indes vermuten, daß er nicht gewohnt ist, die Sitzungen als Sieger zu verlassen. »Wir sind ja vollkommen überlastet«, spricht der berufliche Verbrauchervertreter, »es gibt viel mehr Probleme, als wir anfassen können. Alle Mitarbeiter der AgV haben Mehrfachfunktionen. Das ist unser größtes Handicap.« Er selbst ist zur einen Hälfte Agrarreferent der Arbeitsgemeinschaft der Verbraucher (AgV), zur anderen Hälfte ihr Pressesprecher. Als Agrarfachmann springt er zwischen EG-Ausschüssen in Brüssel, Anhörungen im Bonner Ministerium und Gesprächen in regionalen Landwirtschaftsverbänden hin und her. Einer seiner Fachkollegen bearbeitet die gesamte Konsumgüterwirtschaft, den Dienstleistungsbereich, die Versicherungen, das Wettbewerbsgesetz und die Einzelhandelsfragen. Dabei hilft ihm eine Halbtagskraft im Büro.

Schliers mitleidheischender Blick beginnt zu wirken. Gremienarbeit ist ja schon schlimm, aber in so vielen Gremien, Ausschüssen und Konferenzen zu sitzen in dem Bewußtsein, eigentlich nichts machen zu können, muß identitätszehrend sein. Sein Blick ist während der Schilderung noch trauriger geworden; das Gewicht der Welt ruht auf seinen Schultern. Die Stimme wird noch leiser vor Resignation. Betrübt schauen wir beide aus dem Fenster des Büroraums der Stiftung Warentest, wo Agrarreferent Schlier heute einen gewichtigen Vortrag halten wird. Draußen lädt im feinen Berliner Nieselregen ein Mann im grünen Monteursanzug Dutzende roter Plastikkisten mit Coca-Cola-Flaschen ab.

Schlier zieht an seiner Pfeife und nickt ein paarmal mit dem Kopf, so wie es mein Großvater immer mit einem unvermeidlichen »Ja, ja...« tat, nachdem er mir die Tragik dieser Welt verständlich gemacht hatte. Als ich weiter schweige, hellen sich seine Züge plötzlich auf und in einem Anfall von Optimismus spricht er schnell auf mich ein. »Eigentlich ist die Verbraucherarbeit ja noch in ihren Anfängen, sie ist im Grunde in einem Versuchsstadium, in einem Aufbaustadium, über das sie eben noch gar nicht hinausgekommen ist. Ganz entscheidende Fragen können wir ja noch nicht im entferntesten mit dem Nachdruck behandeln, wie wir sie behandeln müßten.« 29 Jahre nach Gründung der AgV ist dieses schutzsuchend-hoffnungsfrohe Argument nicht gerade umwerfend und ich ringe mich durch, Schliers Zustimmung erflehenden Blick abschlägig zu bescheiden.

Irgendwann muß ich ja die Katze aus dem Sack lassen und ihm andeuten, daß ich die ganze Organisationsstruktur der AgV für fragwürdig halte. »Vielleicht könnten Sie mehr bewirken, wenn die AgV ein Mitgliederverein wäre?« »Ahh!«, Schlier hebt die linke Hand abwehrend und macht ein Gesicht, als habe er in eine Zwiebel gebissen. »Das klappt doch nie. Dagegen spricht auch unsere ganze praktische Erfahrung. Wissen Sie, Verbraucherinteressen sind zu unterschiedlich, zum Teil so gegensätzlich, so wenig markant, äh, so diffus in einzelnen Fällen, daß das gar nicht geht. Und die Bereitschaft - womöglich noch mit monatlichen Beiträgen - ist auch nicht da.« Nein, nein, Herr Schlier ist vom Scheitel bis zur Sohle überzeugt, daß »das« nicht geht. Er hat sich auf seinem Stuhl weit nach hinten gelehnt, als müsse er Abstand zu dem gewinnen, der ein solches Ansinnen vorträgt.

Vorsichtshalber verzichte ich erst einmal darauf, die Grundlagen seines Glaubensbekenntnisses abzuklopfen oder gar anzuzweifeln. Kehren wir zurück zur mühsamen Arbeit der Profi-Verbraucher. Was läuft in den Gremien und Ausschüssen ab? Schlier zieht an der Pfeife, blickt mich etwas freundlicher an, schiebt seinen Oberkörper wieder nach vorn und beginnt mit Schwung. »Da sitzt dann ein Referent, der in unserm Haus, wenn es hoch kommt, eine Schreibkraft hat, den Geschäftsführern und Hauptgeschäftsführern der Industrie- und Handelsverbände gegenüber. Er sitzt den Abteilungsleitern, Unterabteilungsleitern, Referenten, Ministerialräten aus den verschiedenen Ressorts, die mit dieser Frage befaßt sind, gegenüber, die allesamt einen riesigen Apparat hinter sich haben, die ja nicht selber im Einzelfall das Problem erarbeiten müssen, sondern ein Referent etwa, der hat seinen Mitarbeiter oder zwei oder drei, vier, fünf, die er höher bezahlen kann als wir unsere Mitarbeiter. Und die sind allesamt auf dem Spezialgebiet, zu dem sie dort zusammenkommen, Experten. Denken Sie mal an den Sektor Kosmetika. Da kommen die Kosmetikvertreter und die Kosmetikbranche, Leute, die sich das ganze Jahr von morgens bis abends mit nichts anderem befassen als mit Kosmetik.

Und diese Experten, hochqualifiziert, sitzen unserem Mann gegenüber. Und der muß am nächsten Tag in eine Sitzung über Östrogen im Fleisch, wo Tierärzte und Landwirtschaftsverbände und so weiter und so fort dastehen, auch alle mit hochqualifizierten Mitarbeitern.« Er hat sich in eine verhaltene Begeisterung hineingeredet. Jetzt bricht er plötzlich ab, wird leise. »Das macht es einfach sehr schwer, in vielen Fällen unmöglich, eine gleichgewichtige Argumentation geschweige denn einen entsprechenden Druck auszuüben.

Endlich hat er selbst das Wort benutzt. Ich hake nach: »Welche Druckmittel haben Sie denn, den Verbraucherinteressen Nachdruck zu verleihen?« Wieder ein Zug an der Pfeife. Draußen scheppern immer noch die Cola-Flaschen. Es kommt leise wie in einem Beichtstuhl: »Wir haben praktisch keine.« Danke, Schnitt! Soeben hat der Scout den in der Wagenburg eingeschlossenen Siedlern mitgeteilt, daß die Kavallerie nicht kommen wird. Die Lage ist aussichtslos, der Führer bricht innerlich zusammen. Was soll er jetzt noch tun? Aufgeben und sich skalpieren lassen? Oder weiterkämpfen bis zum letzten Mann? Die AgV kämpft weiter, bis zum nächsten Herzinfarkt, bis zur letzten Sitzung. Dabei droht keine finale Skalpierung. Ihr wird nur jedesmal das Fell über die Ohren gezogen. Daran kann man sich offensichtlich gewöhnen.

Vor meinen Augen verwandelt sich Herr Schlier vom Landpfarrer zum Ritter von der traurigen Gestalt. Lang und schlaksig genug ist er wie der Verteidiger der Moral gegen die Windmühlen. Passend zu meinen Assoziationen schiebt er nach: »Wir haben nur die Kraft der Argumente - und unsere Überzeugungsarbeit.« In seinem Gesicht mischen sich Trotz und Resignation. Ich fürchte, der Kämpfer gegen die Windmühlen hatte bessere Chancen. »Wir haben praktisch keine Druckmittel.« - Ja, warum denn nicht, lieber Herr Schlier, möchte ich rufen, warum machen Sie denn nicht mal Verbraucherpolitik mit den Verbrauchern statt für die Verbraucher, über deren Köpfe hinweg? Einen Moment lang glaube ich, daß ich diesen Mann überzeugen könnte, daß es auch anders ginge. Aber dann denke ich an seine sauertöpfische Miene beim Stichwort Einzelmitgliedschaft und daran, was ich noch von ihm hören möchte.

Das Eingeständnis nicht vorhandener Druckmittel bietet meiner Tranchierschere einen guten Ansatzpunkt. Wenn also die offiziellen Vertreter der Verbraucherinteressen keinerlei Druckmittel haben und sie außerdem in den Gremien auch noch den Ministerialen gegenübersitzen, von denen sie finanziert werden, dann kann die AgV doch außer Bedenken und Bitten zutragen gar nichts machen? Schlier windet sich ein wenig ob dieser harten Formulierung, will sich dem mitfühlenden Zuhörer aber doch nicht verschließen. Sicher sei es richtig, daß die geldgebenden Ministerien »ein bißchen dazu neigen« ,in ihrem Sinne Einfluß zu nehmen. »Sie möchten ja schon Verbraucherpolitik, aber doch bitte nicht allzuviel und allzu lästig.« Direkte Einflußnahmen gibt es nicht, nein, kaum. Die begrenzten Finanzmittel seien der Knüppel zwischen den Beinen.

»Wir kriegen so viel, daß wir nicht sterben, aber wir können damit nicht wirklich leben. Und wir können den Anspruch, den eigentlich die Politik an uns stellt, mit diesen Mitteln nicht erfüllen.« Aus dem Landwirtschaftsministerium bekam die AgV vor der großen Rotstiftaktion jährlich etwa dreihunderttausend Mark. Das war ein Sechstel dessen, was die deutschen Imker als Subvention zur Verbilligung des Futterzuckers erhielten. Aber Honig ist süß, Kritik meistens bitter. »Man weiß natürlich auch im Bundeslandwirtschaftsministerium, daß, wenn man uns mehr Gelder geben würde, dann auch die Kritik an vielem, was dieses Haus aus politischen Überlegungen heraus macht, noch stärker, noch intensiver würde, daß Einflüsse stärker wahrgenommen würden, die man ja in diesem Haus durchaus nicht gerne sieht.«

Mit dem Haus Ertl steht die AgV auf keinem guten Fuß. Das BMELF (Bundesministerium für Ernährung, Landwirtschaft und Forsten) hat ja neben dem L für Landwirtschaft auch noch das E für Ernährung im Titel. Ernährungsfragen sind Verbraucherfragen. In der Ministerbrust des Herrn Ertl müßten also eine Verbraucherseele und eine Bauernseele miteinander ringen. Doch nicht einmal eingefleischte Ertl-Freunde möchten in dem gewichtigen Bayern einen Verbraucher-Minister sehen. Ertl hat die Bauerninteressen so massiv und einseitig vertreten, daß selbst alles schluckenden Koalitionsfreunden unwohl wurde. Die Verbraucher zu mobilisieren, wie Freiherr von Heeremann die grüne Front der Landwirte mobilisiert, wenn es um Bauerninteressen geht, darauf ist Minister Ertl nie gekommen. Wohl auch deshalb nicht, weil die Verbraucher zuallererst gegen die absurde EG-Argrarpolitik hätten aktiv werden können - und das hätte natürlich unseren Agronomen nicht ins Einkommenskonzept gepaßt. Ins Karrierekonzept des Josef Ertl hätte das natürlich auch nicht gepaßt, will er doch nach dem Bonner Zwischenspiel Präsident der Bauernlobby »Deutsche Landwirtschafts-Gesellschaft« werden.

Herr Schlier hat viel gegen die Brüsseler Agrarordnung geschrieben, manchen Rüffel ausgeteilt, einige offene Worte riskiert: in der »Verbraucherpolitischen Korrespondenz«, dem Mitteilungsblatt der AgV an die Meinungsbildner. Den Verbraucher hat davon nichts erreicht außer dem Eindruck, daß da noch jemand den Brüsseler Zirkus für absurd hält. Wie auf Kosten der Verbraucher Bauern und Bürokraten kontraproduktiv saniert werden, ist ihnen nicht klar geworden. Von daher kann das Haus Ertl den Herrn Schlier gewähren lassen.

Insgeheim ahnt Thomas Schlier wohl, daß es zwischen der Toleranz des Ministeriums und der Effizienz seiner Arbeit eine Beziehung gibt. »Die sagen: Na ja, wir brauchen schon so ein bißchen Kritik und natürlich brauchen wir einen munteren Verbraucherverband, aber der soll uns politisch doch bitteschön nicht so viel Ärger machen, daß wir ins Schwitzen kommen.« Traurig lächelnd blickt mich Herr Schlier an. Nein, ins Schwitzen hat die AgV im Bonner Treibhaus sicherlich noch niemanden gebracht. Wieder eine lange, melancholische Pause. Draußen hat der Cola-Mann die letzte Kiste auf den Boden gestellt. Einen Moment lang verharrt er mit hängenden Armen, etwas erschöpft.

Wenn man mit dem Zug nach Ostwestfalen fährt, sieht man den Teil unserer Republik, in dem die Welt noch in Ordnung ist. Die Ergebnisse fleißigen Bausparens präsentieren sich selbstbewußt: Seht her, wir haben's zu was gebracht. Inmitten kurz geschorener Rasenflächen und ordentlicher Blumenbeete stehen die Eigenheime; Zäune, mal Jäger, mal Masche, machen sichtbar, daß die Betonung auf »eigen« liegt und nicht auf »Heim«. Wer das Glück hat, an einem Samstag zu reisen, sieht überall emsige Menschen werkeln. Es wird gepflanzt, geschoren, neu gedeckt, verklinkert, gegraben, angebaut, ausgebaut ... Und trotz Wirtschaftskrise wächst aus so manchen Bauloch noch ein weiteres Häuschen empor. Westfalen sind von Geburt aus handwerklich begabt oder zumindest gewillt »mit anzupacken« - und in jedem Verwandtschafts-Clan finden sich merkwürdigerweise alle Handwerkerberufe, die gebraucht werden, um einen Haufen Steine und ein paar Sack Zement in ein Haus zu verwandeln. Zu vermuten, daß ein Drittel aller Häuser außerhalb der Städte in familiärem und verwandtschaftlichem Großeinsatz hochgezogen wurden, dürfte maßlos untertrieben sein. Wenn es darum geht, sich gegenseitig einzumauern, ist Nachbarschaftshilfe ein Volkssport, kennt Solidarität keine Grenzen.

In diesen Trutzburgen sitzen nun die verschuldeten Bürger, zählen ihre wenigen nach den Abzahlungen verbleibenden Markstücke und ärgern sich über hohe Preise und/oder schlechte Qualität der Waren in den riesigen Verbrauchermärkten und Großmarktzentren am Stadtrand, wo sie allsonnabendlich ihre Kombis beladen.

In Bielefeld soll es eine basisdemokratische Verbraucherorganisation geben, aus dem Nichts entstanden, ein Paradebeispiel für Selbstorganisation. Es rührt sich was in der Provinz, dachte ich, im Hinterkopf mein Mißtrauen dämpfend. Bielefeld kannte ich als biedere und normale Stadt. So normal, daß Soziologieprofessor Haferkamp seine Analysen krimineller Karrieren in Bielefeld publizierte als Berichte aus N-Stadt: N für Normal. Das EMNID-Institut zog in den sechziger Jahren nach Bielefeld, weil die Verhältnisse in dieser Stadt geradezu idealtypisch dem statistischen Durchschnitt der aufstrebenden Republik entsprachen. Nicht eine ganz normale Stadt in Deutschland, sondern Deutschlands normalste Stadt. Mich hatte hier das normale Bügertum in seiner Mischung aus normaler politischer Ignoranz und normalem, herrschaftshörigem Gebaren vor eineinhalb Jahrzehnten in eine antiautoritäre Schülerbewegung getrieben, die meine Eltern für ganz und gar nicht normal hielten. Eine ganz normale Entwicklung. Irgendwann hatte ich dann - eine ganz normale Reaktion - der Stadt den Rücken gekehrt. Das Mißtrauen war geblieben, trotz neuer Uni, Kommunen in Fachwerkhäusern und Grünen im Stadtrat. Aber hier sollte nun die These von der Unorganisierbarkeit der Verbraucher widerlegt werden. Vielleicht ist Selbstorganisation der Verbraucher doch viel normaler, als die AgV annimmt?

Frau Junker-Seeliger, die der »Initiative der Verbraucher« vorsitzt, wohnt in einem ruhigen Bielefelder Vordorf, das früher Senne hieß und heute den prosaischen Namen 4800 Bielefeld 12 trägt. Die Bungalow-Siedlung verrät durch Baustil, Grundstückszuschnitt und Wagengröße, daß hier die Mittel vorhanden waren, professionelle Baufirmen walten zu lassen. Die entstehende Verbraucherbewegung ist eine Mittelschichtsbewegung, hatte irgend jemand geschrieben. Obere Mittelschicht - präzisiere ich in Gedanken und wandere durch den großen Vorgarten. Ein schmaler Plattenweg führt zur massiven Eingangstür. Parallel zum Weg das normale Blumenbeet, dann der Rasen. In der Ecke vor dem Jägerzaun ein kleines Treibhaus. »Wir pflanzen biologisch reines Gemüse an«, hatte ich schon am Telefon erfahren. Ist das auch schon normal?

Die Bielefelder Verbraucher-Führerin begrüßt mich mit der in Westfalen normalen spröden Herzlichkeit. Hilde Junker-Seeliger ist in den Vierzigern, westfälisch wohlgenährt, eine ansehnliche und freundliche Frau, gesprächig, wie man hier sagt: quirlig. In dem großen Wohnzimmer, sorgfältig mit schweren Möbeln dekoriert, offener Durchgang zum Eßzimmer, wo die Oma die »Neue Westfälische« liest, kommen wir zum Thema. Vor zehn Jahren hatten Teilnehmer eines Volkshochschulkurses das Bedürfnis, selbst aktiv zu werden. »Wir haben damals auf einem Familienseminar über Ergebnisse der Stiftung Warentest gesprochen. Und wir fanden, wir können eigentlich für uns selber so etwas auch machen, für die Dinge, die wir täglich einkaufen. Wir hatten dann sehr schnell einen kleinen Warenkorb zusammenstelllt und haben gesagt: 'So, jetzt kaufen wir das mal ein und treffen uns in vier Wochen wieder und erzählen mal, was wir da so erlebt haben.'« Frau Junker-Seeliger spricht schnell, mit leuchtenden Augen und ab und zu einem netten Lacher in der Stimme. Ihre normale westfälische Abneigung gegen indirekte Rede macht ihre Erzählung lebhaft und persönlich. Die Frau ist für die Bildungsarbeit geboren. Die Frage, wer die Kurse damals initiiert und geleitet habe, erübrigt sich.

Die nicht-theoretische Arbeit scheint den Seminar-Teilnehmern Spaß gemacht zu haben, die Marktforschung ging weiter, wurde breiter und systematischer. »Ja, und dann haben wir gesagt: 'So, das wollen wir aber jetzt nicht für uns alleine behalten und nur in der Familie und im Freundeskreis erzählen, wir wollen das auch der Presse mitteilen.'« Der Weg zu den Medien sollte »die Bielefelder Bürger animieren, sich auch kritisch zu verhalten.« Ob diese Formulierung ihre nachträgliche Rationalisierung oder die damalige Zielsetzung ist, bleibt offen. Auch von wem dieser Anstoß, die Medien einzuschalten, ausging, ist nicht mehr festzustellen. Jedenfalls zeigte sich die Lokalpresse interessiert und unterstützungswillig.

Bereits die erste große Aktion war ein voller Erfolg. Die Seminargruppe hatte herausgefunden, daß Fleisch in allen Handelsstufen bis hin zum Einzelhandel deklariert wird, nach Sorte des Tieres und Art des Teilstücks. Nur im Fleischerladen selbst, wo der Kunde kauft, geschieht das nicht. »Unsere Forderung war deshalb: Kennzeichnet das Fleisch so, daß der Verbraucher weiß, was er kauft. Wir haben zunächst Gespräche mit der Branche geführt, wir sind auch im Ministerium gewesen, um uns sachkundig zu machen. Und es gab dann hier, in Nordrhein-Westfalen, eine Zusammenarbeit zwischen dem Ministerium und dem Fleischerhandwerk mit dem Ziel, diesen Bereich für den Verbraucher etwas überschaubarer zu machen und eine Kennzeichnung versuchsweise einzuführen. Wir wollten ja eigentlich auf eine gesetzliche Regelung hinaus. Da hat man gesagt: 'Ach, kein Gesetz, wir machen das freiwillig, das geht ja sehr viel besser.' Und als das so ungefähr ein Jahr lang freiwillig praktiziert worden sein sollte, haben wir mal probiert, wie der Fleischer reagiert, wenn man fragt: 'Was ist das für ein Teilstück?'«

Das Ergebnis war absehbar: ratlose Verkäuferinnen, verlegene, manchmal verärgerte Fleischer. Jedenfalls war von dem hehren Vorsatz nach einem Jahr nichts mehr auffindbar. Als Zeitpunkt der Aktion hatten sich die neuen Verbraucherschützer das Jubiläum des Bielefelder Fleischerhandwerks ausgesucht. In ganzseitigen Anzeigen hatte sich die Innung selbst als verbraucherfreundlich gelobt und die innige Verbundenheit der Fleischer mit den Bürgern beschworen. Auf die Kritik reagierte man »pikiert«; diese Art von Öffentlichkeit schätzte man nicht. Und in Westfalen einem Handwerksbetrieb Fehler nicht nur nachzusagen, sondern gar nachzuweisen, ist Blasphemie; damit rüttelt man am Bodenständigsten, was diese Region hervorbringt. Die Verstimmung wurde auf normale Weise gelöst: Von beiden Seiten wuchs Gras über die Sache.

»Wenn man solche Sachen in die Presse bringt, muß man sich natürlich absichern, daß man da nicht nach dem Wettbewerbsgesetz belangt werden kann, denn man muß für das, was man in der Öffentlichkeit sagt, ja auch geradestehen. Man braucht also presserechtlich eine verantwortliche Gruppe. Und da haben wir dann einen eingetragenen Verein gegründet, damit wir auch gegenüber den Leuten wer sind.« Frau Junker-Seeliger ist in Fahrt gekommen, die Begeisterung steckt an. Selbstorganisation der Verbraucher läuft also doch. Einmal ein Anfang gemacht, sehen die Leute die Erfolge, merken, daß sie etwas bewegen können.

Während meine Sympathie für die »Initiative der Verbraucher e.V.« sprunghaft steigt, holt Frau Junker-Seeliger zur kalten Dusche aus. »Das kam in einer Zeit, als in unserem Lande auch der zuständige Wirtschaftsminister Riemer solche Überlegungen für eine Aktivierung der Verbraucher hatte; und als eine Möglichkeit hatte er die Gründung solcher Verbrauchervereine angeregt. Wir haben uns dann an das Ministerium gewendet, unsere Pläne vorgetragen und haben damals, für die Gründungsphase, auch finanzielle Unterstützung bekommen.« Sie schaut mich triumphierend an und kann mit meinem plötzlich ratlosen Blick nichts anfangen. Ist das nun noch Selbstorganisation? Oder hat die Lokalpolitikerin Junker-Seeliger einfach ministeriale Direktiven in Praxis umgesetzt?

»Ach ja, und dann war da ja auch noch die Aktion Butterkuchen«, fährt sie frohgemut fort. »Also Butterkuchen wird ja hier sehr viel gegessen und es gibt da eine Absprache zwischen Herstellern und Wissenschaft, wie so ein Butterkuchen beschaffen sein muß. Er muß zum Beispiel im Hefeteig auch Butter haben und außen muß da ein Butterbelag, mit Zucker bestreut, sein. Und wir wollten nun mal rausfinden, ob das wirklich so ist. Wir haben 20 Proben gekauft in verschiedenen Geschäften und haben sie vom Untersuchungsamt unserer Stadt untersuchen lassen. Das Ergebnis war, daß von diesen 20 Proben nur eine dieser Richtlinie, daß im Hefeteig auch Butter sein muß, entsprochen hat.« Pause und grimmiger Blick. Gleichzeitig war auch ein Preisvergleich durchgeführt worden, und siehe da, die Spitzenqualität war nicht einmal die teuerste Ware, sondern rangierte in der Mitte, während die teuersten Butterkuchen von sehr mäßiger Qualität waren. »Das hat damals großes Aufsehen erregt. Auch die Branche war sehr böse. Aber wir konnten alles belegen.« Die Affäre endete mit einem öffentlichen Besserungsgelöbnis der Konditorbranche. Ob sie sich daran hält? Frau Junker-Seeliger lächelt keck. »Ja, das müßte man mal wieder untersuchen.«

An Ideen für Aktionen und an Publizität hat es der »Initiative der Verbraucher« nie gefehlt. Es waren stets kleine Aktionen, auf den lokalen Rahmen bezogen, aber wohl gerade deshalb wirksam und treffend. Letztlich aus eigenem Antrieb - ministerielle Gelder hin, politische Ambitionen her - haben Verbraucher ihre Interessen gegenüber Handel und Herstellern deutlich gemacht. Kleine Aktionen, weit unterhalb der politischen Ebene der AgV - und ohne jede Verbindung zu ihr. Weder hat die zentrale verbraucherpolitische Organisation Anregungen von hier aufgenommen, noch hat die Bielefelder Initiative Rückendeckung von der AgV erhalten, die hätte verhindern können, daß Ergebnisse und Erfolge versanden.

Als ich Frau Junker-Seeliger auf die angebliche Unorganisierbarkeit von Verbrauchern anspreche, hebt sie die linke Hand, genau wie Thomas Schlier, und winkt ab. Doch aus anderem Grund. Das könne doch jeder sehen, daß das geht, meint sie mit einer Spur Verwunderung in der Stimme. Man müsse sich nur mit ein paar interessierten Leuten zusammensetzen. Das mache auch Spaß und sei außerdem auch noch nützlich für die persönliche Haushaltsführung. Trotzdem, schiebe ich nach, habe sie sich doch gegen eine Massenmitgliedschaft in ihrem Verein entschieden. Das sei einfach zuviel Arbeit, sagt sie etwas entschuldigend und hebt die Schultern. »Wir haben ja alle unseren Beruf, machen das ehrenamtlich.« Sicherlich, bei vielen Mitgliedern hätte man über Beiträge eine Geschäftsführung bezahlen können. Aber ... Sie bricht ab. Sie haben's eben nicht gemacht. Ob's ginge? Vielleicht. Einfach sei es auf die Dauer sicher nicht.

Kontakt mit den offiziellen Verbraucherorganisationen hat die Initiative kaum. »Am Anfang sind wir ein bißchen kritisch betrachtet worden von der Verbraucherzentrale hier. Ich glaube, die haben uns als Konkurrenz gesehen. Obwohl wir ganz anders arbeiten. Das hat sich aber im Laufe der Jahre geändert.« Nein, mittlerweile sei das alles ganz freundschaftlich und normal. Die Initiative der Verbraucher hat sogar Vorschläge ausgearbeitet, wie die beiden Organisationen zusammenarbeiten könnten. »Aber das ist bisher noch nicht aufgenommen worden«. Problemlos sei das Verhältnis wohl deshalb nicht, weil die Initiative sich über Jahre hinweg selbständig entwickelt habe, eine gewisse Eigenständigkeit besitze und sich nicht in ein Gerüst einzwängen lassen wolle. »Aber«, sagt sie, senkt die Stimme und guckt mir groß in die Augen, »wir haben deshalb keine Feindschaft!«

Die AgV hat sie einmal nach Bonn eingeladen, um über die Bielefelder Erfahrungen zu berichten. »Wir haben eine sehr ausgiebige Diskussion gehabt zu dem, was wir hier machen. Das ist also ... nicht mit Reserviertheit ... mit Interesse ist das aufgenommen worden. Da gab es allerdings die vorherrschende Meinung: dies ist ein Sonderfall in Bielefeld, das ließe sich nicht übertragen. - Das glaube ich eigentlich nicht.« Wo immer jemand den Anfang mache, ein Treffpunkt vorhanden sei und Kontinuität aufkomme, ließe sich so etwas organisieren.

Nein, der Bielefelder Fall sei nichts Unnormales. Ich atme tief durch. Soeben wurde es bestätigt: Bielefeld ist immer noch normal. (Am nächsten Tag lese ich in der »Neuen Westfälischen« einen Auszug aus der Rede, die der Mann meiner Gesprächspartnerin vor dem Unterbezirksparteitag der SPD Bielefeld gehalten hat: »Was wir heute haben, ist keine außergewöhnliche Krise, sondern es handelt sich um den Normalzustand spätkapitalistischer Wirtschaftsbedingungen.«) Bielefeld, Durchschnitt, übertragbares Beispiel oder gar Vorreiter? Auf jeden Fall etwas ganz Normales. Unterstützung habe man übrigens von der AgV keine bekommen. »Wir haben uns da aber auch nicht gedrängt. Wir dachten immer: Wir schaffen das auch alleine.«

Doch es läuft momentan nicht so gut. Der Höhepunkt sei vorbei, andere wirtschaftliche Probleme seien jetzt wohl wichtiger. Immer wenn die großen Themen mit den plakativen Überschriften aufkämen, sei es um die konkrete Verbraucherarbeit schlecht bestellt. Die jungen Leute würden sich auch mehr für die großen Probleme wie Kernenergie, Umweltschutz usw. engagieren. »Was so den Alltag ausmacht, dazu kriegt man sie selten.« Dabei gebe es so viel zu tun. Vor allem die Zusatzstoffe in den Lebensmitteln, da müsse man unbedingt mal was machen. Aber bewegen könne man nur dann etwas, wenn Ergebnisse mit Zahlen vorliegen. »Da müßte die Wissenschaft ganz konkrete Ergebnisse liefern, daß wir sagen können: seht her, so und so ist das, das wollen wir nicht mehr.« So etwas könnten sie als kleine Organisationen natürlich nicht tragen. Also, hake ich nach, müßte man doch mit den großen Verbraucherorganisationen zusammenarbeiten? Zurückhaltend sagt sie: «Ja, irgendwie müssen wir da eine Brücke schlagen.« In ihrem freundlichen Lächeln liegt etwas Hilfloses.

»Der Reichtum der Gesellschaften erscheint als eine ungeheuere Warensammlung. Die Ware ist zunächst ein äußerer Gegenstand, ein Ding, das durch seine Eigenschaften menschliche Bedürfnisse irgend einer Art befriedigt «, heißt es in Marx' »Kapital«. Ob die Ware die Bedürfnisse gut oder schlecht befriedigt und was außer Konsumverzicht der Konsumptionist noch tun kann, um seine Gefühle anläßlich des Kaufs von Schundware auszudrücken, darüber schreibt der deutsch-jüdisch-englische Ökonom des letzten Jahrhunderts nichts in seinem dreibändigen Hauptwerk, weder auf der ersten, noch auf den folgenden 802 Seiten des Bandes, wo er sich lang und breit über das Verhältnis Produktionsmittelbesitzer zu Arbeitskraftbesitzer ausläßt, aber die Frage, wie die Blaumannträger auf Östrogen in der Kalbshaxe reagieren können, offenläßt. Wahrscheinlich hätte dieser häufig verschuldete Herr auf den Lohnkampf verwiesen: höhere Löhne, bessere Reproduktionsbedingungen, gesündere Haxen. Nichts da. Die Erniedrigung, Knechtung, Beleidigung und Vergiftung der Konsumenten ist einkommensunabhängig (sie mag tendenziell fallen in der Hautevolée; andererseits weisen gerade Kaviar und Sekt recyclingträchtige Schwermetallanlagerungen auf). Jedenfalls gibt ER keine Antwort und vermutlich würde die Gesellschaft frei assoziierter Produzenten ebenso am quecksilbrigen Thunfisch nagen, wie die Brüder und Schwestern in der real existierenden Vorstufe es tun.

Nachfahren des Vordenkers setzten dann sehr viel mehr Hoffnung auf den Staat und die parlamentarische Arbeit. Das entsprach zwar nicht lupenrein den Absichten des Bärtigen, bekam aber denen, um die es anfangs einmal ging, gar nicht schlecht. Dann wurde es mühsam, denn je mehr man vom Staat erwartete, desto schwieriger wurde es. Indes: Nimmermüde viele Forderungen an den Staat zu adressieren gehört zu den Stärken sozialdemokratischer Politik - und noch in den siebziger Jahren unseres Jahrhunderts forderte die Arbeitsgemeinschaft Sozialdemokratischer Juristen die Einrichtung einer »Bundesanstalt für Verbraucherschutz«, damit diese lästige Sache nun endlich einmal unter (Staats-)Dach und Fach käme. Es kam nicht dazu, heute trägt man wieder mehr Markt. Schade, es wäre der krönende und konsequenteste Abschluß einer Verbraucherpolitik gewesen, die schon immer mehr auf den Staat als auf seine einkaufenden Bürger schielte.

Speziell die AgV, die seit 1953 den idellen Gesamtverbraucher repräsentiert, hat sich von Anfang an intensiv um staatliche Anerkennung, staatliche Gelder und Mitarbeit in staatlichen Gremien gekümmert. Bei dieser Konstruktion nimmt es nicht Wunder, daß niemand den Geldgeber verärgern möchte. »Natürlich wird vieles nicht angesprochen«, verriet ein Insider nach dreimaliger Abnahme des Versprechens, die namentliche Zuordnung zu unterlassen, »natürlich ist da manches faul. Aber das dürfen wir ja nicht an die Öffentlichkeit bringen, sonst ist der letzte Rest Finanzierung auch noch weg.« Freiheit ist nur da, wo kein Staat ist, hatte der bärtige Herr, den wir anfangs zitierten, postuliert. Wie gesagt, die Nach-Denker sahen das ja nicht mehr so eng und wollten das Reich der Freiheit nach dem Beispiel der deutschen Post organisieren. Und die behält sich stets vor, was sie befördert. Da heißt es eben, brav zu sein. Was nicht ausschließt, im Hinterkopf aufmüpfige Gedanken zu haben. »Noch können wir den Konflikt mit den Geldgebern nicht riskieren. Wir müssen uns zuerst eine Basis heranziehen.« Mein hier namenloser Gesprächspartner blickt taktisch verschlagen. Großes hat er im Kopf. Ob sein Szenario sich außerhalb seiner grauen Zellen materialisieren kann , weiß ich nicht. Bei vielen aus dieser Branche habe ich bemerkt, daß sie im privaten Gespräch viel radikaldemokratischer und basisnäher auftreten, als ihre Arbeit in den Organisationen das vermuten läßt. Nur: Was zählt, ist eben die praktische Arbeit. Und in der Tagespolitik der hauptberuflichen Konsumenten-Vertreter werden viele wichtige, Verbraucher betreffende Themen nicht oder nicht ausreichend bearbeitet. Chemie in Lebensmitteln erweist sich zur Zeit als bestsellerträchtiges Thema, aber die Kampagne der AgV bleibt aus. (Nicht einmal der Skandal Östrogen im Kalbfleisch wurde von Verbraucherschützern aufgedeckt und vorangetrieben.) Wieviele Milliarden die Verbraucher mehr bezahlen müssen, weil Branchenlobbies Schutzzölle gegen Billig-Importe durchsetzen können, ahnt und versteht kaum jemand, der ein Kaufhaus betritt. Daß Arzneimittel noch immer der Preisbindung unterliegen, der Pharma-Markt mit Präparaten, die nachweislich nichts Neues bewirken, überschwemmt wird - darüber wird geredet, aber nicht gehandelt. Lange bevor das Kartellamt aktiv wurde, war bekannt, daß Optiker überhöhte Preise für Brillengestelle verlangen und Preisabsprachen mit den Herstellern eingehen - aber wo war die Gegenaktion der Betroffenen, welcher von den Verbänden hat Initiativen gestartet? Stromtarife, die Großabnehmer begünstigen und den Normalverbraucher zur Kasse bitten, wurden von der Anti-AKW-Bewegung zum politischen Thema gemacht, nicht von Verbraucherverbänden. Wann immer es um Tarife geht, bei Strom, öffentlichen Verkehrsmitteln oder bei Krankenkassen, jedesmal steht der Verbraucher allein, kann sich nur fügen.

Wie aktiv andere sind, demonstrierte die Berliner Industrie- und Handelskammer, als das Umweltbundesamt Toleranzgrenzen und Gefahrennormen zur Luftverschmutzung festlegte, die die Berliner Luft als das gezeigt hätten, was sie ist, nämlich eine der schmutzigsten in deutschen Landen. In PR- Aktionen, massiven Auftritten in den Gremien und unter Androhung der Aufkündigung des »Grundkonsenses« wurde eine Höhersetzung der Normen erzwungen. Auf ähnliche Weise gelang es, die beabsichtigte Herabsetzung des Schwefelgehalts in schwerem Heizöl (das in Großfeuerungsanlagen verbrannt wird) auf 1% zu blockieren. Und was ist geschehen gegen die Verwendung des giftigen Amalgams als Zahnfüllung, die überhöhte Stickstoff-Düngung in der Landwirtschaft, die 32-Stunden-Schichten von Operations-Ärzten, die radioaktive Bestrahlung von Lebensmitteln und das verbraucherfeindliche Ladenschlußgesetz? Wer hat da mobil gemacht und mit der Aufkündigung des »Grundkonsenses« gedroht? Vielleicht hat zu einigen dieser Probleme eine Notiz in der »Verbraucherpolitischen Korrespondenz« gestanden. Bewirkt hat es nichts.

Die Gegenseite ist nicht nur verbal rührig. Sie macht medienwirksam ordungspolitische Bedenken geltend, sieht die Marktwirtschaft in Gefahr, ahnt den Verlust internationaler Konkurrenzfähigkeit, beschwört die Vernichtung von Arbeitsplätzen, überschwemmt Parlamentarier und Meinungsbildner mit Studien und Dokumentationen, schickt Bataillone von Experten in die Ausschüsse, droht mit der Streichung von Unterstützungen. Aber die AgV mobilisiert keine Verbraucher, sie hofft auf die Überzeugungskraft in den Gremien, auf die Einsicht des Staates. Der stellt sich natürlich auch so dar, als habe er nichts anderes zu tun, als die Verbraucher zu schützen. In der 211-seitigen Broschüre »Wegweiser für Verbraucher« des Bundespresseamtes stehen 104 Seiten unter der Überschrift »Der Staat schützt die Verbraucher«. Mit netten Bildchen mit flotten Sprüchen. Welche übergeordneten Sachzwänge es manchmal nötig machen, die Interessen der Verbraucher hintanzustellen und den Konsumenten ohne Schutz im sauren Regen stehenzulassen, steht nicht in der Broschüre.

»Wir wollten helfen«, hatte Thomas Schlier zur

Gründungsgeschichte der AgV erklärt und dabei viel Pathos in das »helfen« gelegt, »daß der Bürger mit seinem Einkommen ein besseres Einkaufsergebnis erzielt«. Ein bescheidenes Ziel, auch noch bescheiden als Hilfe angeboten, daran kann man doch nichts Böses finden. »Und der Verbraucher sollte jemand haben, der seine Interessen im politischen Raum vorträgt, und gegenüber der Wirtschaft und so ... « ... und gegenüber der Wirtschaft durchsetzt oder wenigstens verteidigt, hatte ich erwartet zu hören, auch gehofft, um fragen zu können, wie denn das zu bewerkstelligen sei. Das Verhältnis der AgV zur Wirtschaft ist aber nur »und so«. Er kann eben nicht lügen, der Herr Schlier.

In der Tat bleibt es beim Vortragen und Darlegen des Verbraucherstandpunktes in den politischen Gremien und bei einem »und so« zum Antipoden Industrie. Das war am Anfang so und das ist auch heute noch so. Als die Arbeitsgemeinschaft der Verbraucher 1953 aus der Taufe gehoben wurde, waren ihr die Zielsetzungen und vor allem deren Grenzen von den Politikern deutlich ins Stammbuch geschrieben worden. Das Kleine selbst konnte sich noch nicht wehren, und »die Eltern, tja, wissen Sie, so richtige Eltern ... also bei der Zeugung waren so viele beteiligt, ich meine, es sollte ja auch gar keine richtige Organisation werden, eben nur eine Arbeitsgemeinschaft, kein Verband, eher ein Verband von Verbänden, wenn Sie verstehen?«

Eltern, also die, die sich heute als Träger der AgV bezeichnen, sind 35 Institutionen und Organisationen. Zum Beispiel der Bund der Vertriebenen. Und das Diakonische Werk. Aber auch der Deutsche Staatsbürgerinnenverband. Und natürlich der Bundesverband der Katholischen Arbeitnehmerbewegung, die Deutsche Volksgesundheitsbewegung und der Kneipp-Bund. Auch die Vereinigten Landsmannschaften sind dabei, klar, und der Zentralverband der Fliegergeschädigten, Evakuierten und Währungsgeschädigten. Diese selbstlosen Verbände rafften sich nach der Währungsreform auf, den hilf-, stimmen- und verbandslosen Verbraucher aufzuwerten. Eine Lobby sollte er haben, wie all die anderen auch.

Ende der vierziger Jahre war bereits ein »Ständiger Ausschuß für Selbsthilfe« entstanden, der einem Unterausschuß die Aufgabe übertrug, »den Selbsthilfewillen der Verbraucher zu stärken, um sie in den Stand zu setzen, auf dem Markt eine Gegenmacht zu bilden«. Das hörte sich konfliktträchtig an, waren doch die frühen Jahre der Republik nicht übermäßig von sozialer Gerechtigkeit geprägt. Doch als Anfang der fünfziger Jahre über die Organisationsform einer zukünftigen Verbraucherorganisation diskutiert wurde, sahen sich die Befürworter einer Massenmitgliedschaft einer breiten Front ablehnender und unwilliger Politiker und Verbandsvertreter gegenüber. Die AgV entstand als Zusammenschluß verbraucherorientierter Verbände und Institutionen. Die Gefahr, neben den unruhigen Gewerkschaften noch eine weitere Protest- und Konfliktgruppe im Lande zu haben, war gebannt.

Die AgV fiel nicht unangenehm auf. Selbst der Jubiläumsbericht kann nichts über die fünfziger Jahre erhellen und springt vom Gründungsdatum lieber gleich in die sechziger Jahre, denn da war die AgV plötzlich »im öffentlichen Leben anerkannt und von staatlichen Stellen sowie von Industrie und Handel zunehmend respektiert.« Nur: als was? Als Seelenkneter. AgV-Vorsitzender Otto Blume stimmte freudig mit dem Wirtschaftsprofessor Karl Schiller überein, Ziel der AgV müsse es sein, »das Interesse des Verbrauchers ständig im Gewissen der staatlichen Wirtschaftspolitik und in all ihren Instanzen gegenwärtig« zu halten. Keine Rede mehr von Gegenmacht. Verbraucherpolitik als Schmiermittel der Marktwirtschaft, nicht als Sand im Getriebe. Motto der dritten Verbraucherwoche (datenmäßig nach dem Weltspartag und dem Tag der deutschen Milch gelegen): »Pack den Verstand ins Portemonaie.« Das konnte selbst in der harmoniegierigen Adenauer-Zeit niemanden stören. Als allerdings die sechziger Jahre in ihre kritische Endphase umkippten, war mit dieser Lieb-Kind-Politik kein Blumentopf mehr zu gewinnen. Der Professor, dem der AgV-Chef sich so verbunden fühlte, avancierte zum Wirtschaftsminister und kündigte neue Zeiten an: »Wir befinden uns in der Entwicklung von der konventionellen zur aufgeklärten Wirtschaft. Und zur aufgeklärten Marktwirtschaft gehört natürlich der aufgeklärte Konsument.« Schillers Weltbild miteinander streitender Wirtschaftsgruppen, zwischen denen der Staat vermittel und über deren Köpfen er Globalsteuerung betreibt, setzte indes voraus, daß sich auch wirklich alle streiten. Nur dann konnte er Fronten verschieben, Gruppen gegeneinander ausspielen, eigene Konfliktlösungen durchsetzen. Eine lahmende Verbraucherlobby paßte nicht mehr in das neue Konzept der aufgeklärten Marktwirtschaft. Deshalb Rüffel an Blume: »Unsere Verbraucher haben sich in den vergangenen kritischen Monaten erstaunlich ruhig, manchmal zu ruhig verhalten.« Das sei »im Bereich der Gesamtkonjunktur nicht ganz so lobenswert.«

Der Wink kam an, die AgV wurde rühriger. Vergleichende Warentests mit manch hartem Wort für die durchgefallenen Produkte wurden organisiert, in mehreren Großstädten entstanden unter Mithilfe der AgV Verbraucherzentralen und in ihren Selbstdarstellungen ließ die AgV die Muskeln spielen und stellte sich als Marktmacht dar. AgV über AgV: »Heute repräsentiert sie über 8 Millionen Verbraucher ... « Gemeint sind die Mitglieder der 35 Trägerverbände. Welcher Kneippier, Heimatvertriebene oder Währungsgeschädigte wirklich weiß, daß sein Verband die AgV trägt und er deshalb ein bewußter und aufgeklärter Verbraucher ist, dessen Forderungen die AgV repräsentiert, fragt man wohl besser nicht.

Die verbale Wendung, das neue Selbstverständnis und die 1971 vollzogene Umorganisierung (durch Beitritt der Verbraucherzentralen) brachte die Arbeitsgemeinschaft trotz allem nicht näher an den Verbraucher heran. Und mit spontanen Basisaktionen tun sich die alten Recken schwer. Anläßlich der vierten Verbraucherwoche hatten lokale Initiativen von sich aus Preisvergleiche durchgeführt und publik gemacht. Von diesen Gelbe-Punkt-Aktionen distanzierte sich AgV-Präsident Blume sofort: »Die damit verbundenen Probleme sind zu diffizil, als daß ich sie in Laienhänden sehen will.« Kein Lob der Initiative, keine Frage, wie dieses Engagement auszunutzen sei, nur Sorge um die Sicherung der eigenen Kompetenz. Die Berührungsängste mit der Basis, offensichtlich ein Erziehungsschaden aus hörigen Jugendjahren, hat die AgV bis heute nicht ablegen können. Verbrauchervereine sind für sie nur akzeptabel, wenn sie von ihr selbst, via Verbraucherzentralen, gegründet wurden. Unabhängige Vereine, wie die »Initiative der Verbraucher« in Bielefeld oder der Deutsche Verbraucherschutzverband in Wiesbaden, - der immerhin 8.000 zahlende Mitglieder hat - werden mißtrauisch beäugt - aus der Distanz.

Adelsinzucht läßt Monarchen nicht immer zu Intelligenzbestien reifen, aber sollte der Kunde wirklich König sein, dann ist dieser Monarch mit Sicherheit das Taperigste, was je auf einem Thron saß. Von Herstellern und Händlern wird dieser Herrscher permanent so über den Löffel barbiert, daß man ihn entmündigen müßte - wenn er nicht genau das schon wäre. Selbst die FAZ, die ihren Wirtschaftsteil lieber den Lobbies der Gegenseite öffnet, fand es »abenteuerlich, ja haarsträubend«, was die Stiftung Warentest in ihrem letzten Jahresbericht auflisten konnte und »ahnte« erstmals, »wieviele Verbraucher sich widerstandslos übers Ohr hauen lassen«. Die Warentester straften den Mythos vom alles ausgleichenden Markt Lügen: »Gegen die Annahme, daß allein starker Konkurrenzdruck Produkte gleicher Qualität auf ein annähernd vergleichbares Preisniveau zwingt, sprechen einige Beispiele: bei gleicher Qualität betragen die Preisdifferenzen bei Lautsprecherboxen 158 Prozent, bei Elektro-Rasierern 216 Prozent und bei Taschenrechnern 180 Prozent.«

Die Ergebnisse der Stiftung Warentest nähren Zweifel an der Effizienz jener unsichtbaren Hand, die angeblich alle Marktpartner auf ihre Kosten kommen läßt. Dabei betrifft das, was die Stiftung veröffentlicht, nur einen kleinen Ausschnitt der freien Marktwirtschaft, denn sie beschränkt sich auf Produktvergleiche. Im Prinzip würden die Tester aus Berlin auch Schrotflinten, Wollkondome oder Auto-Hupen mit Stiergebrüll vergleichen und mit Noten versehen, ohne nach Sinn und Unsinn des Produktes zu fragen. Daß sie es nicht tun, liegt am Fingerspitzengefühl des Teams vom Berliner Lützowplatz. Daß sie aber zum Beispiel keine Autos testen, liegt an den begrenzten Finanzmitteln - und außerdem, wie mit ein Mitarbeiter flüsterte, »wäre das viel zu gefährlich. Dieser Bereich ist zu wichtig für die deutsche Wirtschaft.«

Die Organisation, deren Urteil die Bundesbürger vermutlich mehr vertrauen als den Prognosen des Wirtschaftsministers und die ihnen immer zuerst einfällt, wenn es um Verbraucherpolitik geht, ist nämlich gar keine Verbraucherorganisation. Die Stiftung Warentest ist so neutral, unabhängig und ausgewogen, daß die Verbraucher nur ein Drittel des fünfzehnköpfigen Kuratoriums stellen (davon zwei AgV-Kandidaten). Von gleichem Gewicht sind die »Vertreter der anbietenden Wirtschaft«, vorgeschlagen vom Bundesverband der Deutschen Industrie im Einvernehmen mit dem Markenartikel-Verband, sowie die Abgesandten des Handels, des Handwerks und der Landwirtschaft. Das züngelnde Drittel an der Waage sind fünf unabhängige Persönlichkeiten, verpflichtet allein dem Stiftungszweck, die Öffentlichkeit »über objektivierbare Merkmale des Nutz- und Gebrauchswertes von Waren und Leistungen« zu unterrichten.

Adenauers Plan, ein Warentestinstitut zu gründen, wurde 1964 in die Tat umgesetzt, zwei Jahre später erschien »test«. Die Zeitschrift stieß jedoch nicht auf die erhoffte Resonanz, so daß der Bundestag diskutierte, ob die Gelder für die Stiftung überhaupt sinnvoll angelegt seien. Während die kritische Studentenbewegung ihren Höhepunkt anstrebte, mußte die kritische Verbraucherzeitschrift ihren Verkauf über den Ladentisch einstellen. Nur noch Insider, Abonnenten, erhielten die Ergebnisse der Warenvergleiche. Als die Studenten wieder unkritischer wurden, regten sich die kritischen Verbraucher. 1972 ging »test« wieder über den Ladentisch, um 160.000 Interessenten zu erreichen; drei Jahre später verkauften die Berliner Blattmacher über eine halbe Million Exemplare. Die Stiftung wurde so bekannt, daß Hersteller und Händler begannen, die Testurteile in die Werbung einzubauen.

Das gute Image, der steigende Bekanntheitsgrad und die hohen Verkaufsziffern machten die Stiftungsleute selbstbewußt, auch gegenüber den Bonner Geldgebern. Dank der Verkaufserlöse von »test« finanzieren sie sich heute zu rund 70 Prozent selbst. Die 10 Millionen Mark des Wirtschaftsministeriums sind willkommen, sollen aber bitte ohne Auflage kommen. Roland Hüttenrauch, langjähriger Chef der Stiftung, ließ auf der letzten Jahrespressekonferenz duchblicken, daß es hinter den Kulissen mehr Gerangel um staatliche Einflußnahme auf die Verbraucherpolitik gibt, als äußerer Anschein und Verlautbarungen vermuten lassen. »Mit großer Sorge verfolgen wir deshalb die zunehmende Tendenz der Bundesregierung, Geschäftsführungsaufgaben für die Stiftung zu übernehmen und Daten des Wirtschaftsplanes vorzugeben ... « Ob es um Kompetenzgerangel oder Zähmungsversuche geht, ist am Lützowplatz nicht zu erfahren. Auch hier ist man - trotz der relativen Unabhängigkeit - vorsichtig, den staatlichen Geldgeber zu verärgern. Daß die 140 Mitarbeiter zu stark auf die Erwartungen, die die Verbraucher an sie richten, eingehen, verhindert ohnehin das Kuratorium, das die Auswahl der zu testenden Waren absegnen muß. Was dabei aus welchen Gründen unter den Tisch fällt, darüber wird auch innerhalb der Stiftung getuschelt, spekuliert, intrigiert. Mit dem Argument: »finanzielle Engpässe« oder »technisch nicht zu bewerkstelligende Testanforderungen« läßt sich manches wegschieben.

Daß es die Schere im Kopf gibt, daß Rücksichten genommen und Interessen respektiert werden, zeigt deutlich ein »test«-Artikel über namenlose, markenfreie Produkte. Diese Rivalen des Markenartikels, die unter der schlichten Bezeichnung Kaffee, Zucker oder Seife in den Regalen liegen, verzeichnen in den letzten Jahren steigende Marktanteile und bereiten den Product- und Marketing-Managern in den Vorstandsetagen Ängste, daß die Werbemilliarden ihren Zweck verfehlen. Namenlose Artikel kommen beim Verbraucher an, weil sie billiger sind und durch gleiche Qualität deutlich machen, wie absurd das Werbegesetz, daß Produkt- und Markendifferenzierung immer umsatzsteigernd seien, übersteigert worden ist. Der Teufelskreislauf: hohe Werbeetats - feste Markenbindung der Kunden - Bereitschaft, höhere Preise zu zahlen - teure Werbekampagnen des Herstellers bricht bei Alltagsprodukten leicht in sich zusammmen. Doch in dem »test«-Artikel fehlt jeder - sich aufdrängende - kritische Seitenhieb auf die Markenartikel-Hersteller. Kein Wunder, der Herr sitzt im Kuratorium. Die Bindung an die Markenartikel bei Warentests wird mit technischen Gründen erklärt. Was läßt sich gegen solche Sachzwänge schon sagen?

Auch bei der Stiftung Warentest sind es die nicht angesprochenen Themen, die die Schlagkraft dieser Organisation im Interesse der Verbraucher mindern. Die satzungsmäßig festgelegte und vom Kuratorium kontrollierte Beschränkung auf vergleichende Warentests macht es unmöglich, etwa Untersuchungen über Östrogen im Fleisch beizutragen oder die künstliche Überfülle bestimmter Produktfelder, etwa im Pharmabereich, zu kritisieren. Doch, die Stiftung Warentest ist kritisch - aber innerhalb der gegebenen marktwirtschaftlichen Verhältnisse.

»Wir können schlechte Produkte nicht aus dem Markt drängen. Das müssen die Käufer tun oder die Gewerbeaufsichtsämter, durch Einsatz des Gerätesicherheitsgestzes. Käuferboykott - dazu können wir nicht aufrufen.« Das verhindere nicht nur die Industrielobby im Kuratorium, sondern auch der DGB-Flügel, der sofort von Gefährdung der Arbeitsplätze spräche. Friedrich Draeger, einer der Chef-»tester«, weiß um die Unzulänglichkeiten der Stiftungs-Arbeit. »Aber auch in diesem beengten Raum wird hervorragendes geleistet!« Geschichtchen, wo ihnen von oben Knüppel zwischen die Beine geworfen wurden, kann er aus dem Stehgreif zu Dutzenden erzählen. Besonders ärgert er sich über das Ertl-Ministerium. Als 1979 die Berliner Verbraucherwoche das Thema Ernährung aufgriff, kontrollierten die ministeriellen Herrn, die das Ganze finanzierten, die Ausstellung und die Publikationen bis ins letzte Detail. Wer finanziert schon gern seine eigenen Kritiker? Aber den

Friedrich Draeger hat's mächtig gewurmt.

Auch Beispiele für Selbstzensur hat Draeger parat. Jedermann hier wisse, daß das Preisamt nicht sehr effektiv arbeite. Trotzdem kritisiere niemand diese dem Senator für Wirtschaft beigeordnete Stelle, weil der Senator die Verbraucherzentrale finanziert. Und natürlich müsse man eigentlich, als Verbraucherschützer, zu so mancher Bonner Minister-Entscheidung etwas sagen, so aus der eigenen Sicht und aus dem Wissen um die Sachverhalte heraus, aber aus den besagten Gründen lasse man das dann doch lieber sein.

Ein Stockwerk über der Stiftung Warentest residiert der Verbraucherschutzverein (VSV). Geschäftsführer Jürgen Hennig ist in Eile. Das geschäftige, an Hektik grenzende Gebaren wirkt jedoch routiniert; er rotiert wohl gern - oder erweckt zumindest gern den Anschein. Ich solle nur Platz nehmen, er komme gleich. »Aber nur kurz, ich muß gleich zum Gericht.« Auf dem ausladenden, luxuriösen Schreibtisch türmen sich links Papier- und Broschürenstapel, rechts liegen zwei Diktiergeräte, daneben zwei Telefonkarteien und auf dem Beitisch zwei geöffnete Aktenköfferchen. »Wir sind praktisch die ausgegliederte Rechtsabteilung der Verbraucherzentralen, eine primär juristische Organisation; wir kümmern uns um unlauteren Wettbewerb und unzulässige Geschäftsbedingungen - AGB-Gesetz von 77, wenn Ihnen das was sagt.«

Rechtsanwalt Hennig ist geradezu bilderbuchhaft konzentriert und dynamisch. Mit seinen kantigen Gesichtszügen, leicht gebräunt, dem lockeren mittellangen Blondhaar und dem modischen, aber dezenten Anzug über der sportlichen Figur könnte er in der »Wirtschaftswoche« in der Spalte »Unsere jungen Führungskräfte« auftauchen. Hoffnungsvolles Talent, schon auf dem Weg nach oben, wissend, was er ist und wie er das darstellen muß. Er spricht schnell. Die Sätze rund, ohne Stockung und Einschübe zu Ende zu bringen, ist ihm wichtiger als das Verständnis des Zuhörers. Mein Schreibblock füllt sich mit Gesetzesnummern und Stichworten zum Inhalt. Wieder einmal merke ich, daß Juristendeutsch und juristische Logik nicht meine Stärke sind. »Jedenfalls«, faßt Herr Hennig nach fünf Minuten zusammen, »unlauterer Wettbewerb lohnt sich immer. Man wird maximal zur Unterlassung aufgefordert.«

Irgendwie habe ich das Gefühl, daß er mir trotz des gewinnenden und selbstsicheren Lächelns mitgeteilt hat, daß auch er gegen Windmühlenflügel kämpft. Sein Kampfstil ist zwar anders, aber er gehört wohl auch zum Bataillon von Thomas Schlier. Verwandtschaftslinien gibt es über die Organisationsstruktur. Die Verbraucherschutzvereine sind eine Gründung der Verbraucherzentralen (die von der AgV gegründet wurden), der AgV selbst und der Stiftung Warentest (wo AgV und Verbraucherzentralen im Kuratorium sitzen). Unter der Rubrik »gefördert von« erscheint wieder einmal das Wirtschaftsministerium. Die Welt der Verbraucherschützer ist klein.

Zum ersten Mal war mir Rechtsanwalt Hennig aufgefallen, als er auf einer Tagung der Stiftung Warentest den Einwurf eines Teilnehmers, die Verbrauchervereine in den USA - »was der Ralph Nader da macht« - seien offensichtlich aktiver und auch effizienter als die bundesdeutschen Honoratiorenverbände, mit einer scharfen, kanzlerreifen Entgegnung vom Tisch fegte. »Ach was«, hub er an und stimmte bereits mit diesen beiden Worten, dem Tonfall und seinem unwilligen Gesichtsausdruck die Zuhörer auf den Tenor seines Beitrages ein, »ich war doch da, ich hab' mir das angesehen. Wissen Sie was, ein Drittel ihrer Zeit verbrauchen die doch allein dafür, Geld aufzutreiben. Ein Drittel!« - und machte eine Kunstpause, um den Schauder wirken zu lassen und den beruhigenden Gedanken zu genießen, an jedem Monatsende einen staatlich abgesicherten Scheck in Empfang nehmen zu können. »Fund raising, mailing, immer nachfragen, werben, von Tür zu Tür, und das bei jeder Kampagne. Da bleibt nicht mehr viel für große Aktivitäten.«

Leider war eine Referentin, die über die amerikanischen Verbrauchervereine berichten sollte, verhindert, und so waren sich alle darin einig, daß dieses amerikanische Modell etwas sehr spezifisches sei, auf keinen Fall einfach übertragbar oder vergleichbar mit der bundesrepublikanischen Situation. Die anwesenden Verbraucherpolitiker waren, so schien es, sehr einverstanden mit Hennigs Beitrag und sahen keinen Grund, an sich und ihrer Arbeit zu zweifeln; die anwesenden Jounalisten, von eben diesen Damen und Herren regelmäßig mit Pressenotizen versorgt, sahen keinen Anlaß, diese Selbstzufriedenheit anzuzweifeln und hielten sich weiter an Kaffee und Traubensaft. Zumal ja auch kompetente Kollegen, Manfred Trebess vom Südwestfunk und Fides Krause-Brewer vom ZDF, im Kuratorium der Stiftung Warentest sitzen, die ja wiederum im Vorstand des Verbraucherschutzvereins sitzt. Die Welt der Verbraucherschützer ist klein. Und heil.

Jürgen Hennig und seine sechs Juristen, zwei Sachbearbeiter und vier Sekretärinnen kämpfen täglich gegen unlauteren Wettbewerb, »erforderlichenfalls auch durch Einleitung gerichtlicher Maßnahmen«. Irreführende Werbung mit Testergebnissen der Stiftung Warentest, Anzeigen von Kreditmaklern, in denen der effektive Jahreszins nicht angegeben wird oder von Häusermaklern, die die Gesamtmiete nicht nennen, greift das Juristenteam auf, schreibt die Firma an und fordert sie auf, diese Werbung zukünftig nicht mehr zu verwenden. »Dann verlangen wir«, erklärt Hennig in klarem Juristendeutsch, »die Abgabe einer Unterlassungserklärung, die durch ein Vertragsstrafeversprechen für jeden Fall der Zuwiderhandlung gesichert ist.« Meistens reichen solche Ermahnungen (juristisch: Abmahnungen); die Firmen lassen ab von ihrem Tun oder wenden sich einer anderen Variante zu. Dann muß Herr Hennig wieder abmahnen. Manchmal wird's auch kontrovers. Die Berliner

Verbraucherschützer halten nicht viel von Schaumigem und finden keineswegs, daß Patentex Oval »zuverlässig« vor Nachwuchs schützt. Die Kammerrichter hatten indes recht positive Erfahrungen mit dem Eisprung-Verhinderer und fanden es durchaus »zuverlässig«. Welche Verhütungsmethoden die Bundesrichter in Karlsruhe bevorzugen und als zuverlässig ansehen, konnte aus Geldmangel nicht mehr herausgefunden werden. Dem VSV ging die Luft aus. Jetzt wartet Herr Hennig auf die Geburtenstatistiken.

Das knappe Geld aus Bonn begrenzt auch beim Verbraucherschutzverein den Aktionsradius. Die Streitwerte bei Gerichtsverfahren gegen Wettbewerbsverstöße liegen ziemlich hoch. Da der VSV das Risiko eines Prozeßverlustes einkalkulieren muß - vielleicht haben auch die Karlsruher Richter positive Erfahrungen mit Patentex Oval? -, kann Hennigs Team in die großen Affären gar nicht einsteigen. Die Bitte an die Gerichte, den Streitwert herabzusetzen, um überhaupt antreten zu können, beschieden die Richter überwiegend negativ. Am peinlichsten war die Begründung des Oberlandesgerichts Düsseldorf: Das Bundeswirtschaftsministerium - als Zuwendungsgeber - halte den Verbraucherschutzverein ja bewußt vermögenslos. Dies könne man ja nun nicht dadurch unterlaufen, daß der Streitwert künstlich herabgesetzt würde. Soll wohl heißen: Wenn man euch an die kurze Leine legt, dann seid auch brav und versucht keine Tricks.

Natürlich ist es auch an diesem Tag schwül in Bonn. Aus der puppenhaften Innenstadt fährt das Taxi einige Kilometer Autobahn. Das bringt kühlen Fahrtwind. Dann geht es über die Dörfer - natürlich längst dem Großraum Bonn einverleibt - Richtung Duisdorf. Dort, wo es kaum weniger stickig ist, residiert, praktischerweise zwischen dem Wirtschafts- und dem Landwirtschaftsministerium, der Verband, der 58 Millionen Bürger in ihrer Eigenschaft als Verbraucher repräsentieren soll: die Arbeitsgemeinschaft der Verbraucher. In der ländlichen Gegend wirkt der alles überragende Hochhausturm des Lambsdorffschen Ministeriums so angebracht wie ein Fabrikschlot im Naturschutzpark.

Die in dem Turm arbeitenden ministerialen Räte, Direktoren und Amtmänner scheinen gut zu verdienen; die vielen neuen Eigenheime, die einen Ring um den alten Dorfkern legen, beweisen es. Identische Pfannenfarben und gleiche Giebelwinkel lassen begrenzte Phantasie oder starre Bauvorschriften ahnen. Die weiten Kohl-, Rüben- und Erdbeerfelder zwischen den Siedlungsflächen stimmen mich, der ich zwei Stunden zuvor noch durch Berliner Häuserschluchten gelaufen bin, fröhlich und friedlich. An die kleinen gestauchten Häuser kann ich mich wieder einmal nicht gewöhnen. Im Gegensatz zu italienischen Gebäuden, stets groß konzipiert und irgendwann einfach nicht weitergebaut, aber dennoch großzügig wirkend, sieht man diesen Häusern an, daß ihre gequetschten Maße einem ausgetüftelten Konzept entsprechen. Klein, aber konsequent. Die alten Fachwerkhäuser des Duisdorfer Zentrums sind schmaler als Berliner Altbauzimmer. Allerdings gediegener. Hier wohnen keine Behördenverwalter. »Erdbeeren zu verkaufen« verkünden braune Pappschilder an mehreren Türen. Wahrscheinlich schützen die knappen Ausmaße die Urbewohner der bilderbuchreifen Fachwerkhäuser vor dem Zugriff der ministerialen Besserverdiener.

Die Heilsbachstraße ist nur über kleine Gassen zu erreichen und erweist sich als schmaler asphaltierter Feldweg, links Rübenfelder, rechts ein langgestreckter dunkelweißer Klotz, dreigeschossig, funktional-stillos. Das Gebäude ist so groß, daß ich mich frage, ob ich die AgV nicht unterschätzt habe. Hinter dem Kürzel verbirgt sich wohl doch eine größere Organisation.

Weit gefehlt. An der ersten Tür stoße ich auf den Deutschen Modellfliegerverband, benachbart dem Berufsverband deutscher Psychologen. Gegenüber der Hauptverband des deutschen Lebensmitteleinzelhandels. Dann endlich die Arbeitsgemeinschaft der Verbraucher, im ersten Stock, darunter der Berufsverband deutscher Mittelstandsbrauereien. Die Frage nach dem Stellenwert der Verbraucherpolitik in der gegenwärtigen Regierungsarbeit brauche ich Frau Köhne, der Geschäftsführerin der AgV, nicht mehr zu stellen.

Anne-Lore Köhne telefoniert gerade und deutet mit einer Handbewegung die Einladung zum sitzen an. Sie ist Ende dreißig, hat dunkelblonde kurze Haare und eine großrandige Brille. Die hellblauen Augen verleihen dem offenen, resolut wirkenden Gesicht mit der scharfen Nase einen wachsamen Ausdruck. »Und, wie ist sie jetzt nach der Wahl?« fragt sie den unsichtbaren Dritten. Das Zimmer ist nüchtern, nur eine Pflanze in der hinteren Ecke, wenig Regale, viel weiße Wand. Als Schreibtisch dient ihr ein Teil eines großen Konferenztisches, so daß ich zwischen sechs Stühlen wählen kann, um mich ihr gegenüberzusetzen. »Und, meinst Du, man kann mit denen zusammenarbeiten?« Ihre Stimme ist so nüchtern-pragmatisch wie die Fragestellung, hat aber eine leichte rheinisch-westfälische Färbung. Über einer Stelltafel klebt ein Plakat, das den Leser auffordert, nach Sambia zu kommen. Ein glotzäugiges Nilpferd versucht, dieser Aufforderung Nachdruck zu verleihen.

Mit der für Organisations- und Koordinationspolitik zuständigen Geschäftsführerin komme ich schnell auf die Frage der Verbandsstruktur. Sie habe von Thomas Schlier schon gehört, daß ich »ein gesundes Vorurteil gegen die bestehende Organisationsform der AgV« habe. Ich bekunde Freude, daß zumindest die innerverbandliche Kommunikation funktioniere. »Aber klar«, lächelt Frau Köhne und ich rätsele, ob es ein stolzes oder ein säuerliches Lächeln ist, »Abgeordnete und Journalisten, die sind doch unsere Basis. Da passen wir auf.« Wie es denn sonst mit der Basis bestellt sei, begehre ich zu wissen. »Unsere Basis, das sind die Beratungsstellen (der Verbraucherzentralen). Die wissen ganz genau, was läuft mit den Verbrauchern.« Anne-Lore Köhne ist deutlich offensiv eingestellt. Also frage ich direkt: »Können Sie sich auf diese Basis stützen? Stärkt die ihre Position?« Das siegessichere Lächeln bleibt auf ihrem Gesicht. »Oh ja, klar, da ham die schon Respekt vor, die anbietende Wirtschaft. Da sind die sehr empfindlich, wenn es heißt: In der Beratungsarbeit hat sich gezeigt, das ist soundso. Das ist doch unsere Basis und das wissen die auch.« Nein, auf die Beratungsstellen läßt Frau Köhne nichts kommen, das seien die Saugnäpfe an der Basis.

Ob diese Basis auch mobilisierbar sei? »Ja, ja, ich weiß schon, Sie wollen das mit der Einzelmitgliedschaft wieder hochbringen. Hat der Biervert, der Professor Biervert, kennen Sie ja sicherlich, hat der ja auch versucht. Der ist da ja mit dem gesunden Vorurteil rangegangen, daß die Verbraucher die Sachen selber aufgreifen und die Läden boykottieren. Geht aber nicht. Isser ja in Wuppertal auch mit auf die Nase gefallen. War natürlich auch schlecht gemacht, nur mit Studenten und so. Zugegeben, die Verbraucherzentrale Nordrhein-Westfalen war da auch nicht sehr konstruktiv. Muß man aber auch verstehen, die warn eben noch sauer wegen der Dissertation von dem Biervert, wo der die so runtergemacht hat. Aber auch sonst«, sagt sie und schüttelt das Kurzhaar energisch durcheinander, »den Urschrei von der Basis in die Verbandsarbeit einfließen zu lassen, das klappt nie. Wir ham das hier in Bonn mit unserer Modellberatungsstelle POP 15 ja auch versucht. Zur ersten Sitzung sind 90 Leute gekommen und dann ist das ganze sang- und klanglos gestorben. Nee, nee. Aber genaueres kann Ihnen da die Frau Mohr erzählen.«

Ich will nichts genaueres, mir reicht die Erkenntnis, daß die AgV diesbezüglich eine ebenso klare wie feste Position hat. Meinem Einwand kommt Frau Köhne zuvor. »Es gibt da zwar diesen Edelverein in Bielefeld. Aber das ist eine einmalige Konfiguration. Die Frau Junker-Seeliger hat die Beziehungen zur Bildungsarbeit und kommt über ihre politischen Beziehungen an die Gelder.« Bei dieser Gelegenheit erfahre ich, daß Frau Junker- Seeliger dem Rundfunkrat des WDR vorsitzt, weiß, wie man/frau sich medienwirksam verkauft und auch sonst tiefer in der Politik steckt, als der Laie annimmt. »Selbstorganisation der Verbraucher ist das jedenfalls nicht.« Sie blickt mich mit ihren großen hellen Augen triumphierend an. Eigentlich müßte der Kritiker damit für die erste Runde erledigt sein.

Ich schweige erst einmal und frage mich, ob ich zu optimistisch bin oder sie zu pessimistisch und Ralph Nader ein transatlantisches Phantom ist. Oder gibt es ihn am Ende gar nicht? Anne-Lore Köhne ahnt richtig, wo sich meine Gedanken gerade bewegen und schiebt nach: »Ich weiß nicht, ob das in der lethargischen Masse liegt, das Druckmittel. Wenn da so ein wackerer Pensionär oder ein progressiver Lehrer oder eine redselige Hausfrau einen Verein gründet - soll das unsere Basis sein?« Frau Köhne hat sich seitlich auf ihren lehnenlosen Schreibtischsessel gedreht, die Hände über der Rückenlehne gefaltet und legt nun das Kinn auf die Finger. Ihr Gesicht ist gar nicht mehr so resolut. Die Konfrontationsphase haben wir, so scheint es, überwunden. Jetzt legt sich ein Hauch von Melancholie über den Raum, wie ich es schon aus dem Gespräch mit Thomas Schlier kenne. Das macht mich mißtrauisch. Ist das Masche? Kann man auf Mitleidsbasis Politik machen? Sozialpolitik vielleicht, aber Frau Köhne hatte großen Wert darauf gelegt, daß die AgV kein Sozialverein, sondern ein Wirtschaftsverband sei. Schon wieder diese komische Traurigkeit, die sich breit macht. Doch Strategie? Oder zwangsläufige Folge berufsbedingten Verschleißes? Oder ist das nun die Weisheit, die Einsicht, die Erkenntnis der Grenzen aller Politik?

Wer, frage ich, um ein emotionsloseres Thema anzusteuern, hat denn nun das Sagen in der AgV? Mit erfrischend kecker Stimme erläutert Frau Köhne die Verbandsinnereien. Beirat A, die Versammlung der (Gründungs-) Verbände, und Beirat B, Treffpunkt der elf Verbraucherzentralen und der Arbeitsgemeinschaft Hauswirtschaft, sind die beiden Grundpfeiler. Die verbraucherpolitischen Richtlinien stellt der A-Rat auf, d.h. die Verbände, die vor 29 Jahren mehr oder weniger zufällig die AgV zeugten, üben noch immer die elterliche Aufsicht aus; sie haben die wichtigeren Kompetenzen und stellen zwei Drittel der Mitgliederversammlung. Die eigentliche Arbeit werde vom Beirat B gemacht, meint Frau Köhne. Aber einer Satzungsänderung, die den aktiveren Verbraucherzentralen ein Gleichgewicht in der Mitgliederversammlung einräumen würde, widersetzen sich die verdienten Ziehmütter der AgV beharrlich. Schließlich kann man mit der AgV Politik machen - und die konfessionellen Frauenverbände achten schon darauf, daß die SPD-Lastigkeit der Geschäftsstelle nicht überhand nimmt.

Die Geschäftsstelle sei ja sowieso das Herz der AgV; daß deren Arbeit auch gewürdigt werde, erkenne man ja schon daran, daß es gelungen sei, die Mitarbeiterzahl von 15 auf 42 zu erhöhen. Meine Frage nach dem Beschäftigungsprogramm dieser 42 Leute beantwortet Frau Köhne zunächst einmal mit einigen (wieder einmal) tränenrührigen Geschichten aus der Gremienarbeit. Da habe man nun vier Jahre mit dem Zentralausschuß der Werbewirtschaft (ZAW) getagt und geredet und verhandelt über ehrliche und verbraucherfreundliche Werbeanzeigen (»was sehr langwierig war und viel rausgekommen ist da auch nicht«) und dann publiziere der ZAW da so ein Pamphlet, daß es so viele verbraucherschützende Gesetze gebe, daß die Wirtschaft schon gar nicht mehr frei handeln könne. »Da haben wir dann gesagt: Jetzt reicht's, gebracht hat's sowieso nie was und ham denen den Krempel hingeschmissen.«

Ähnlich erschütternd und mitleiderregend verlief die Zusammenarbeit mit dem Deutschen Institut für Normung und dem Deutschen Institut für Warenkennzeichnung und Gütesicherung. Auf vielen ermüdenden Sitzungen wurden mit der Industrie Möglichkeiten einer besseren Produktkennzeichnung und Produktklassifikation diskutiert. Der Versuch, gleichartige Produkte durch gleichartige Prospekte für Käufer vergleichbarer zu machen, scheiterte dann aber immer im letzten Moment am Einspruch des jeweils betroffenen Industrieverbandes. »Wenn's denen wirklich ans Portemonnaie geht, dann sitzen wir immer am kürzeren Hebel. Und die ham dann noch an den Staatssekretär geschrieben und sich sehr persönlich über den unkooperativen Verbrauchervertreter ausgelassen. Der Staatssekretär geht natürlich davon aus, daß das stimmt, was die Industrie da schreibt, und wir mußten uns mal wieder rechtfertigen und standen dumm da.« Das Bild vom hilflosen Zwerg, der von mächtigen, wohlgerüsteten Industrieverbandsvertretern eingekreist ist, gegen die er nur kleine Stiche austeilen kann und die ihn nur deshalb nicht hopsnehmen, weil er sich so gut als Alibi verwenden läßt, gewinnt vor meinem Auge wieder schärfere Konturen.

»Es ist natürlich richtig, daß das da«, sie zeigt mit dem Daumen aus dem Fenster, »kein Verbraucherministerium ist«. Frau Köhne meint offensichtlich das Landwirtschaftsministerium. »Aber von denen kommt das Geld und dann heißt es immer: aus haushaltsrechtlichen Gründen könnt ihr dies nicht machen, aus haushaltsrechtlichen Gründen können wir euch jenes nicht genehmigen. Aber auch die dahinten«, sie nickt mit dem Kopf in die entgegengesetzte Richtung, wo der Turm des Wirtschaftsministeriums steht, »machen uns das Leben ganz schön schwer. Jetzt hat der Staatssekretär da eine Bewilligungsbestimmung für Veröffentlichungen rausgebracht. Jede Broschüre will er vorher sehen und *er* entscheidet dann: ist das verbraucherrelevant oder nicht? Was immer schriftlich rausgeht an die Öffentlichkeit, wird jetzt erstmal gegengelesen. Dann kommen wieder die haushaltsrechtlichen Bedenken: Ist das Faltblatt wirklich nötig? Ist Fahradkauf wirklich ein wichtiges Verbraucherthema? Hat da nicht schon jemand anders was zu geschrieben? Also, wenn die wollen, dann können die uns mit dieser Bewilligungsbestimmung jederzeit den Hahn abdrehen.«

Nicht immer würgen die Ministerien brutal ab. Vieles zieht sich einfach in die Länge wie ein ausgelutschter Kaugummi. Um ein Faltblatt zur Energieberatung kämpfte die AgV eineinhalb Jahre mit den Ministerialreferenten. Dann hatten sie ihr Faltblatt Vielleicht nicht mehr ganz *ihr* Faltblatt, aber immerhin ein Faltblatt. Frau Köhne lehnt sich etwas vor und erzählt mit vertraulicher Stimme, daß wenn es ihnen gar zu lange dauere, sie ein ganz tolles Druckmittel entdeckt hätten. »Dann sagen wir: 'Wir erzählen das der Presse, daß ihr uns hier nicht zum Zuge kommen laßt.' Da ham die nämlich Schiß vor, diese Ministeriums-Leute, daß da was vor die Öffentlichkeit gebracht wird und sie dann schlecht dastehen.«

Wieder ein keckes Lächeln im Gesicht der Anne-Lore Köhne. Soll doch keiner denken, sie wüßten nicht, mit welchen Tricks man Beamten Beine macht. Wie oft denn dieses raffinierte Mittel schon eingesetzt wurde, möchte ich wissen. Frau Köhne überlegt einige Zeit. Aus der AgV-Arbeit fällt ihr nichts ein, aber der Chef der Verbraucherzentrale Hamburg hat das mal gemacht; 1981 war das, als das Ertl-Ministerium eine kritische Ausstellung über Fleisch in eine landwirtschaftliche Werbe-Show umfunktionieren wollte. »Den Text jeder Stelltafel mußten die sich genehmigen lassen. Das Ministerium hat dann 'Formulierungshilfen' gegeben. Eine weiß ich noch. Da stand zuerst: Fleischqualität wird immer schlechter! Und aus Bonn kam dann zurück: Marmoriertes Fleisch ist besser!« Die Hamburger und die Ertl-Leute waren übereingekommen, daß die Verbraucherzentrale die Verbesserungsvorschläge »soweit wie möglich übernehmen« sollte. Für die Agrarbürokraten hieß das: alles. Den Verbraucherberatern schien das aber alles nicht möglich und sie verwendeten ihre ursprünglichen Texte. Die Bonner bekamen Wind davon und wollten die Mittel sperren. Nur weil der Vorsitzende der Verbraucherzentrale den Mut hatte, die Angelegenheit an die große Presse-Glocke zu hängen, kuschten die Bonner Zensoren schließlich.

Eine graphische Darstellung der institutionellen Verflechtungen und Verschachtelungen der bundesdeutschen Verbraucherorganisationen würde jeden Kartellwächter in Alarmbereitschaft versetzen. Es sind immer wieder dieselben Namen und Kürzel, die in den Vorständen, Kuratorien, Förder- und Trägerorganisationen auftauchen. Doch nur auf einem sehr hohen Abstraktionsniveau ziehen alle an demselben Strang. In der Realität gibt es Neid, Konkurrenz und Hick-Hack. »In der Verbraucherszene muß jeder zusehen, daß er überlebt«, erläutert Frau Köhne die merkwürdige Gemeinsamkeit der Verbraucherschützer. »Schön wäre es, wenn wir wenigstens mal die Verbraucherzentralen unter einen Hut kriegen würden. Doch selbst bei denen herrschen Eitelkeit und Prestigedenken vor. Jeder will sein verbraucherpolitisches Konzept durchboxen und sieht die anderen als Konkurrenten.«

Es sind barsche Worte, die nun fallen, und ich ahne, warum Frau Köhne mir von anderer Seite in nicht sehr freundlichen Farben als Dragoner beschrieben wurde. »Wir fressen doch alle aus dem gleichen Napf - und alle wollen gegenüber den Politikern beweisen, daß sie am effektivsten arbeiten. Aber wie will man Effizienz in der verbraucherpolitischen Arbeit messen? Das geht gar nicht. Und dann wird eben runtergeputzt, was die anderen machen.« In meiner schnell umfangreicher werdenden Broschüren- und Faltblattsammlung zur Verbraucherpolitik war ich bereits auf einen vom Wirtschaftsministerium eingesetzten »Koordinationsausschuß bundesgeförderter Verbraucherorganisationen« gestoßen - angesichts des Bestrebens, sich von staatlichen Einflüssen freizuhalten, ein beschämender Beleg, daß die vielen Organisationen und Institutionen sich untereinander nicht über Kooperation und Vermeidung von Doppelarbeit einigen konnten.

Frau Köhne spielt die Bedeutung dieses Aussschusses herunter (»mangels Themen tagt der nicht mehr«), will die mangelnde Zusammenarbeit der einzelnen Organisationen jedoch nicht leugnen und führt gleich selbst verbraucherpolitisches Konkurrenzdenken vor: Die Stiftung Warentest sollte in der Zeitschrift »test« der AgV eine ständige Kolumne einräumen. »Hat das Kuratorium sofort abgeblockt. »test« solle eine neutrale Zeitschrift sein und kein Forum der AgV. Und? Wenn Sie sich heute die »test«-Nummern angucken - das ist das Ungefährlichste, was läuft in der Verbraucherpolitik.« Die meisten Warentests (»Skier und Schönheitsfarmen und so'n Zeug«) zielen auf die obere Mittelklasse. »Auf die zielen sie ja auch mit ihrer Werbung. Ach, und diese Werbung«, sie stößt ein schnaubendes kaltes Lachen aus, »ham Sie die mal abgesehen, was die sich da leisten? Bei jeder anderen Firma würden wir die abmahnen, unlauterer Wettbewerb. Aber denen geht's ja nur noch um den Verkauf ihres Heftes, da kennen die gar nichts mehr. Im Grunde ist das sowieso nur ein Verlach, ein öffentlich geförderter Verlach.« Sehr bitter sagt sie das, die Frau Köhne. »Mit denen klappt ja nicht mal mehr der Austausch von Informationen. Wenn wir von denen wissen wollen, welche Test-Ergebnisse unsere Beratungsstellen noch als aktuell anbieten können und welche überholt sind - sagen die uns nicht, rücken die nicht raus! Ham sie in Berlin aber alles liegen.« Das, sage ich, fände ich nicht sehr nett. »Und bei der Stiftung Verbraucherinstitut genauso«, hängt sie gleich an. «Erst machen wir uns jahrelang stark, daß so was aufgebaut wir. Jetzt gibt es das, und dann machen sie alles ohne uns.« Die AgV-Leute fangen wirklich an, mir leid zu tun. Da kämpfen sie an tausend Fronten gegen übermächtige Gegner und dann werden sie von den eigenen Kindern im Stich gelassen. Frau Köhne fällt niemand ein, der wirklich hinter ihnen steht. Selbst mit dem DGB gibt's Ärger (»obwohl wir sonst sehr gut zusammenarbeiten«), wenn es ums Nachtbackverbot, Fusionskontrolle oder das Ladenschlußgesetz geht. Die Herren in Düsseldorf sähen immer nur Arbeitsplätze in Gefahr und dann sei mit denen gar nicht mehr zu reden. Allein auf weiter Flur. Die AgV gegen den Rest der Welt. Ich glaube ich weiß, woher die häufigen Melancholie-Anfälle rühren.

Einmal noch unternehme ich einen Versuch, die Verbraucherpolitikerin Köhne aus dem Lobby-Himmel auf die Basis zu holen. »Und wenn man an einem solchen Punkt«, ergänze ich ihre Ausführungen über Maßregelungen durch die geldgebenden Ministerien, »mal mit den Verbrauchern eine Aktion machen würde, zeitlich begrenzt und präzise eingeengt auf einen inhaltlichen Punkt, den man vom Tisch haben möchte - wäre das nicht den Versuch wert?«

Diesmal reagiert sie nicht melancholisch, sinnierend über die fehlende Basis, sondern vehement, fast barsch: »So, was meinen Sie, wie die Industrie sich freuen würde, wenn wir da mal ganz groß einsteigen würden, alle mobilisieren würden, etwa zum Kaufboykott aufrufen würden, und wenn die dann sehen, da läuft nix, wenn die sehen, wie ohnmächtig die Käufer sind.« - »Warum soll denn das nicht mal gelingen?« - »Die halten sie doch nicht bei der Stange, die Leute ändern doch ihre Gewohnheiten nicht. Fleischboykott, wissen Sie, wie das aussieht? Nach drei Tagen hat der Papa wieder sein Schnitzel auf'm Teller, da wird gar nicht drüber diskutiert.« Warum sie immer das Schlimmste befürchte? »Das ist eine Befürchtung aus Erfahrung heraus. Da unten läuft nix.«

Dann müßte die AgV das vielleicht stärker angehen, den Informationsfluß verbessern und sich mal um Aktivierung bemühen. »Also nun machen Sie mal 'nen Punkt. Wenn wirklich mal so ein Verein Input in uns reintragen würde, wär das ja gut. Aber, daß wir uns da noch zusätzuliche Arbeit an den Hals laden, nee, das wäre ja nun das Letzte.« Demnach, überlege ich, bleibt ja wohl in der Tat nicht mehr zu tun, als was nebenan die Modellflieger- und Brauereilobbies auch machen: beharrlich zu den Gremien-Sitzungen pilgern und die Hand heben. Oder? Was kann die AgV eigentlich langfristig überhaupt machen? »Wissen Sie, langfristig - und nur langfristig ist überhaupt was zu erreichen -, also langfristig muß was über die Verbrauchererziehung laufen. Gewohnheiten ändern. Trägheit überwinden. Da müssen Sie bei den Kindern mit anfangen. In der Schule müßten die das vermittelt kriegen.«

Sie stockt einen Moment. »Deshalb wollten wir ja eine Verbraucherakademie. Was rauskam, war die Stiftung Verbraucherinstitut und die woll'n ja jetzt nichts mehr von uns wissen.« »Aber die entwickeln doch Curricula-Pläne und Unterrichtseinheiten«, entgegne ich eingedenk der dicken Selbstdarstellungsbroschüren der Stiftung Verbraucherinstitut. »Aber viel zu wenig. Davon kommt doch kaum was in die Schulen. Das greift doch alles nicht.« Jetzt schaut sie mich wirklich verzweifelt an. Ich beginne zu rechnen. Wenn die Lehrplan-Entwicklung während der achtziger Jahre doch noch Fortschritte machen sollte, dann geht das in den neunziger Jahren in die Schulen. Und dann entsteht eine ganze Generation kritischer Kunden und bewußter Käufer. Vielleicht, denke ich, sollte ich dieses Thema nach der Jahrtausendwende noch einmal aufgreifen. Frohgemut und optimistisch blicke ich zu Frau Köhne. Aber die schaut wieder ganz melancholisch.

Die Angstmacher

Es war einmal ein kleines Land zwischen hohen schneebedeckten Bergen und einem kalten rauhen Meer. Die Menschen in diesem kleinen Land hatten große Sorgen. Einen besonderen Anlaß dazu hatten sie eigentlich nicht, sie neigten einfach dazu, sich Sorgen zu machen. Und wenn sie sich Sorgen machten, dann machten sie sich große Sorgen; und wenn sie grübelten, dann grübelten sie tief; und wenn sie Nägel machten, dann machten sie immer welche mit Köpfen. So waren die Menschen nun einmal in Germanistan.

Die größten Sorgen machten sich diese Menschen um die Zukunft. »Wohin soll das nur alles führen?« war einer ihrer Lieblingssätze. Sie sprachen ihn oft aus und jedesmal legten sie ihre Stirn in tiefe Dackelfalten, seufzten schwer und schauten irgendwo ins Leere oder vor sich auf den Tisch. Noch wichtiger alle die Sorge um die Zukunft im allgemeinen war ihnen jedoch die Sorge um ihre eigene, persönliche Zukunft. Darüber grübelten sie oft nach, rechneten, machten Pläne - und seufzten schwer. Wie gerne hätten sie da richtige Nägel mit Köpfen gemacht - aber wie schlägt man einen Nagel in etwas so Unsicheres wie Zukunft? Darüber dachten sie oft nach und seufzten viel.

Eines Tages tauchten in Germanistan sieben kleine graue Männchen auf. Sie hatten flinke Zungen, bewegten sich dynamisch und lächelten den ganzen Tag, alle in derselben Weise. Sie trugen feine dunkle Aktenköfferchen unterm Arm, auf denen stand schwarz auf weiß: »Wir sichern ihre Zukunft.« Sobald ein solches kleines graues Männchen irgendwo auftauchte, bildeten sich große Menschenansammlungen. Denn die Verbindung der Worte Sicherheit und Zukunft elektrisierte die Menschen. Und weil es schwarz auf weiß geschrieben stand, glaubten sie es auch sofort, denn die Menschen in Germanistan waren der Überzeugung, daß alles, was schwarz auf weiß geschrieben steht, auch stimmt. So waren die Menschen nun einmal in Germanistan.

Wenn die Menschenmengen groß genug waren, stieg eines der kleinen grauen Männlein auf eine Leiter und fing an zu reden. Er sprach einen Dialekt, bürogermanisch, den die Ureinwohner zwar selbst nicht sprachen, den sie aber gerne hörten (und manchmal in ihren Briefen kopierten, das galt als chic). Das kleine graue Männlein sprach von Katastrophen, Unglücksfällen, Diebstählen, Krankheiten und Feuersbrünsten - und den Zuhörern lief ein Schauer über den Rücken. Die Menschen in Germanistan hingen nämlich sehr an all den Dingen, die sie ihr Eigentum nannten. Dessen Verlust bejammerten sie jedesmal, wie wir es bei anderen Kulturen nur von Klageweibern kennen, die den Tod eines großen Häuptlings beweinen. In Gedanken mit solchen schwerwiegenden Eigentumsverlusten oder Verdienstausfällen konfrontiert, wurde den Zuhörern heiß und kalt. Und gerade, als sie alle dastanden mit einem dicken Kloß im Hals, in den Augenwinkeln die ersten Tränen glänzten und viele Seufzer durch die Menge gingen, sagte das kleine graue Männlein: »Haben Sie keine Angst! Wir sichern Ihre Zukunft!« Dann holte es flugs viele tausend dicke Formulare aus seinem Aktenkoffer und sagte, wer dies ausfülle und ein kleines Entgelt zahle, für den bringe die Zukunft ganz sicher viel Sicherheit.

Die Leute rissen ihm die Formulare aus den Händen und begannen zu lesen, aber viel verstanden sie nicht, weder von den Fragen, den Kästchen und Zahlenreihen noch von dem Kleingedruckten. Sofort unterschreiben und bezahlen wollte keiner, denn von ihrem Geld trennten sich die Menschen in Germanistan furchtbar ungern. So waren sie nun einmal. Sie gingen heim, um zu lesen und nachzudenken.

Die kleinen grauen Männchen waren sehr gespannt, ob es ihnen gelingen würde, diesem schwierigen, grübelnden Volk »Sicherheit für die Zukunft« zu verkaufen. Anfangs gaben nur wenige die Formulare unterschrieben zurück, dann wurden es immer mehr und als die kleinen grauen Männchen nach einem Monat nachzählten, hatte jeder Bürger in Germanistan sechs Versicherungsverträge abgeschlossen. Ja, sie hatten wieder einmal Nägel mit Köpfen gemacht. So waren sie nun einmal.

Die sieben kleinen grauen Männchen waren sehr froh und beschlossen, sich niederzulassen, denn ab jetzt galt es ja, viel Geld zu verwalten. Sie bauten große Bürohäuser, stellten viele Leute ein und begannen eine rege Geschäftigkeit. Das gefiel den Leuten in Germanistan. Neben den 200.000 Menschen, die schon bald hauptberuflich für die Sicherheitsunternehmen arbeiteten, waren noch 300.000 nach Feierabend aktiv, um Sicherheit zu verkaufen. Die Mühe lohnte sich. Die Sicherheits-Wirtschaft wuchs zu einem der bedeutensten Wirtschaftszweige in Germanistan. Das Vermögen der Unternehmen war bald doppelt so groß wie der Staatshaushalt und entsprach dem Dreifachen des

Grundkapitals aller 2.150 Aktiengesellschaften in diesem Land. Jede vierte Wohnung wurde mit Geld von den Sicherheits-Verkäufern gebaut, und Banken, Privatfirmen, ja sogar der Staat liehen sich Geld von den kleinen grauen Männchen. Alsbald ging nichts mehr ohne oder gegen die grauen Männchen.

Da auch andere versuchten, mit dem Verkaufen von Sicherheit Geld zu verdienen, gab es bald immer mehr Sicherheits-Firmen, zum Schluß über dreitausend. Wenn die sich alle Konkurrenz gemacht hätten, wäre es aus gewesen mit dem großen Geld. Also beschlossen die Vorsteher der Unternehmen, sich keine Konkurrenz zu machen. Sie baten die dunkelgrauen Männchen, die die Staatsmaschinerie bedienten, ihnen zu erlauben, eine Mindesthöhe für die Beiträge festzulegen. Die Staatsmännchen waren den Sicherheitsmännchen wohl gewogen, denn wenn sie ab und zu einmal viel Geld brauchten für die große Staatsmaschine, dann bekamen sie es von den Sicherheitsmännchen. Und als die Sicherheits-Vorsteher noch sagten, daß das alles aus sozialen Gründen geschehe, waren sie ganz Ohr. »Wenn wir uns Kokurrenz machen, dann besteht die Gefahr, daß einer von uns bankrott macht. Und wer ist dann Opfer? Die guten Bürger von Germanistan, die diesem Unternehmen jahrelang ihr Geld überwiesen haben. Das darf doch nicht passieren!« So sprachen die grauen Männchen der Sicherheitsunternehmen. Die dunkelgrauen Staatsmännchen nickten, erteilten eine Ausnahmegenehmigung, die die Konkurrenz einschränkte und so jedem Unternehmen sorgenfreie Jahre und ein ewiges Leben garantierte. Die Bürger von Gemanistan mußten daraufhin noch mehr Geld an die Sicherheits-Unternehmen zahlen, aber sie murrten nicht, denn erstens ging es um ihre persönliche Sicherheit und zweitens hatte sich der Staat eingeschaltet und deshalb mußte das ja seine Ordnung haben. So dachten sie nun einmal, die Bürger von Germanistan.

So zahlten die Bürger und die Sicherheits-Firmen ließen es sich gut gehen. Ihre Kunden hatten keinerlei Mißtrauen, lästigen Konkurrenzdruck gab es nicht mehr, und das staatliche Kontrollamt bestand nur anstandshalber, es durchschaute im Grunde gar nichts mehr. Fachkundige Ökonomen, die nach vielem Nachdenken und Nachrechnen auf Merkwürdigkeiten gestoßen waren, brachte man zum Schweigen, indem man ihnen hochdotierte Posten in Aufsichtsräten und Vorständen gab. Mit den dunkelgrauen Staatsmännchen kam man sehr gut aus. Sie gewährten Steuervorteile, die den Kauf von Sicherheits-Verträgen attraktiver machten, dafür liehen ihnen die Versicherungsmenschen viel Geld für die gefräßige Staatsmaschine und dafür gaben die Staatsmännchen den Sicherheitsmännchen viele viele Verdienstkreuze. So wurden die Sicherheitsfirmen immer reicher und konnten den sieben grauen Männchen, die schon längst nicht mehr selber arbeiteten, Jahr für Jahr viel Geld überweisen. Die Bürger von Germanistan schauten sich das alles an, kamen manmal ins Grübeln, folgenlos wie meistens, und zahlten weiter ihre hohen Beiträge. So waren sie nun einmal, die Bürger von Germanistan.

Das ist natürlich ein Märchen und hat mit der bundesdeutschen Wirklichkeit so viel zu tun wie Flicks Konto mit Lambsdorffs Portemonnaie, nämlich gar nichts. Zwar stimmen die Fakten, aber die dort unterstellten Kungeleien, Verfilzungen und Beziehungsnetze weisen das Märchen als eine mit Stamokap-Mythen überfrachtete Erzählung aus, deren boshafte Unterstellungen lediglich auf das von Verschwörungstheorien verseuchte Hirn des Erfinders schließen lassen. Vielleicht stellt sich Klein-Moritz so die große Wirtschaft vor. Doch sie ist nicht so. Deutschen Wirtschaftsmanagern Machtpolitik zu unterstellen, den Politikern die Integrität abzusprechen und die Verbraucher als dumm hinzustellen, dazu bedarf es schon einer dicken Zerrbrille. So wahr wir in der besten aller Welten leben, die Wirklichkeit ist anders. Verhelfen wir also der Wahrheit zu ihrem Recht und lassen die Herren zu Wort kommen, die wissen, wovon sie reden. Der Präsident des Gesamtverbandes der Deutschen Versicherungswirtschaft ist Dr. Georg Büchner. Zwei Dinge liegen ihm besonders am Herzen: daß er mit *jenem* Georg Büchner aber auch nicht das geringste zu tun habe - und daß die bundesdeutsche Versicherungswirtschaft nicht dem Image entspreche, welches die meisten Bundesbürger (einschließlich Klein-Moritz) von ihr hätten. Noch bevor ich fragen kann, ob seine Animosität gegenüber seinem alt-ehrwürdigen Namensvetter etwas mit dessen Parole »Friede den Hütten - Krieg den Palästen« (wohlgemerkt: nicht »*Glas*-palästen«) zu tun habe, ist Büchner II schon mitten im Thema:

»Die deutsche Versicherungswirtschaft ist eine der leistungsfähigsten der Welt. Unsere Beiträge sind niedriger als in den meisten anderen Märkten, besonders unsere Kosten sind niedriger als in fast allen Versicherungsmärkten der Welt. Das Preis-Leistungs-Verhältnis stimmt bei uns.« Sagt Herr Büchner. Und macht eine Kunstpause. Für die Ungläubigen und ewig Mißtrauischen ringt der sparsame Schwabe sich noch einen Zusatz ab:

»Wäre es falsch, so müßten wir gut verdienen. Unsere Gewinnmargen sind aber äußerst knapp. Viele unserer Kunden denken, wir verdienen 30 Prozent der Beitragsumsätze. Wenn man fragt (und wir haben das getan), was würdet Ihr uns denn zubilligen, hört man: etwa 10 Prozent. Tatsächlich hat aber die deutsche Versicherungswirtschaft in den letzten fünf Jahren, und zwar in jedem der letzten fünf Jahre, nur einen Umsatzertrag gehabt, der zwischen 1,4 und 1,8 Prozent gelegen hat. Schon daran sieht man, daß das Preis-Leistungs-Verhältnis richtig ist.« Donnerwetter! Die arbeiten für Erträge, die unter dem Zinsniveau liegen. Gar nichts zu tun und das Geld auf die Bank zu bringen wäre lukrativer. Ist das nun Idealismus, Lust am Unternehmerdasein oder gesamtwirtschaftliche Verantwortung? (Der böse Klein-Moritz könnte meinen, daß die Zahlen nicht stimmen, und an die Zahnärzte erinnern, die auf den

Vorwurf, sich an kaputten Zähnen goldene Nasen zu verdienen, mit einer Modellrechnung in ihrem Verbandsorgan reagierten, die nachwies, daß Zahnärzte ihre Praxen aus ihren Privatvermögen subventionieren müssen, um bestehen zu können.) Es hat wohl etwas mit dem guten Herzen der Versicherungsmanager zu tun. Das schlechte Image ist wirklich ungerechtfertigt. Auch Dr. August Angerer, der Präsident des Bundesaufsichtsamtes für das Versicherungswesen (BAV), möchte das Gespräch nicht beenden, ohne diesen grundsätzlichen Sachverhalt nochmals klarzustellen: »Die Versicherungswirtschaft ist besser als ihr Ruf in der Öffentlichkeit!«, und erst, als dieser Satz eine Minute im Raum steht und wirkt, schiebt er nach: »Sicherlich gibt es etwas zu verbessern. Niemand ist vollkommen.« Ende des Gesprächs. Was nicht vollkommen ist, will keiner sagen.

Wie weit das Klein-Moritz-Märchen von der bösen reichen Versicherungswirtschaft neben der Realität liegt, merke ich gleich am Anfang meines Besuchs bei der Versicherungsgesellschaft, bei der man hoffentlich versichert ist. Die ALLIANZ-Zentrale sitzt in zwei unscheinbaren Fünfziger-Jahre-Bauten mit Flachdach und mattgrünem Anstrich. Zugegeben, beste Münchner Lage, direkt am Englischen Garten, aber von Glaspalast keine Spur, kein Protzen, kein Luxus. Auch im Inneren riecht es nicht nach Reichtum, die Büroausstattungen sind unteres Mittelfeld. Wolfgang Heilmann, Mitarbeiter der Presseabteilung, stellt die größte deutsche und größte europäische Versicherungsgesellschaft als ein unprätentiöses, nüchternes Dienstleistungsunternehmen vor. 170 verschiedene Versicherungsarten bietet die ALLIANZ ihren deutschen Kunden an. 30 Millionen Verträge und ein Marktanteil von 17 Prozent (bei Schaden- und Unfallversicherung, 14 Prouent bei Lebensversicherung) seien wohl ein überzeugender Beweis für das Vertrauen und die Zufriedenheit der Kunden. Die Kunden, das sind keineswegs nur Onkel Otto und Tante Emma, die ihr Auto oder ihr Leben versichern wollen, sondern auch große Industrieunternehmen, die ihren ganzen Betrieb »rundum« versichern. Auch die Kernkraftwerke zwischen Brokdorf und Wyhl, obwohl hundertprozentig sicher, sind für den Fall der Fälle bei der ALLIANZ versichert.

Über diese Technischen Versicherungen redet Herr Heilmann gern. Stolz berichtet er über die Schadens-Forschung in eigenen Instituten, den Service und die Beratung der ALLIANZ-Schadenverhinderungs-Experten. Das ist ein dankbares Thema, vor allem, weil es so unstrittig ist. Daß Industrieversicherungen seit 150 Jahren wesentlich zum wirtschaftlichen Fortschritt beigetragen haben, weil die Unternehmen nicht selbst Geld zurücklegen mußten, sondern damit arbeiten und expandieren konnten, ist allgemein d'accord. Und heute ist der Markt der Industrieversicherungen der unproblematischste: es gibt harten Wettbewerb und Kampf um Kunden - denn es gibt Makler. Bei den Millionen- oder Milliardenwerten, die es zu versichern gibt, lohnt die Einschaltung eines Versicherungsmaklers, der alle Angebote kennt und vergleicht. Für diese (und wegen dieser) Experten ist der Markt transparent, der beste Anbieter erhält den Zuschlag.

Anders im Massengeschäft. Wo Johanna ihren Golf am kostengünstigsten versichert und Johannes die beste Lebensversicherung abschließt, sagt ihnen kein Mensch und kein Makler. Wenn Johanna Glück hat und/oder clever ist, schließt sie z.B. bei der HUK Coburg oder beim HDI ab. Wenn sie Pech hat, landet sie bei der Züricher Versicherung und zahlt 30 Prozent mehr für den gleichen Versicherungsschutz. Das sind etwa 200 Mark Beitragsdifferenz pro Jahr oder - mit Zinsen - 3.100 Mark in 10 Jahren. Trifft sie auf einen ALLIANZ-Vertreter - ihre Chancen dazu sind gut, denn davon gibt es sieben auf 10.000 Einwohner! - landet sie im oberen Mittelfeld.

Daß es meistens billiger geht als gedacht, erfährt der Laie immer erst nachher und durch Zufall. Sich einen Marktüberblick zu verschaffen, überfordert ihn, ist angesichts der eher verwirrenden Zahlenspiele schwer möglich. Die mangelhafte Markttransparenz bewirkt, daß die ALLIANZ, die der Gruppe der teueren Versicherungen zuzurechnen ist, nicht auf ihren Angeboten sitzen bleibt. Ein Heer von Vertretern und die Werbeprofis der LINTAS in Hamburg sorgen schon dafür, daß sich Kunden finden.

Das Thema Beitragsunterschied, Markttransparenz und Kapitalanlagen der ALLIANZ begeistert Herrn Heilmann schon nicht mehr so. »Wenn Sie ein Auto kaufen, dann schauen Sie ja auch nicht nur auf den Preis. Es muß ihnen ja auch gefallen.« Dafür zahle man dann auch etwas mehr. Bei der ALLIANZ zahlt man mehr für das Image, den Service und das Gefühl, bei einem größeren Versicherer gut versichert zu sein. Rechtfertigt das die Beitragsunterschiede? Und was geschieht mit diesen höheren Einnahmen, die über der notwendigen Beitragshöhe liegen, die aus den Kosten folgt?

Markttransparenz, Beitragshöhe und Vermögen hingen sicherlich eng zusammen, meint Herr Heilmann. Aber dazu möge ich doch den Dr. Seyfried befragen, der sei Bilanz-Fachmann.

Hans Seyfried ist Aufsichtsrat-Mitglied und Abteilungsleiter bei der ALLIANZ-Sachversicherung. Wie alle wichtigen Herren der Firma ist er zur Zeit nicht einfach zu erreichen, denn die leitenden Herren rotieren. Seit heute morgen ist bekannt, warum: die ALLIANZ organisiert einen Übernahme-Coup. Der viertgrößte britische Versicherer, die Eagle Star, soll der ALLIANZ einverleibt werden. Die Engländer wollen sich aber nicht schlucken lassen, können der Aussicht, im dicken Bauch der Kontinental-Europäer zu verschwinden, einfach nichts Positives abgewinnen. Jetzt beginnt der

Kampf um die Aktienpakete - was die Münchener unter Umständen 2 Milliarden Mark kosten kann. Selbst für eine Firma, die 10 Milliarden auf der hohen Kante hat, ist das kein Pappenstil. Unruhe in der Königinstraße. »Und dann noch die MAN-Sache!« Herr Heilmann bittet um Verständnis. Ich erfahre, daß die ALLIANZ über drei Ecken via Regina Verwaltungs-Gesellschaft und Gutehoffnungshütte an der MAN beteiligt ist. Als Miteigentümer sind die Versicherer gefordert, an einem Sanierungskonzept des kurz vor dem Zusammenbruch stehenden Unternehmens mitzuarbeiten.

Mit einem Schlag sind Heilmanns Übungen in Understatement und Tiefstapelei sinnlos. So etwas klingt nicht mehr nach nüchternem Dienstleistungsbetrieb, eher schon nach Monopoly: Rücke vor bis auf Parkstraße, kaufe Eagle Star, ziehe eine Ereigniskarte und kaschiere deine wahre Wirtschaftsmacht. »Das Versicherungsgeschäft«, sagte mir ein Insider, »machen die doch nur noch ganz nebenbei. Die wirklich spannenden Sachen laufen doch mit den anderen Geschäften. Kapitalanlage, Beteiligungen und so, da wird's prikkelnd.« Ganz falsch scheint das nicht zu sein, dachte ich, als ich die Aktivitäten der Zentrale an diesem Donnerstagmorgen erlebte.

Was also ist die ALLIANZ, wenn sie nicht nur Versicherung ist? Sie ist auch eines der größten Industrieunternehmen in Westdeutschland, ebenbürtig BMW oder der Deutschen Unilever - gemessen an der Summe aller (bekannten) Beteiligungen via Aktienbesitz. Die »ALLIANZ-Münchener Rück-Gruppe« (wie Finanzanalytiker jenes Konglomorat aus ALLIANZ-Versicherungs AG, ALLIANZ Lebensversicherung und Münchener Rückversicherung nennen, bei dem aufgrund der gegenseitigen Beteiligungen nicht klar ist, wer Mutter und wer Tochter ist) ist in nennenswertem Umfang (und d.h. beeinflussend) beteiligt an der Gutehoffnungshütte, Europas größtem Maschinenbaukonzern, am Stahlriesen Thyssen, am Edelmetallhändler Degussa, an den Vereinigten Elektrizitätswerken Westfalen (VEW), der Luft- und Raumfahrtfirma Messerschmidt-Bölkow-Blohm, an Beiersdorf, Hutschenreuther, Conti- Gummi, Hapag Lloyd, Lahmeyer und einem weiteren halben Dutzend großer Namen. Aktienpakete kleineren Umfangs hält die ALLIANZ bei Mercedes und bei Schering und über mindestens 10 Holdings, Zwischenholdings und Verwaltungsgesellschaften an vielen anderen, die nicht zu ermitteln sind.

Nicht, daß die ALLIANZ sich darauf beschränken würde. In der ihr gut bekannten Versicherungsbranche hat sie auch viel Geld angelegt. Europas größter privater Krankenversicherer, die Deutsche Krankenversicherung (DKV), ist zu 26,5 Prozent Eigentum der ALLIANZ. Zur ALLIANZ-Gruppe zählen auch die folgenden Versicherungsunternehmen: Hamburg-Mannheimer, Karlsruher, Berlinische Leben, Bayerische Versicherungsbank, Frankfurter Versicherungs AG, Globus, Europäische Reise AG, Tele AG und die Hermes Kredit AG, das bedeutendste Exportversicherungsunternehmen.

Da es immer um viel Geld geht, kann es ja nicht schaden, ein paar Banken an der Hand zu haben, d.h. sich maßgeblich an ihnen zu beteiligen. Die Bayerische Hypotheken- und Wechselbank dürfte der glänzendste Name sein, die Wüstenrot-Bank und das Bankhaus Georg Hauck & Sohn laufen am Rande mit.

»Ja, es gibt da einige Firmen, zu denen wir freundschaftliche Beziehungen unterhalten«, umschreibt Wolfgang Heilmann den Verschachtelungs-Sachverhalt im Hausjargon. Er hat auch keinen Grund, das alles überzubewerten. Die Beteiligungen an anderen Versicherungen und an Industrieunternehmen machen nur 21 Prozent der gesamten Kapitalanlagen aus, sagt die Bilanz. Die Bilanz sagt auch, daß sich die gesamten Kapitalanlagen auf 10 Milliarden belaufen. Demnach sind die Beteiligungen gut 2 Milliarden Mark wert. Weil das Theorie ist, heißt das Buchwert. Summiert man lediglich bei den börsennotierten Aktien (etwa zwei Drittel der genannten) die Marktwerte, kommt man leicht auf 5 Milliarden. De facto ist das eine stille Reserve, aber offiziell gibt es die noch einmal: nichtversicherungstechnische Rückstellungen, das dicke Polster für schlechte Zeiten. Nicht, daß es das nicht schon gäbe: das laufend aufgestockte Eigenkapital (z.Zt. etwa 2 Milliarden DM) dient ja auch der Absicherung - aber doppelt hält besser, und sicher ist sicher ist sicher.

Die ALLIANZ verhält sich damit durchaus marktkonform, will heißen: die anderen machen es doch genauso. Kalkulationen mit Buchwerten, stille Reserven und Rückstellungen (»für ungewisse Verbindlichkeiten/drohende Verluste aus schwebenden Geschäften«) sind ein beliebtes Mittel, Gewinne zu kaschieren und Bilanzen so zu gestalten, daß sie den Unternehmenszielen entsprechen. Bilanzanalytiker Stefan Welzk, ehemaliger Max-Planck-Forscher und jetzt in Konstanz tätig, schreibt: »Die Ansicht, die ausgewiesenen Bilanzgewinne und Jahresüberschüsse der großen Aktiengesellschaften und GmbHs spiegelten deren Ertragslage wider, würde in jedem bilanzwissenschaftlichen Seminar auf Belustigung stoßen.« Welzk brachte mit seinen Untersuchungen folgendes an den Tag: »Der Anteil von Rückstellungen an den Bilanzsummen der Industrie-Aktiengesellschaften war von 1966 bis 1973 mit 15 Prozent konstant geblieben. Bis 1980 ist er auf den Wert von 23 Prozent gestiegen. Folglich sind beträchtliche Summen für »ungewisse Verbindlichkeiten« reserviert gewesen: Bei BMW 33 Prozent der Bilanzsumme und bei Siemens 38 Prozent, beim Pharmakonzern Schering und bei der Daimler-Benz AG jeweils 43 Prozent der Bilanzsumme. Die Bosch GmbH verfügt inzwischen über Rückstellungen im Wert von 90 Prozent der Bilanzsumme - doppelt soviel wie das gesamte Eigenkapital der Firma.«

Sinn dieser Rückstellungen, dieses Verschiebens großer Summen in die stillen Reserven: die Gelder bleiben steuerfrei und zudem den Vorständen als Spielmaterial verfügbar - sowohl als Basis für neue Kredite als auch für Kaufoperationen. Und als angelegtes Kapital bringen diese Summen auch Renditen oder Zinsen.

Gegen derartige Praktiken wäre eigentlich nichts zu sagen. Zwar kommt das Geld von den Verbrauchern, aber der Produzent hat es sich geholt im Rahmen marktwirtschaftlichen Wettbewerbs. Er hat Gewinn gemacht, obwohl ihm die Konkurrenz im Nacken saß. Es ist ein sauberer Profit: Der Kunde wurde nicht über den Tisch gezogen. (So weit, so gut. Was der Unternehmer mit seinem Gewinn dann macht, ist eine andere Angelegenheit, die er, sein Steuerberater, der Wirtschaftsprüfer und das Finanzamt unter sich ausmachen müssen.) Anders in der Versicherungsbranche: zwar kommt das Geld auch vom Verbraucher - aber es gibt keinen Wettbewerb.

Hans Seyfried, Aufsichtsrat der ALLIANZ, will das so nicht gelten lassen. »Das kennen wir, das ist ja der gängige Vorwurf des Bundesaufsichtsamtes: 'Ihr habt überhöhte Reserven, ihr macht mehr Gewinne als ihr ausweist.' Aber das ist nicht wahr, wir müssen unsere Reserven planen, wir müssen ja für die Schadensfälle in der Zukunft gerüstet sein. Und der Vorwurf, wir machten überhöhte Gewinne, weil der Wettbewerb fehle, den können wir leicht widerlegen. Schauen Sie, bei Hausrat- und Feuerversicherungen: von den 20 größten Unternehmen schreiben 11 rote Zahlen, viele kommen knapp aus der Verlustzone.« Er zeigt mir die Unterlagen. In der Tat ist die ALLIANZ einer der wenigen Versicherer, die hier Gewinn machen. »Die Prämien sind bei den meisten viel zu niedrig, sie decken nicht das Schadenaufkommen. Das können die Firmen nur überleben, weil sie diese Verluste durch Gewinne aus den Kapitalanlagen ausgleichen.« An solchen Gewinnen ist kein Mangel. Die ALLIANZ AG erzielte 1982 (nach Bilanz) 731 Millionen DM Gewinn aus Kapitalanlagen, bei der Colonia, der HUK-Coburg, der R+V, der Aachener + Münchener, der Württembergischen Feuer und der Nordstern waren es immerhin noch Beträge zwischen 181 und 113 Millionen DM.

Trotzdem ein befremdliches Bild: Unternehmen schreiben über mehrere Jahre rote Zahlen, betreiben die Verlustgeschäfte munter weiter und kompensieren das Minus mit den Gewinnen aus Vermögensanlagen. Das klingt nach Unternehmertum aus Langeweile oder Mitleid - und ist schon deshalb nicht besonders glaubwürdig. Aber vorläufig nicht zu widerlegen. Hans Seyfried, immer geduldig und freundlich argumentierend, ortet die Ursachen in Besonderheiten der Branche: »Das ist ja ein gängiger Vorwurf gegen die Versicherungen, daß sie zu viel Geld hätten. Und man unterstellt immer, sie würden zu viel verdienen, sie würden zu hohe Gewinne machen. Bei näherem Hinsehen erkennt man erst die Besonderheit dieser Geschäfte: der Versicherer muß immer Geld haben, muß immer liquide sein. Unser Reichtum ist Ausdruck der Höhe unserer Schulden und Verbindlichkeiten, nicht ein Beweis für hohe Gewinne. Prämien werden nun einmal vorher bezahlt - nachher würd's ja keiner mehr tun. Diese Vorauskasse ist der eine Grund, warum wir immer liquide sind. Der andere Grund ist, daß sich die Schadenfeststellung und -regulierung oft über Monate hinzieht. Solange bleibt das Geld ja beim Versicherer in der Kasse. Auch das erscheint dann als Kapitalanlage - und ist letztlich doch nur Ausdruck von Verbindlichkeiten.«

So wie er das sagt und darlegt, ist er ein ehrbarer Kaufmann und sehr überzeugend. Es klingt alles so einfach und einleuchtend, und doch ist irgendwo ein Haken. Aber nicht die noch kompliziertere Überlegung bringt mich dem Problem näher, sondern die ganz einfache Frage: »Wenn alle Kapitalanlagen letztlich nur Verbindlichkeiten repräsentieren, also Durchgangsgeld darstellten, dann würde, wenn Sie ab heute das Neugeschäft einstellen, die gesamte Vermögenssumme in den nächsten Jahren an die Kunden ausbezahlt werden?« Hans Seyfried ist seit 26 Jahren bei der ALLIANZ und ich erwarte nicht, daß diese Frage ihn vom Stuhl haut. Aber der lächelnde Herr mit den silbergrauen Haaren, der immer so langsam und deutlich gesprochen hat, ist plötzlich bemerkenswert undeutlich, bevorzugt das Stilmittel der abgebrochenen Halbsätze sehr viel häufiger als vorher und sagt dreimal, daß bestimmte Fragen (die er selbst andeutungsweise formulierte), so falsch gestellt seien. Unser Gespräch endet in einer diffusen Diskussion über Thesaurierung, die er einmal für unklug hält, dann für gar nicht möglich. Auch das Stichwort 'stille Reserven' fällt noch einmal - und daß die Vermögen natürlich den Versicherern gehörten und nicht den Versicherungsnehmern, aber daß die Unternehmen sie natürlich im Interesse der Kunden anlegten, denn an die gehe ja letztlich doch wieder alles. Jedenfalls das meiste. Zumindest sehr viel. Und der Rest?

Wie Unternehmen wirtschaften, welche Macht sie innerhalb ihrer Branche ansammeln, ob sie sich marktkonform verhalten, darüber informiert sich und wacht das Kartellamt. Dort müßten also die Experten zu finden sein, die wissen, ob in der Versicherungswirtschaft alles ganz koscher zugeht. In Berlin, am Platz der Luftbrücke, empfängt mich Ulrich Büttner, ein vitaler und gesprächiger Mittfünfziger; nach zwanzig Schritten gemeinsamer Flurwanderung weiß ich, daß er der Mann ist, der hier »die Versicherungen macht«. Meine Bewunderung dieses Zerberus, der eine ganze Branche im Zaum hält und verhindert, daß einige hundert Firmen jenen Verlockungen nachgehen, die die Marktwirtschaft bereithält, die aber nichts mit Markt und Wettbewerb zu tun haben, diese Bewunderung währt ganze fünf Sekunden. Denn kaum habe ich in dem kahlen Behördenzimmer Platz genommen (Blick auf jenen krummen Betonbogen, der nicht die Winkelzüge amerikanischer Außenpolitik symbolisiert, sondern die Luftbrücke zur Rettung Berlins), erfahre ich, daß Zerberus an einer sehr kurzen Leine liegt. »Für die Versicherungswirtschaft besteht eine gesetzliche Ausnahmeregelung. Der § 102 des

Gesetzes gegen Wettbewerbsbeschränkungen nimmt die Versicherungswirtschaft vom sonst allgemein geltenden Kartellverbot aus. Kartelle dürfen geschlossen werden; sie brauchen bloß beim Bundesaufsichtsamt für Versicherungswesen angemeldet werden, dann sind sie ausnahmsweise in der Versicherungswirtschaft absolut legal. Wir haben hier also eine Umkehrung der normalen Situation.«

Eine der schönsten Eigenschaften unserer Marktwirtschat ist doch, daß sie immer wieder für Überraschungen gut ist. Ich staune erst einmal eine Runde Bauklötze und schiebe dann ein »Aha« und ein »Aber warum denn das« in eine der seltenen Lücken im Redefluß des Herrn Büttner. »Anlaß für diese Ausnahmeschaffung war die Zielsetzung, Konkurse zu vermeiden. Versicherungsunternehmen, die wegen Wettbewerbsunfähigkeit aus dem Markt ausscheiden, also bankrott machen, könnten ja den Versicherungsschutz der betroffenen Versicherungsnehmer beeinträchtigen. Das sollte verhindert werden.« Bereits um die Jahrhundertwende sei das erstmals so diskutiert, etwas später dann auch festgeschrieben worden.

Ein ratsuchender Kollege entführt Herrn Büttner, was mir Zeit gibt, diese Informationsbrocken zu verdauen. In der Versicherungswirtschaft gilt das Grundaxiom der Marktwirtschaft, Preisgestaltung durch Wettbewerb, nicht. In der VersicherungsspartenKFZ, Haftpflicht, Leben und Unfall (mit Leben gekoppelt) werden die Tarife von der staatlichen Aufsichtsbehörde genehmigt - und in den genannten sowie einigen anderen Sparten vereinheitlicht das BAV die Versicherungsb e d i n g u n g e n, so daß darüber ebenfalls kein Wettbewerb laufen kann. Und welche Tarife genehmigt das BAV? (Frage speichern für Büttner.)

Und was ist da schon um die Jahrhundertwende diskutiert worden? (Frage geht an Speicher Hinterkopf, Abteilung Geschichte, Unterabteilung wirtschaftspolitische Diskussionen.) Ah ja, F i n d e s i e c l e war ja nicht nur eine Modeströmung. Auch die Wirtschaftspolitiker waren in Endzeitstimmung, wähnten sich am Ende des kapitalistischen Zeitalters. Trusts, Kartelle, Monopole dominierten immer mehr Märkte; vom Wettbewerb als gesamtwirtschaftlichem Lenkungsinstrument zu sprechen wurde immer sinnloser. Ein russischer Exilant namens Uljanov diagnostizierte nicht nur das Ende des Kapitalismus, er lobte auch die Monopole, die so etwas wie Planung in die Anarchie des Kapitalismus gebracht hätten und deshalb als Wirtschaftsform anzusehen seien, die vom Kapitalismus h i n ü b e r w ü c h s e n (!) in den Sozialismus. (Herr Uljanov, der fast alle Argumente von westeuropäischen Wirtschaftstheoretikern abgekupfert hatte, erlangte später Weltruhm unter dem Pseudonym W.I. Lenin, seine Sammlung geklauter Gedanken wurde unter dem Titel »Der Imperialismus als höchstes Stadium ...« unverdient zum Bestseller.) In den K a r t e l l d e b a t t e n jener frühen - oder späten - Jahre war Konkurrenz passé. Wie können Kartelle den Wettbewerb ergänzen oder ablösen, hieß die Frage. Wie kann der Staat die Wirtschaft regulieren, die Macht der Kartelle kontrollieren? Eugen Schmalenbach, heute noch Guru aller Betriebswirtschaftler, führte auf dem Juristentag 1928 aus: »Ich bin überzeugt, daß wir in nicht allzu ferner Zeit zu einem Zustand kommen müssen, den auch die Zünfte besaßen: die Monopolgebilde der Wirtschaft müssen ihr Monopol vom Staat empfangen, und auf der anderen Seite überwacht der Staat die Einhaltung der aus dem Monopol entspringenden Pflichten.«

Während die Theoretiker sich noch gegenseitig in der Überzeugung bestärkten, daß die Planlosigkeit der freien Konkurrenz zu Ende gehe und der verbandsorganisierten Wirtschaft zu weichen habe, hatten die Versicherungsunternehmen schon Nägel mit Köpfen gemacht: Das Versicherungsaufsichtsgesetz (VAG) entband sie von lästiger Konkurrenz, der Staat paßte auf. Diese schon postkapitalistische Regelung wurde (in der Vorbemerkung zum VAG) so begründet: »Maßgebend hierfür ist einerseits die Rücksicht auf die große wirtschaftliche, soziale und ethische Bedeutung des Versicherungswesens, andererseits auch die Gefahr schwerster Schädigung des Volkswohls, die von einem Mißbrauch des Versicherungswesens droht ...«. Das war Verbraucherschutz im Jugendstil-Dekor. Immerhin, es geschah in bester Absicht: Der Staat akzeptierte die Einschränkung des Preiswettbewerbs, weil so verhindert werden konnte, daß Versicherungsunternehmen in Konkurs gehen.

Und was wurde aus der hehren Absicht? Hat das mittlerweile 83 Jahre alte VAG den Verbrauchern genützt? Diese Frage präsentierte ich dem zurückkehrenden Ulrich Büttner, dessen anfängliches »Nun ja « bereits die Richtung ahnen ließ. »Sicherlich kann man sagen, daß Kartellbildungen manchen Versicherten davor geschützt haben, den Versicherungsschutz zu verlieren. Sie haben also Konkurse verhindern helfen. Das wird man einräumen können. Andererseits gibt es ja die sogenannte Kartellrendite, d.h., daß der Fußkranke, in diesem Falle: der Versicherer, mitgeschleift wird von den am Markt Tüchtigen und deshalb eben nicht in Konkurs geht, was in allen anderen Branchen selbstverständlich wäre. Er wird also mitgeschleift, verursacht Kosten - Kosten, die sonst bei Wettbewerb nicht mehr möglich wären. Diese unnötigen Kosten aber fallen letztlich auf den Versicherten wieder zurück, d.h. die Prämien eines Versicherungskartells sind höher, als wenn es keine Kartelle gäbe.« Nachfrage und Abruf der Speicher-Frage: »Die Prämien sind also s o hoch, daß auch das extrem unwirtschaftlich arbeitende Unternehmen noch bestehen kann? - Die Verbraucher, die Versicherungsnehmer, zahlen demnach einen hohen Preis für ihre Sicherheit und die Existenzsicherheit ihres Versicherungsunternehmens?« »Ja, ja«, nickt Büttner und läßt mir kaum Zeit, diese Erkenntnis zu würdigen, die ja nicht nur unser Versicherungsaufsichts-System in Frage stellt, sondern auch einen Erklärungswert hat für die immensen Kapitalvermögen einiger

Versicherer. Zwar seien die Prämien unterschiedlich hoch, fährt Büttner fort, aber der Verbraucher könne davon kaum profitieren. Zum einen sei der Preiswettbewerb nach unten durch das BAV beschränkt, zum anderen fehle den Kunden der Marktüber- und -durchblick, d.h. er habe Schwierigkeiten, das beste Angebot überhaupt zu finden. Über die Qualität der Markttransparenz habe der Herr Finsinger vom Wissenschaftszentrum ja einiges geschrieben, das könne ich ja mal nachlesen.

»Heißt das nun im Klartext, der Verbraucher wird über den Tisch gezogen?«, frage ich ihn. Herr Büttner windet sich körperlich. »Tja, würde ich schon sagen..., hm, über den Tisch - weiß ich nicht. Aber daß die Versicherungsgesellschaften größeren Einfluß haben, als wenn ich mir ein Radio kaufe, das ist auch sicher. Es gibt ja Bequemlichkeiten der Bürger, damit rechnen die natürlich auch. Die Kunden vergleichen nicht laufend Prämien und wechseln den Verkäufer wie beim Milcheinkauf, wenn die Preise zu hoch werden. Einmal an der Leine, bleiben die meisten bei der Versicherung, bei der sie einmal abgeschlossen haben.« Und als Nachsatz: »Das sieht das BAV wahrscheinlich anders, na ja.«

Um was immer es auch geht in der Versicherungswirtschaft - das Bundesaufsichtsamt taucht stets als Demiurg des Geschehens auf. Dem Kartellamt wurde mit dem § 102 Kartellgesetz der Wind aus den Segeln genommen, Entscheidungsbefugnisse und Eingriffsmöglichkeiten liegen nicht mehr bei den Wettbewerbswächtern am Platz der Luftbrücke, sondern 10 Kilometer weiter westlich, bei den verbeamteten Aufsehern am Ludwigkirchplatz. Wie ist das Verhältnis der beiden Behörden zueinander? Büttner lacht etwas gequält. »Schwierige Sache, wenn ich jetzt hier vom Leder ziehe ... Aber nein, in der Praxis arbeiten wir gut zusammen, durchaus. Grundsätzlich ist das Verhältnis zwischen beiden Behörden natürlich geprägt durch eine völlig unterschiedliche Aufgabenstellung. Das Bundesaufsichtsamt ist überwiegend dafür da, Konkurse unter Versicherern zu verhindern und damit die Erfüllbarkeit der Versicherungsverträge, also den Schutz des Versicherungsnehmers, zu gewährleisten. Es hat darauf zu achten, daß die Bilanzen und die Gewinn- und Verlustrechnungen der Unternehmen nicht zu lange und zu stark in rote Zahlen kommen. Das Bundeskartellamt hingegen geht von einem absolut anderen Standpunkt aus. Es begrüßt jede Art von Wettbewerb, auch wenn er bei schwachen Unternehmen zum Konkurs führen würde. Das gilt auch für Versicherungsunternehmen, bloß sehen wir auch, daß Konkurse von Versicherern dann tatsächlich für Versicherungsnehmer große Nachteile bringen würden. Gäbe es Wettbewerb, könnte man davon ausgehen, daß es zahlreiche Versicherer nicht mehr gäbe. Das hätte natürlich für Versicherungsnehmer, die sich dort z.B. eine Lebenspolice angeschafft haben, enorme Nachteile. Von unserer Aufgabenstellung her, nämlich für das Offenhalten möglichst umfangreichen

Wettbewerbs, wäre es in Kauf zu nehmen, daß es auch Konkurse unter Versicherern gäbe. Dann müßte durch andere Regelungen dieser Nachteil aufgefangen werden.«

Was andere Regelungen seien, dazu habe der Dr. Finsinger ja einiges geschrieben. Übrigens ein guter Mann, durchaus, das sei sehr gut, daß da mal jemand in dem großen Topf rühre. »Hat es denn in der Praxis nie Konflikte mit dem BAV gegeben?« »Na ja, selten eigentlich. Es gibt da einen Fall, der liegt schon länger zurück. Vor 13 Jahren wollten wir eine Mißbrauchsverfügung erlassen gegen ein Prämienkartell in der Feuerversicherung. Das war das erste Mal in 25 Jahren, daß wir etwas in der Hand hatten. Aber wir können nicht ohne weiteres aktiv werden, wir müssen uns da ins Einvernehmen setzen mit dem BAV. Und das hat gesagt: Veto! Dieses Kartell ist die einzige Möglichkeit, die Versicherer aus den roten Zahlen zu bringen, und das geht vor, die Existenzsicherung der Unternehmen hat absolute Priorität. Da wurden wir also daran gehindert, diese Mißbrauchsverfügung durchzusetzen und das Kartell auffliegen zu lassen. Der Streit wurde dann an den Minister gegeben, der beiden Ämtern vorsteht - und dann ist das im Sande verlaufen.«

Nach diesem Nasenstüber habe sich das Kartellamt dann etwas zurückgehalten. Jetzt arbeite man mehr im Vorfeld zusammen. Na ja, das liefe schon so ...

Daß das Bild, das wir im Laufe unseres Gesprächs von der Versicherungswirtschaft gezeichnet haben, weder positiv für die Branche ist noch besonders gut zum Selbstverständnis unserer Marktwirtschaft paßt, ist meinem Gesprächspartner nicht entgangen. Er macht aber keinerlei Anstalten, diesen Eindruck abzumildern oder zu verwischen. Fast trotzig schiebt er mehrmals den Satz ein: » So ist nun mal das Gesetz, das wird in Bonn gemacht, wir können das hier nur ausfüllen.« Ich verstehe das so, daß die Ursachen vieler Probleme der Assekuranzbranche im grundsätzlichen Verhältnis Staat - Versicherungsunternehmen liegen. Das ist sicherlich einer genaueren Untersuchung wert. Wir kommen darauf zurück.

Letzte Frage an den Kartellwächter: Nutzen die großen Versicherungskonzerne ihr Vermögen als Machtfaktor aus? Beherrschen sie die gesamte Wirtschaft? »Zunächst einmal möchte ich die Antwort beschränken auf die Verhältnisse innerhalb der Branche. Vielfach besteht ja der Argwohn gegen die Versicherungswirtschaft, daß es so viele Verschachtelungen untereinander gäbe, daß vier, fünf oder jedenfalls ganz wenige Versicherer alle anderen, je nach Sparte 180 bis 360 Versicherer, an der Leine halten und von sich abhängig gemacht haben. Dieser Argwohn mag zum Teil berechtigt sein, trotzdem wird man nicht beweisen können, daß diese Macht der größten Versicherer auf sämtliche Versicherer durchschlägt.«

Eine sehr vorsichtige Antwort, mit Feinschliff formuliert. Jeder ziehe daraus die Schlüsse, die er mag.

Einfluß werde über die Verbände ausgeübt, erklärt Ullrich Büttner. Deren Empfehlungen legten Richtungen fest. Und in den Verbänden hätten nun mal die großen Unternehmen das Sagen. Und dann wieder ein stiller, aber tiefer Satz. »Insgesamt wird man sagen können, daß bei der Vielzahl der gegenseitigen Verflechtungen die rein finanziellen Interessen doch diejenigen überwiegen, die mit Macht, Machtausnutzung oder Marktmachtdurchdringung bis hin zum kleinsten Versicherungsunternehmen zu tun haben.«

Wie andere Geschäftsimperien auch wählen große, reiche Versicherungsgesellschaften, die alt und unbeweglich geworden sind, den »imperialistischen« Weg, um markt-fit zu bleiben: Sie beteiligen sich (oder kaufen sie ganz) an kleinen oder mittleren Unternehmen, die gerade auf dem Weg nach oben sind und gute Renditen versprechen, wenn man sie mit Kapital etwas aufpäppelt. Daran ist nichts auszusetzen. Ob die Beteiligungen an anderen, branchenfremden Industrieunternehmen dazu dienen, diese zum Abschluß von Versicherungsverträgen mit der mitbesitzenden Versicherungsfirma zu zwingen? Ullrich Büttner wiederholt seinen feingeschmiedeten Satz: »Das wird man nicht beweisen können.«

Die Kunst des Wirtschaftens besteht in der Versicherungswirtschaft nicht mehr in Kostensenkung, Rationalisierung und Produktverbesserung, sondern in der Annäherung an jene Ziele, die die kontrollierende Bürokratie gesetzt hat. Für Versicherungsmathematik und -statistik erschließen sich dadurch völlig neue Aufgabenstellungen und Arbeitsweisen. Früher waren sie ein Pfeiler der Versicherungswirtschaft, weil sie mit Hilfe der Wahrscheinlichkeitstheorie und vielen Rechnungen - die einem Normalsterblichen, der die vier Grundrechnungsarten beherrscht, ein ewiges Rätsel sein werden - das Schadensrisiko berechneten und damit die Kalkulation der Prämienhöhe ermöglichten. Heute sind solche Berechnungen Fingerübungen am Rande. Die Hauptarbeit besteht in der kunstvollen Aufbereitung der Daten, um unabhängig von den Ausgangszahlen zu Ergebnissen zu kommen, die die Herren vom Bundesaufsichtsamt für das Versicherungswesen zufriedenstellen, ohne den eigenen Firmenvorstand in seinen Dispositionen einzuschränken.

Den Abgrund von Zahlenschieberei erläuterte mir Karl Upphoff, der bei einer der großen Versicherungsgesellschaften als Mathematiker arbeitet (und weil er das auch weiterhin gern möchte, sei es ihm hier gestattet, unter seinem Künstlernamen aufzutreten - schließlich wollen wir nicht die Abzahlung des Häuschens in der Toscana gefährden ...). Karl ist seit 8 Jahren im Geschäft, macht das alles mit links und wundert sich schon seit langem über gar nichts mehr. Stories könne er mir erzählen, hatte er mal gesagt. Jetzt durfte er loslegen, mir fehlten noch etliche Mosaiksteinchen für das Kolossalgemälde. »Jedes

Unternehmen muß dem BAV regelmäßig Geschäftsdaten liefern. Die wollen sehen, ob da alles so läuft, daß wir nicht eines Tages im Hemd dastehen und den Kunden nichts mehr auszahlen können. Und dann natürlich die Gewinne, das ist die andere Seite. Bei Leben und Unfall mit Lebensteil müssen ja mindestens 90 Prozent der Überschüsse ausgeschüttet werden. Die wollen halt wissen, ob das auch geschieht.«

Und geschieht das? Er grinst. »Glaubst Du ans Christkind? Natürlich steht das auf dem Papier, daß die Firma irgendwas über 90 Prozent ausschüttet - aber 90 Prozent von was? Da hat der liebe Gott noch ein paar Rechner davorgestellt, ehe das entschieden wird!« Im Klartext: »Das Unternehmen will die Überschüsse natürlich möglichst niedrig ausweisen, dann bleibt viel Geld im Haus. Das Amt guckt, ob die Gewinne nicht in Wahrheit höher sind. Deshalb läßt es sich vorrechnen, wie die Gewinne entstehen, wie sich Verwaltungskosten und Abschlußkosten entwickeln und so. Kriegen sie auch alles, aber erst nach reichlicher Sichtung und Bearbeitung.« »Und das ist Dein Job?« »Richtig, daran knackt die mathematische Abteilung. Wir drehen und wenden das solange, bis es dem Vorstand genehm ist.«

Manipulation, Zauberei oder Fälschung? »Nix da, alles ganz reell, wir halten uns ganz streng an die Vorschriften und die genehmigten Schlüssel vom BAV. Wir nutzen nur die Spielräume so, daß das Ergebnis ins Konzept des Vorstands paßt.« Was für Schlüssel, welche Spielräume? Er wirft mir einen Blick zu, als müsse er einem Analphabeten erklären, was Lyrik ist. »Also paß auf, wenn wir die Daten über die Gewinne aus Kapitalanlagen reinkriegen, dann sind das ja Gesamtergebnisse, für die Summe der Kapitalanlagen, ohne daß dabei genau erkennbar ist, welche Kapitalanlage aus den Beiträgen welcher Versicherungssparte stammt. Wenn man die Gewinne den einzelnen Geschäftsbereichen zuordnen will, braucht man einen Schlüssel. Das sind riesige mathematische Formeln, die schon vorher mit dem Geschäftsplan vom BAV genehmigt wurden. Und streng nach diesen Schlüsseln berechnen wir die Überschüsse pro Sparte.« Wo liegt der Clou? »Die Schlüssel sind schon so angelegt, daß große Teile der Gewinne auf Sparten umgelenkt werden können, wo nicht ausgeschüttet werden muß. Das ist aber nur der erste Schritt. Schlüssel gibt's auch für die Zurechnung der Verwaltungs- und Abschlußkosten auf die jeweiligen Sparten. Da kann man die Kosten natürlich hauptsächlich da ansiedeln, wo's den Überschuß drückt. Auch die Werbungskosten, was wir Wettbewerbskosten nennen, die die Firma insgesamt ausgibt, können dort belastend geltend gemacht werden, wo's was bringt.«

Spielraum ist also vorhanden, wie wird er genutzt? »Also letztes Jahr haben wir die Gewinn- und Verlustrechnung für die ... gemacht, da kriegten wir 500.000 Mark Überschuß raus. Hat der Finanzvorstand 'nen Tobsuchtsanfall gekriegt. Wollte er eben nicht haben. Hätten ja 90 Prozent in die RfB (Rückstellungen für Beitragsrückerstattungen) gehen müssen. Haben wir also die Ochenstour nocheinmal gemacht. Und, siehe da, mit denselben Schlüsseln sind wir auf 1,2 Millionen Verlust gekommen. Mathematisch war beides richtig, aber erwünscht war eben nur das eine Ergebnis. Es gab dann noch ein kurzes Zwischenspiel, weil der Verkaufstyp aus dem Vorstand reinschneite und rumbrüllte, wir sollten den Scheiß nochmal machen, das könne doch nicht sein, da müsse doch zumindest etwas Gewinn rauszuholen sein. Klar, der will verkaufen, klingt natürlich in der Werbung der Frontschweine (so nennt Karl die Außendienstmitarbeiter) viel besser, wenn die auf Ausschüttungen verweisen können. War aber nichts zu holen, die Mathematikabteilung untersteht nun mal dem Finanzvorstand und der hatte klar gesagt, was er haben will. Außerdem waren die Unterlagen vom ersten Rechendurchgang längst in den Reißwolf gewandert.«

Und das BAV hat das geschluckt? »Na, was denkst denn Du? Wir sind doch keine Anfänger. Die im Amt kriegen nur große Fehlentwicklungen mit. Wenn die großen Entwicklungslinien passen, sind die schon zufrieden. Natürlich müssen nach 6 bis 8 Jahren auch mal Gewinne anfallen, die ausgeschüttet werden. Aber ob drei Jahre vorher auch schon Geld dagewesen wäre, oder wie hoch die Gewinne nach 7 Jahren real sind, da haben die doch gar keinen Durchblick.«

Seiner Mimik nach ist das BAV kein ernstzunehmender Gegner. Woran liegt's? »Mensch, die sind doch einfach überfordert, die können da doch gar nicht durchblicken! Weißt Du, wie die Brocken aussehen, die wir denen auf den Tisch legen? Das sind hundert bis hundertfünfzig Seiten randvoll mit Zahlen und Formeln; da hat bei uns ein Team von vier Leuten zwei Monate dran geackert, hat das vorwärts und rückwärts gerechnet«, er stockt, lacht kurz auf und fährt fort: »vor allem natürlich rückwärts, vom Ergebnis nach vorn! Na ja, jedenfalls kennen wir den Kram dann aus dem Effeff, die einzelnen Posten, mit denen die Schlüssel gefüllt werden, da wissen wir, was da zu machen ist. Und da gibt's eben Interpretationsmöglichkeiten, Gewichtungsspielraum, Verschiebemöglichkeiten. Im Großen kannst Du nicht's machen, aber bei jedem Einzelpunkt ist was drin, das summiert sich dann ganz schön. Ja und da sitzt dann in Berlin ein Typ, der soll das in ein paar Tagen checken. Die kriegen doch hunderte solcher Zahlenwälzer auf den Tisch, die haben da doch gar nicht die Möglichkeit, richtig einzusteigen.« Karl hat noch ein paar Stories auf Lager, wo er und seine Kollegen sich schon mal unabsichtlich verrechnet hatten - und keiner hat's gemerkt. Er entwickelt da einen Stolz, den ich schlecht nachvollziehen kann: Wettkämpfe zwischen Zahlenfreaks, was soll's.

Bleibt als Fazit, daß mehr Kapital in den Versicherungsunternehmen bleibt, als den Kunden lieb ist, das Amt erlaubt und die Statistik aufweist. Wo bleibt das Geld, was machen die Firmen damit? »Fressen werden sie's nicht«, meint Karl. Das ist nicht mehr sein Bier. Aber trotzdem eine offene Frage.

»Bei der Anlage ihres Vermögens haben die Versicherungsunternehmen sehr viel Entscheidungsspielraum. Es gibt Vorschriften im Gesetz, daß Sicherheit und Rentabilität der Kapitalanlagen gewährleistet sein müssen. Aber der Katalog, welche Anlagen das sein dürfen, ist sehr breit gefächert. Das Amt selbst mischt sich in den Anlagenbereich nicht ein. Wir achten nur darauf, daß die gesetzlichen Vorschriften beachtet werden.« Dr. August Angerer gibt sich souverän und zurückhaltend. Der Präsident des Bundesaufsichtsamtes für das Versicherungswesen ist bereit, sekundiert von seinem Pressesprecher, Regierungsdirektor Macht, Fragen zu beantworten. Da solche Fragen in den letzten Monaten zunehmend kritischer geworden sind und sogar altvertraute Journalisten plötzlich Zusammenhänge hinterfragen, die auf Zweifel an der Effizienz der Versicherungsaufsicht schließen lassen, ist die Begeisterung gedämpft und der Wille, Probleme anzuerkennen gering.

Was die Kapitalmacht der Versicherer angeht, kann Präsident Angerer jedenfalls nichts Verdächtiges ausmachen: »Wir haben bisher keinerlei Beobachtungen gemacht, daß die Versicherungswirtschaft ihre Investitionen als Machtinstrument gebraucht. Die Investitionen sind sehr breit gestreut und sind sehr weit gefächert. Jeder Vorstand ist bestrebt, seine Kapitalanlagen so zu tätigen, daß sie eine große Sicherheit und eine gute Rentabilität erreichten. Ich habe bisher nicht feststellen können, daß in irgendeiner Weise Absprachen zwischen den Versicherungsunternehmen zu einem gemeinsamen Vorgehen in der Kapitalanlagepolitik bestehen.« Kurzer Blick zum Pressesprecher: Alles klar? Nicken von rechts. Aber zur Sicherheit noch einen drauf, die Zeiten werden härter: »Ich kann mir auch nicht vorstellen, daß bei der großen Zahl der Versicherungsunternehmen, die wir in Deutschland haben, hier irgendwelche Vereinbarungen unter den Unternehmen stattfinden könnten. Im übrigen würden sie ja kartellrechtlicher Art sein und vom Kartellamt mit Sicherheit beanstandet werden.«

Ach ja, das gute alte Kartellamt; um die Atmosphäre nicht unnötig zu belasten, erwähne ich meinen Besuch bei dem Zerberus mit beschränkter Handlungsfreiheit ersteinmal nicht. Aber beim Stichwort Wettbewerb sollten wir doch verweilen. Was Kartellwächter Büttner dazu gesagt hatte, war mir noch präsent. Und auch die beschwörende Stimme von Georg Büchner, dem anderen, dem Präsidenten des Gesamtverbandes der Deutschen Versicherungswirtschaft, klang mir noch im Ohr: »Bei uns ist der Wettbewerb außerordentlich lebhaft. Wer, wie ich, in der Praxis steht, erlebt das täglich, wie schwer es ist, neue Kunden zu gewinnen, und wie leicht, Kunden zu verlieren.« Was wird nun der Chef der staatlichen Aufsichtsbehörde zum Thema Marktwirtschaft in der Versicherungsbranche sagen? Wird er behaupten, seine 316 Mitarbeiter garantierten in der Mischung aus Wettbewerbseinschränkung und Geschäftskontrolle eine b e s s e r e Marktwirtschaft? Dann würde der wilhelminisch-klassizistische Bau am Ludwigkirchplatz einer neuen Entwicklungsrichtung unseres Wirtschaftssystems als Wiege dienen. In der vornehmen Atmosphäre des holzgetäfelten Präsidentenzimmers vernahm ich indes eine ganz neue, nämlich biologische Antwort: »Es gibt naturgegebene Beschränkungen im Wettbewerb in der Versicherungswirtschaft.« Warum sie naturgegeben seien, behielt der Herr Präsident für sich, worin sie bestehen, legte er dar: »Die Aufsichtsbehörde muß nun einmal erst Genehmigungen erteilen für die verschiedenen Bereiche, die Gegenstand des Wettbewerbs sein könnten. Wir haben die Verpflichtung, die Versicherungsb e d i n g u n g e n zu genehmigen und zwar in allen Sparten, ausgenommen in der Transportversicherung. Wir haben in gewissen Sparten auch den Preis, sprich die Prämien, zu genehmigen.« Insofern könne man, wenn man wolle, von einer Wettbewerbseinschränkung sprechen. Aber das geschehe ja alles nur im Interesse der Verbraucher.

Sinn der vereinheitlichten Versicherungsbedingungen sei es, sie transparent zu machen, weil die Verbraucher sicherlich überfordert seien, wenn sie auch noch verschiedene Regelungen im Kleingedruckten vergleichen müßten. Und bei den Preisen/Prämien achte das Amt »auf einen ordentlichen Sicherheitszuschlag«, damit die Unternehmen auch langfristig über eine sichere finanzielle Basis verfügten.

Weiß der Verbraucher das eigentlich zu schätzen? Ob der Versicherungsmarkt t r a n s p a r e n t ist, gehört neuerdings zu den umstrittenen Fragen. Nachdem Kartellwächter Büttner Zweifel an dieser Transparenz angemeldet hatte (und auf den noch skeptischeren Dr. Finsinger verwies, der eine solche glatt bestritt) und Büchner II diese Zweifel vehement vom Tisch fegte (»die Markttransparenz ist besser als es auf den ersten Blick oft scheint. Eigentlich besteht ein vollkommener Durchblick der Kunden«), hatte ich mich dem Subjekt des Streites selbst genähert. Eine Stunde lang stellte ich mich vor ein Einkaufszentrum in Berlin-Steglitz und probte, was man mit einem Mikrofon in der Hand die Leute alles fragen kann. Ergebnis 1: fast alles. Ergebnis 2: Versicherungen hielten 95 Prozent der befragten Bürger für ungemein kompliziert, einen Vergleich der Angebote für ziemlich undurchführbar und sicher, bei seinen eigenen Versicherungen die besten Angebote am Markt erwischt zu haben, war kaum einer. Fast alle glauben, »daß es da ja auch enorme Unterschiede in diesen kleingedruckten Paragraphen gibt.« Daß das Bundesaufsichtsamt verbraucherfreundlicherweise die Versicherungsbedingungen aller Anbieter vereinheitlicht hat, wußte keiner. Transparenz? Durchblick?

Meine Befragung war natürlich nicht repräsentativ und sehr erbaulich war die geballte Konfrontation mit dem prallen Menschenleben auch nicht, trotzdem neigte mein Herz nach dieser Begegnung mit dem leibhaftigen Mann auf der Straße stärker zu den Transparenz-Skeptikern. Wenn das BAV sich wirklich als Verbraucherschutz-Behörde versteht und das nicht nur eine modische Floskel ist, gibt es im Bereich Verbraucheraufklärung wohl noch einiges zu tun.

Wichtiger und folgenreicher ist die Angewohnheit des BAV, den Versicherern einen ordentlichen Sicherheitszuschlag bei der Festlegung der Prämienhöhe einzuräumen. So entfernen sich die Preise von den wahren Kosten - und bringen den Unternehmen Extragewinne. Bitte um Präzisierung an Präsident Angerer. »Nun, wir verhindern durch unsere Prämiengenehmigungen einen ruinösen Wettbewerb, denn wir müssen darauf achten, bei der Genehmigung der Prämie, daß diese bedarfsgerecht ist, also daß sie auskömmlich ist. Das führt dazu, daß ein Unternehmen jedenfalls soviel Prämie bekommt, seine Schäden und Kosten decken zu können. Und würde die Prämie in diesen zentralen Sparten nicht genehmigt werden, würde also ein völlig freier Wettbewerb, wie er im 19. Jahrhundert beispielsweise vorgestellt worden ist, stattfinden, dann bestünde die Gefahr, daß ein Unternehmen in Konkurs geriete, und das ist genau unsere Aufgbe, das zu verhindern.«

In dem anderen Wirtschaftsbereich äußert sich Wettbewerb als Druck, die Kosten zu senken - sei es in der Produktion, sei es in der Verwaltung. Nicht so bei Versicherungen. Dort sorgt das BAV dafür, daß die Prämien auf jeden Fall die Kosten decken. Erst in zweiter Linie schauen die Kontrollbeamten, wie legitim die Kosten sind. Das alles geschieht unter der Überschrift »Schutz der Verbraucherinteressen«. Gegenfrage: »Ist es nicht vor allem im Interesse der Verbraucher, die Prämien möglichst niedrig zu halten?« Angerers Antwort ist wieder biologisch: »Hier gibt es naturgemäß einen Zielkonflikt. Ich möchte ihn aber nicht besonders hoch bewerten. Denn wir müssen darauf achten, daß der Versicherer dort, wo wir die Prämie genehmigen, sie nicht zu hoch ansetzt. Andererseits aber darf sie auch nicht zu niedrig angesetzt werden. Wenn ein Versicherungsnehmer eine zu niedrige Prämie erwartet, dann denkt er selbst auch nicht kaufmännisch genug, denn man kann von einem Unternehmen nicht eine Leistung erwarten, wenn ich sie nicht entsprechend auch bezahlen möchte. Insofern möchte ich meinen, daß der Zielkonflikt, der wohl gegeben ist, nicht so gravierend ist.«

Unter der Hand ist aus dem Verbraucherschützer Angerer ein Verbraucherkritiker geworden. Die 40 Leute, die ich in Steglitz befragte, erwarten demnach etwas falsches, denken nicht kaufmännisch genug, sind keine vernünftig denkenden Menschen. Daß Versicherungsunternehmen um keinen Preis der Welt bankrott machen dürfen, daß sie deshalb hohe Prämien mit Sicherheitszuschlag kassieren dürfen, daß es nur ein sinnvolles System der Versicherungsaufsicht gibt, nämlich das vom BAV betriebene - all das muß einem vernünftigen und der kaufmännischen Denkweise fähigen Menschen doch als naturgegebene Notwendigkeit einleuchten. Meint Dr. August Angerer.

Ich meine etwas anderes und bereite meine Erwiderung mit einem Stirnrunzeln vor. Aber der Herr Präsident ist nicht gewillt, irgendwelche Einwände in extenso zu diskutieren. Sein Resümee ist kategorisch - und beginnt diesmal nicht biologisch, sondern psychologisch. Zumindest schwanen mir Identitätsverluste und Rollenvermischungen. »Die Versicherungswirtschaft ist besser als ihr Ruf in der Öffentlichkeit. Sicherlich gibt es etwas zu verbessern. Niemand ist vollkommen, auch die Versicherungsunternehmen sind es nicht. Wir sehen es als unsere Aufgabe an, diesen Verbesserungsmöglichkeiten auf die Spur zu kommen, sie aufzugreifen und zu versuchen, sie in die Tat umzusetzen, d.h. die Verbesserungen durchzuführen. Das gelingt uns auch sehr weitgehend. Wir haben hier große Erfolge!« Heftiges Kopfnicken bei Regierungsdirektor Macht. In stolzer Bescheidenheit lächelnd fährt Angerer fort: »Diese Erfolge werden allerdings nicht in der Zeitung veröffentlicht, sondern das ist eine Tätigkeit, die wir im Stillen tagtäglich tun. Wenn wir mit unseren Instrumenten am Ende sind, dann treten wir an den Gesetzgeber heran und bitten um zusätzliche Instrumente. Solche haben wir in der Vergangenheit erhalten. Und wir sind im Augenblick mit unserem Imstrumentarium zufrieden.«

Es ist dies eben doch die beste aller Welten. Halt, nein - es w ä r e die beste aller Welten, wenn da nicht einige ewig unzufriedene Nörgler wären. Denn als ich einwerfe, daß es in Gestalt des Dr. Finsinger und des Herrn Meyer ja mittlerweile doch ernst zu nehmende Kritiker dieses Systems der Versicherungsaufsicht gäbe, schwindet das freundliche Lächeln aus dem Gesicht des Präsidenten Angerer. Also den Herrn Finsinger, den könne er gar nicht ernst nehmen, der benutze die Versicherungswirtschaft doch als Sprungbrett, um seinen wissenschaftlichen Ehrgeiz zu befriedigen. Zu schade, daß er das alles auch noch unter der Schutzherrschaft des Wissenschaftszentrums habe schreiben können. Und der Herr Meyer - er holt tief Luft und ist jetzt richtig böse -, der sei nicht nur krankhaft ehrgeizig, fanatisch sei der, wirre Ideen habe der. Daß die Anke Martiny (MdB) ihm dieses Vorwort zu seinem Buch geschrieben habe - unverantwortlich! Und die Medien, die plötzlich einfach nachdruckten, was der Meyer da verzapfe - nein, nein, das sei ein Kreuz. Das alles trifft ihn sehr, den Herrn Angerer. Die Welt ist schlecht. Aber wenigstens ist die Versicherungaufsicht perfekt. Meint Dr. August Angerer.

Jörg Finsinger, der viel Geschmähte, oft Beschimpfte, hat den Schauplatz seines härtesten Kampfes hinter sich gelassen, ist von Berlin nach Bern übergesiedelt. Der promovierte Volkswirt hat während seines dreijährigen Aufenthaltes am Wissenschaftszentrum Berlin (WZB) einen ansehnlichen Stoß Aufsätze und Forschungsarbeiten produziert (im wissenschaftlichen Neuesthochdeutsch Papers genannt), von denen keines darauf schließen läßt, daß Jörg Finsinger ein politischer Überzeugungtäter ist, der gern mal das Großkapital in die Pfanne haut. Statt Ideologie zu verbraten, neigt er eher zur Verwendung ellenlanger mathematischer oder ökonometrischer Formeln; und sein Anfang 1984 in Campus-Verlag erschienenes Opus Magnum über die Versicherungswirtschaft schmückt er nicht mit Zitaten von Karl Marx, sondern von Wilhelm Busch und Lewis Carroll. »Das Gute - dieser Satz steht fest - ist stets das Böse, das man läßt.«

Ob die guten Absichten der staatlichen Aufsichtsbehörde ausreichen, die Unternehmen der Versicherungsbranche gegen die Verlockungen des Bösen immun zu machen, prüft er lieber empirisch nach - unter Verwendung neuester, in der amerikanischen Wirtschaftstheorie bereits gängiger Optimierungsmodelle. Es geht ihm, steht noch ganz unbefangen im Vorwort seiner Studie, um die betriebs- und volkswirtschaftlichen Auswirkungen staatlicher Marktinterventionen. Das müßte allen, die nach »Mehr Markt, weniger Staat« rufen, sehr zupaß kommen. Doch grau ist alle Theorie und solche Parolen sollte man nicht zu ernst nehmen, denn vorhandene Pfründe möchte sich niemand wegnehmen lassen, Parole hin, Parole her. Da scheint er etwas falsch eingeschätzt zu haben, der 35jährige Denker und Rechner aus Hessen. Hätte er politischer gedacht, wäre ihm nicht entgangen, daß es sich nicht lediglich um eine Branche handelt, die sich eine wohlige, einträgliche Nische in einer ansonsten harten Konkurrenzwirtschaft gesichert hat, sondern daß der angesammelte Reichtum mehr ist als Wirtschafsmacht, nämlich politische Macht. Reiche Leute haben mächtige Freunde, schwerreiche Unternehmen haben - eben etwas mehr. Sich mit solchen Gegnern anzulegen, ist nicht ungefährlich. »Fast hätte diese Studie ja zu meiner Kündigung am WZB geführt«, erzählt er, als ich ihn endlich in Bern erwische. »Die Leute von der Versicherungswirtschaft haben ganz schön Druck gemacht, als sie erfuhren, an was ich da arbeite. Und als die ersten Ergebnisse bekannt wurden, nahm das zu, da haben sie in Bonn versucht, den Ruf des Wissenschaftszentrums zu unterminieren. Da sind natürlich einige Leute etwas nervös geworden - aber der Präsident und der Direktor standen hinter mir, wenngleich etwas unruhig, weil die Angriffe dann doch sehr massiv kamen. « Zitiert er deshalb Lewis Carroll:

Humpty Dumpty sat on a wall,
Humpty Dumpty had a great fall.
All the king's horses an all the king's men
Couldn't put Humpty Dumpty in his place again.

Weil er wissenschaflich sauber gearbeitet hatte, kam es nicht zum great fall bei Jörg Finsinger. Und sein Platz ist jetzt nicht unten an der Mauer, sondern in Bern als Privatdozent bei Carl Christian von Weizsäcker. In Fachkreisen ist er also akzeptiert. BAV-Präsident Angerer versuchte es dennoch mit einer Breitseite: »Die Ausführungen zur Kraftfahrtversicherung sind wirr und für einen Fachkundigen kaum nachvollziehbar.« - schrieb er in einer Pressemitteilung zur Finsinger-Studie, die wenig Argumente des BAV, dafür aber viele Behauptungen und noch mehr Anschuldigungen enthält. Bereits kurz nach Veröffentlichung erster Teilergebnisse verwehrte ihm das BAV jede weitere Akteneinsicht.

Doch was er hatte, reichte Jörg Finsinger aus, um zwei Bereiche der Versicherungswirtschaft unter die Lupe nehmen zu können: die Kraftfahrtversicherungen und die Lebensversicherungen. Das Ergebnis veröffentlichte er im Frühjahr 1983 im Blick durch die Wirtschaft, der Wirtschaftsbeilage der FAZ - schließlich fühlte er sich noch als legitimer Mehr-Markt-Kämpfer: »Die Auswirkungen der heutigen Insolvenzschutzpolitik schaden dem Versicherungsnehmer mehr, als sie ihm nützten. Die Prämien sind überhöht, die Versicherungsleistungen sind nur schwer zu vergleichen und zudem gering. Sie sind gering, weil die Einschränkung des Preiswettbewerbs unter anderem zu überhöhten Vertriebsanstrengungen führt.« Können wir das noch mal Schritt für Schritt in aller Klarheit und mit allen Folgeproblemen durchsprechen? Er lacht. »Klar, die Ergebnisse stehen ja fest und werden ja auch publiziert. Die politischen Probleme, die will ich nun nicht noch mal in aller Schärfe darlegen, ich bin ja immer noch nicht Professor.« Ob er das so meint oder sich selbst ironisiert, ist mir nicht ganz klar. ALLIANZ-Aufsichtsrat Seyfried hatte gesagt: »Was der Finsinger da geschrieben hat, das ist typisch für jemanden, der nie weiter als hundert Meter von der Hochschule weggekommen ist. Das legt sich; der ist ja jetzt auch nicht mehr in Berlin und ist stiller geworden. Der wird sicher reifer.« Was bedeutet, daß reife Leute die Klappe halten. Bitte, nach diesem Gespräch von mir aus; aber erst will ich wissen, was der Forscher Finsinger entdeckt hat. Warum ist das in der Bundesrepublik praktizierte Modell der Versicherungsaufsicht verbraucherunfreundlich, was wären Alternativen?

»Es gibt zwei grundsätzlich verschiedene Wege, den Versicherungsnehmer vor Zahlungsunfähigkeiten der Unternehmen zu schützen.«,doziert Jörg Finsinger. »Der eine Weg besteht darin, daß man die Prämien über das Wettbewerbsniveau anhebt. Man hebt die Prämien weit über die Kosten, über die gegenwärtigen Kosten, der Unternehmen an und versucht, die anfallenden Überschüsse durch Rückerstattungssysteme wieder an die Versicherungsnehmer zurückzuerstatten. Nun, dieses Verfahren funktioniert natürlich nur bedingt, weil die Unternehmen versuchen, die Überschüsse im Unternehmen zu behalten, deren Ausschütten zu vermeiden.« Das deckt sich ziemlich mit meinen bisherigen Eindrücken. Aber bitte, nur nicht unterbrechen, wer weiß, wie reif er schon geworden ist. »Für den Verbraucher bedeutet dieser Sachverhalt, daß er den Insolvenzschutz teuer bezahlen muß. Der andere Weg besteht darin, daß man die Eigenmittel der Unternehmen kontrolliert und einen Garantiefonds einrichtet. Der erste Weg wird von der Aufsicht in der Bundesrepublik Deutschland bevorzugt. Das hat die unangenehme Folge für den Versicherungsnehmer, daß er überhöhte Prämien bezahlen muß. Im anderen Modell, wie es zum Beispiel in Großbritanien oder in den USA praktiziert wird, werden die Eigenmittel, d.h. die Finanzkraft der Unternehmen, in regelmäßigen Abständen überprüft. Fällt die Finanzkraft der Unternehmen unter eine gewisse Schwelle, dann werden diese Unternehmen von der Aufsicht saniert. Falls diese Sanierung nicht gelingt, versucht die Aufsicht, das Unternehmen an ein anderes gesundes Unternehmen zu veräußern. Sollte das nicht gelingen, und in fast allen Fällen der Vergangenheit kann man beobachten, daß es gelingt, dann geht das Unternehmen in Konkurs. Die Ansprüche der Versicherungsnehmer werden jedoch aus einem Garantiefonds ganz oder zu einem großen Teil abgedeckt. Das heißt: dem Versicherungsnehmer werden seine Ansprüche fast in vollem Umfange erstattet.

Insgesamt kann man sagen, daß das von der deutschen Aufsicht gewählte Instrument nicht marktkonform ist und deshalb zu überhöhten Kosten, zu überhöhten Prämien für den Versicherungsnehmer führt. Das Argument der deutschen Versicherungswirtschaft, daß die in der Bundesrepublik praktizierte Form des Schutzes der Versicherungsnehmer notwendig ist, zieht also nicht, denn auch die in Großbritannien und in USA praktizierten Aufsichtsinstrumente stellen den Schutz des Versicherungsnehmers sicher.« Es geht demnach auch anders, besser und billiger. Aber nicht in deutschen Landen. Ist der Kunde also prinzipiell der Gelackmeierte? Jein, meint der Privatdozent Finsinger, der Verbraucher könne sich ja zumindest eine Gesellschaft raussuchen, die relativ günstig arbeitet.

»In Versicherungsmärkten gibt es drei verschiedene Rechtsformen, drei verschiedene Typen von Unternehmen, die Versicherungsschutz anbieten.«, vertieft Finsinger seine Analyse. »Es gibt einmal die Aktiengesellschaften, dann gibt es die Versicherungsvereine sowie öffentlich-rechtliche Unternehmen. Man kann feststellen, daß die Aktiengesellschaften in der Regel höhere Prämien verlangen, daß sie in der Regel höhere Kosten haben und dem Versicherungsnehmer geringere Leistungen bieten. Das Ergebnis bei den Versicherungsvereinen ist eher gemischt, dort gibt es sehr gute Unternehmen, es gibt aber auch viele Unternehmen, die sehr hohe Prämien und Kostensätze haben. Am besten schneidet die Gruppe der öffentlich-rechtlichen Unternehmen ab. Mit nur ganz wenigen Ausnahmen sind dort die Prämien niedrig, die Kosten niedrig und die Leistungen hoch. Die Frage, die sich natürlich stellt, ist, wieso haben wir diese Leistungsunterschiede zwischen den verschieden Unternehmensformen. Die Begründung ist einfach: Die staatliche Aufsicht versucht, durch die Prämienkontrolle und die Gewinnkontrolle die Unternehmen zu beeinflussen. Diese wirkt natürlich nur auf die Unternehmen, die Gewinne machen wollen. Das sind die Aktiengesellschaften. Die anderen Unternehmen arbeiten unter dem Kostendeckungsprinzip und werden deshalb von den verfehlten Instrumenten der Aufsicht nicht beeinflußt. Anders ausgedrückt: Die staatlichen Instrumente der Insolvenzschutzsicherung verursachen bei den Erwerbsversicherern, d.h. bei den Aktiengesellschaften, überhöhte Kosten, die durch überhöhte Prämien und durch geringe Leistungen wieder abgedeckt werden müssen.«

Warum machen die Firmen, die nach dem reinen Kostendeckungsprinzip arbeiten, das nicht publik? Mir jedenfalls war das bislang nicht bekannt. Das wäre doch was für die Werbung. »Dürfen die nicht machen«, belehrt mich der Wissenschaftler. »Anfang dieses Jahrhunderts gab es die Möglichkeit, mit der Rechtsform zu werben. Das hat die Aktiengesellschaften, die zu diesem Zeitpunkt kartelliert waren, viele Marktanteile gekostet. Die günstigeren öffentlich-rechtlichen Unternehmen und die Versicherungsvereine gewannen sehr schnell an Marktanteil, und es ist verständlich, daß den Aktiengesellschaften daran gelegen war , diesen Wettbewerb abzustellen.«

Ja schon, aber daß es ihnen gelungen ist! Da werden doch merkwürdige Verbindungen zwischen den großen Versicherungs-AGs und dem Staat deutlich. Nicht für Jörg Finsinger. Der ist schon wieder bei dem System der staatlichen Aufsicht. »Die staatliche Aufsicht im Versicherungswesen hat vor allem zwei Aufträge zu erfüllen. Einmal soll sie den Versicherungsnehmer vor den nachteiligen Folgen von Unternehmenszusammenbrüchen schützen. Das interpretiert die deutsche Aufsicht so, als müßte sie Unternehmenszusammenbrüche grundsätzlich vermeiden. Das ist ganz im Interesse der Unternehmen, die natürlich gerne ein ewiges Leben garantiert bekommen, vor allem ein ewiges Leben bei hohen Gewinnen. Die Interessen des Verbrauchers werden dabei hintangestellt. Der Verbraucher wäre ebenso gut geschützt mit anderen Formen des Schutzes, nämlich mit solchen, bei denen Unternehmen zwar insolvent werden können, sein Versicherungsschutz aber dennoch abgedeckt ist. Das zweite wichtige Ziel der staatlichen Aufsicht im Versicherungswesen ist die Schaffung von Markttransparenz. Historisch kann man leicht sehen, daß das Aufsichtsamt relativ wenig Schwergewicht auf dieses Ziel gelegt hat. Vor allem die Unternehmen selbst waren an gewisser Markttransparenz bei den Versicherungsbedingungen interessiert. Der Grund dafür liegt wahrscheinlich in dem kartellartigen Verhalten der Unternehmen. Kartelle sind nämlich nur dann erfolgreich, wenn man nicht nur die Preise einheitlich festlegen kann, sondern auch den Nichtpreiswettbewerb kontrolliert. Und den kontrolliert man dadurch, daß man die Nichtpreisparameter, das sind in der Versicherungswirtschaft die Versicherungsbedingungen, vereinheitlicht.«

Demnach tut das BAV den Unternehmen noch einen Gefallen, wenn es die Versicherungsbedingungen vereinheitlicht? »Das muß man wohl so sehen«, konstatiert Finsinger trocken. Irgendwie erinnert er mich jezt an Karl Upphoff, den Versicherungsmathematiker mit dem Durchblick: aufregen kann ihn das alles schon lange nicht mehr. Jörg Finsinger hat herausgefunden, daß die Aktiengesellschaften im Versicherungsgeschäft entgegen den Prinzipien der Martkwirtschaft arbeiten. Und er hat herausgefunden, daß die gut gemeinte staatliche Aufsicht das Gegenteil von dem bewirkt hat, was sie wollte: statt Verbraucherschutz gibt's hohe Beiträge. Er hat's untersucht, nachgerechnet, dargelegt. Weiter geht er nicht. Die sich aufdrängende Frage, warum das nie verändert wurde, stellt Jörg Finsinger nicht. Er ist kein politischer Mensch. Er ist ein Wissenschaftler, der zufällig an ein auch politisch heißes Eisen geraten ist - und sich fast die Finger verbrannt hätte.

Aber es gab jemand, der seine Ergebnisse aufgriff. Und einen dicken Knüppel daraus machte, mit dem er auf die Versicherungsuntermehmen eindrosch, daß denen angst und bange wurde. Das ist Hans Dieter Meyer aus Hamburg, der als nächster auf meiner Reiseliste steht. Er würde sicherlich politsche Schlüsse ziehen. Aber eine letzte wirtschaftliche Feinheit möchte ich von Dr. Finsinger noch erläutert haben: Gibt es einen Zusammenhang zwischen dem Reichtum der Unternehmen, ihrem häufig protzigen Auftreten und der Wettbewerbsbeschränkung durch Staatsaufsicht? »Natürlich«, schießt er sofort los, »das Kostenverhalten von Unternehmen hängt doch wesentlich von der Marktordnung ab. In einem Markt, in dem durch eine staatliche Aufsicht die Preise hochgehalten werden, ist der Druck zur Kostendämpfung gering. Schlimmer noch: Der Wettbewerb um Marktanteile verlagert sich vom Preiswettbewerb auf den Nichtpreiswettbewerb. Unter Nichtpreiswettbewerb versteht man den Wettbewerb um die Versicherungsnehmer zum Beispiel im Vertrieb oder durch Kulanz. In der Versicherungswirtschaft führt der verstärkte Nichtpreiswettbewerb zu überhöhten Aufwendungen im Vertrieb, die letztlich der Versicherungsnehmer zu bezahlen hat.« Bei der KFZ-Versicherung zum Beispiel, die ja eine Haftp f l i c h t versicherung ist, seien die Gewinne auf drei Prozent des Umsatzes beschränkt. Das führe zu Anstrengungen, den Umsatz u m j e d e n P r e i s auszudehnen. Von Kostenminimierung keine Rede mehr. Aktive Kundenwerbung über einen dezentralisierten Außendienst sei aber teuer, 30 Prozent teurer als Direktabsatz. All das treibe die Kosten in die Höhe, führe nicht nur zu sehr hohen Vertreterprovisionen, sondern auch zu höheren Verwaltungskosten.

Folglich können die Firmen mit allem, was auch nur im entferntesten als Vertriebsaufwendungen auszuweisen ist, protzen, denn es mindert nicht den Gewinn, es ist Teil des Umsatzes. Da werden die neuen Glaspaläste, die Büros in zentraler Lage und/oder in repräsentativen Bauten, die überall sichtbaren Leuchtreklamen, Firmenschilder und Werbeposter und -prospekte ebenso verständlich wie die nicht gerade zimperlich bemessenen Erfolgshonorare für die Vertreter im Außendienst.

Doch die im Versicherungsgeschäft aktiv Tätigen sind nicht die einzigen, die es sich wohl sein lassen. Wohl dem, der eine Aktie besitzt - besser noch: mehrere. Der muß nicht darben. Denn im Gegensatz zu dem, was wir ansonsten von unserer Leistungsgesellschaft gewohnt sind, winken hohe Dividenden auch dann, wenn es den Unternehmen schlecht geht. Der Deutsche Ring zahlte 14 Prozent Dividende in einem Jahr mit außergewöhnlichen Verlusten. Der Schweizer Wirtschafts-Kurier sah (Ende 1982) keine Probleme, die beiden folgenden Sätze über die Münchener Rückversicherung in einem Atemzug zu veröffentlichen: Das Geschäft schließe »mit einem sehr negativen Ergebnis ab«; doch das Ergebnis »erlaubt erneut die Zahlung von 18 Prozent Dividende«. Das Handelsblatt schreibt, »die Dividenden der Lebensversicherungs-AGs nähern sich der politischen Schallmauer von 20 Prozent «. Die FAZ kaschiert das vornehm. Der Artikel unter der Überschrift »Die Allianz rechnet mit geringerem Wachstum« erwähnt erst am Schluß: »Die Aktionäre sollen eine Dividende von 10 DM je voll eingezahlte Aktie von 50 DM erhalten.« Normalerweise tun sich die Wirtschaftsredakteure nicht so schwer mit Prozentrechnen.

»Kapital-Lebensversicherungen sind legaler Betrug«. Dieser Satz ist Hans Dieter Meyers Erfolgsmotor. Dieser Satz ist provokativ, aufrüttelnd, beleidigend. Beleidigt zog der Verband der Lebensversicherer auch prompt vor das Hamburger Landgericht, denn Hans Dieter Meyer schrieb diesen Satz auf jedes Stück Papier in seiner Reichweite und erzählte ihn jedem, der in seine Nähe kam. Die Richter der Hansestadt wollten ihm diesen Spaß nicht nehmen und gestatteten ihm seine Meinungsäußerung auch weiterhin. Nicht, daß sie gleichzeitig den Staatsanwalt beauftragt hätten, gegen die Lebensversicherer wegen Betrugs zu ermitteln, so weit wollten die schwarzberobten Herren nicht gehen. Aber daß Hans Dieter Meyer ein paar gute Argumente für seine Meinung vorbringen konnte, dürfte sie auch nicht unbeeinflußt gelassen haben. »Gott sei Dank, was besseres als diese Klage und dieses Urteil hätte mir ja gar nicht passieren können!« Hanseat Meyer versucht sich in theatralischem Pathos, der in nordischer Drögheit steckenbleibt. Der 47jährige Versicherungsberater und Verbraucheranwalt ist engagiert und mitteilungsfreudig, aber ein Hitzkopf ist er bestimmt nicht. Jurist, Hamburger, ehemaliger Versicherungsvertreter - aus solchem Holz schnitzt man keine Barrikadenkämpfer. Aber er bringt die Sturheit und den langen Atem mit, den man braucht, um die vielschichtige, verworrene, verwinkelte und mit Filz, Geld und Paragraphen verkleisterte Versicherungsmaterie aufzudröseln. Beispiel Lebensversicherung: »Im Prinzip 'ne gute Sache«, meint er, »aber nur für den Ernährer einer Familie und nur als Risiko-Lebensversicherung. Auf keinen Fall eine Kapital-Lebensversicherung.« Geradezu beschwörend redete er auf mich ein.

»Die Risiko-Lebensversicherung ist wesentlich billiger als die Kapital-Lebensversicherung mit dem Sparvorgang. Man muß etwa rechnen, daß die Risiko- Lebensversicherung ein Zehntel des Beitrages kostet, den Sie für eine gleichwertige Kapital-Lebensversicherung zahlen, und der Versicherungsschutz ist dabei völlig gleich. Wenn Sie nur zwei Zahlen gegenüberstellen; Sie können einmal 5.000 DM in eine Kapital-Lebensversicherung einzahlen, Sie können dagegen aber auch 500 DM in eine gleichwertige Risiko-Lebensversicherung einzahlen. Dann haben Sie 4.500 DM zur Verfügung, die Sie jetzt selbst anlegen können, und Sie haben dann sogar den gleichen Versicherungsschutz. Lassen Sie mich das mit einer kleinen Rechnung belegen.« Ich bin sicher, daß er das in den letzten Monaten schon hundertmal gemacht hat, aber er blüht jetzt richtig auf und rechnet mit Begeisterung. Er war früher bestimmt ein guter Versicherungsvertreter. Doch jetzt macht er die Rechnung für die Gegenseite auf: »Wer 1952 eine Lebensversicherung abgeschlossen hat über 15.000 DM, der hat seinerzeit vier Durchschnittsjahresgehälter versichert (das war damals etwa 3.500 DM) und der kriegt heute, nach der Werbung der Unternehmen, das heißt Verdoppelung in 30 Jahren, zweimal 15.000, also ungefähr 30.000 DM ausgezahlt. 1982 lag aber das Durchschnittsjahresgehalt schon über 30.000 DM. Das heißt, man hat seinerzeit vier Jahresgehälter versichert und kriegt am Ende trotz der Gewinnbeteiligung nur ein Jahresgehalt ausgezahlt. Das ist die Wirkung der Inflation. Deshalb sehe ich die Lebensversicherung zur Altersversorgung als kein gutes Instrument an. Und wenn ich dieses Spargeld, was ich ja in die Lebensversicherung im Grunde einzahle, anderweitig anlege, dann habe ich mehr davon.«

Die präzisen Zahlen stammen wieder einmal von Jörg Finsinger. 5,5 Prozent beträgt (im Durchschnitt) die Rendite der Sparkomponente von Lebensversicherungen - bei Verträgen mit einer Laufzeit von 25 Jahren. 5,5 Prozent - das entspricht gegenwärtig der Verzinsung eines Sparguthabens mit einjähriger Kündigungsfrist. Für auf 25 Jahre festgelegte Gelder lassen sich spielend beträchtlich höhere Zinssätze herausholen. Die »normale« Art des Sparens ist nicht nur rentabler, sondern auch sicherer: fehlt eines Tages das Geld zur Zahlung der Lebensversicherungs-Beiträge, kann es schwierig werden. Vor Ende der Laufzeit abgebrochene Vertäge (und zwei Drittel aller Lebensversicherungs-Verträge werden vorzeitig aufgelöst!) bringen - als Strafe - kaum noch Gewinn, die durchschnittliche Rendite liegt dann meistens sogar unter Null. Bei einem Sparkonto mit langfristiger Kündigungszeit entfällt die Strafe der Negativ-Rendite.

Anstatt die Bürger vor der fragwürdigen Form des Sparens und der Altersversorgung mittels Kapital-Lebensversicherung zu warnen, stellt sich das

Bundesaufsichtsamt auf die Seite der Lebensversicherer - und gegen Jörg Finsinger: »Der Verfasser hat errechnet, daß ein Lebensversicherungsvertrag mit 25jähriger Laufzeit eine Rendite der Sparkomponente von 5,5 Prozent erbringt. Selbst wenn man unterstellt, daß die Berechnung richtig ist, kann eine gleichbleibende Rendite von 5,5 Prozent über 25 Jahre sich sehen lassen, insbesondere, wenn man berücksichtigt, daß das Versicherungsunternehmen außerdem noch vollen Versicherungsschutz in Höhe der Versicherungssumme bietet.« Der letzte Halbsatz stammt aus dem Nähkästchen der Vertreter, die gern Risikoschutz und Sparvorgang durcheinanderwirbeln, um den Blick der Kunden von der niedrigen Realverzinsung abzulenken. Ist das Verbraucherschutz?

Mit seinen Zahlenspielen und Berechnungen zeigt sich Herr Meyer als Verbraucherberater. Aber was sagt der Kritiker der Versicherungsbranche zu diesem merkwürdigen Geschäftsgebaren der Unternehmen?

Herr Meyer behält seinen ruhigen Tonfall bei, aber inhaltlich wird er bedeutend schärfer: »Die Risikolebensversicherung wird natürlich unterdrückt, einmal in der Werbung, man redet gar nicht darüber, sie wird auch unterdrückt dadurch, daß die Vertreter kaum Provision für den Abschluß von Risikolebensversicherungen kriegen. Und warum die nicht abgeschlossen werden oder nicht gern abgeschlossen werden aus Sicht der Gesellschaft, ist auch verständlich, denn über die Kapitallebensversicherung kriegen die Gesellschaften in Deutschland über 30 Milliarden Mark jährlich und brauchen davon vielleicht nur 2 Millarden Mark auszuzahlen für vorzeitige Sterbefälle, d.h. ihnen stehen 28 Milliarden Mark zur fast beliebigen Verfügung - über sehr lange Laufzeiten. Bei der Risikolebensversicherung wäre es eben anders, da wäre es quasi nur ein Umverteilungsvorgang: die nehmen die Beiträge ein und zahlen sie gleichzeitig für irgendwelche Sterbefälle wieder aus, d.h. die Gesellschaften können nicht mit dem Geld arbeiten. Und das ist ein ganz wesentlicher Punkt. Es gibt ja heute schon Gesellschaften, die sagen, es geht uns blendend, uns stört bloß das blöde Versicherungsgeschäft. Die sehen sich also schon mehr als Banken denn als Versicherungsunternehmen.«

Womit wir wieder bei unserem Thema wären, den Vermögen der Versicherungen. Wie diese entstehen, ist ja mittlerweile klar geworden. Aber wem gehören sie? Den Versicherten, deren Beiträge die Ausgangsbasis bildeten - oder den Versicherungsunternehmen? Der Gesamtverband der Deutschen Versicherungswirtschaft lobt sich und seine Unternehmen, indem er die »Geldanlage mit hoher Rendite« hervorhebt und die »treuhänderische Verwaltung der Gelder der Versicherten« betont. Und: »Durchschnittlich 97 Prozent der erwirtschafteten Überschüsse werden an die Kunden weitergegeben - als Gewinnbeteiligung.«

Was so gut und beruhigend klingt, bringt Hans Dieter Meyer auf die

Palme: »Es gibt einen Werbeprospekt des Gesamtverbandes und des Verbandes der Lebensversicherungsunternehmen, in dem ganz eindeutig steht, daß die Lebensversicherungsunternehmen das Geld der Lebensversicherten treuhänderisch anlegen. Diese Prospekte erhalten Sie, ich hab's z.B. in Hamburg erlebt, unten in der Informationsabteilung einer Versicherung - und 5 Stockwerke höher, in der Vorstandsetage, hat ein Vorstand geschrieben (nachdem eine Strafanzeige wegen Veruntreuung erstattet wurde), daß eben diese Gesellschaft das Geld des Lebensversicherten nicht treuhänderisch verwaltet, und die Lebensversicherungswirtschaft hätte das noch niemals anders gesehen. Sie sehen also: zwischen fünf Etagen ist da ein Unterschied; unten sagt man den Versicherten, wir verwalten das Geld treuhänderisch und oben sagt der Vorstand, wir verwalten das Geld nicht treuhänderisch. Diese Frage ist eigentlich noch völlig ungeklärt.«

Im Sommer 1983 entschied der Bundesgerichtshof, daß Lebensversicherungsunternehmen das Geld der Versicherten nicht treuhänderisch verwalten, daß die Versicherten nicht an den stillen Reserven beteiligt werden. »Eine schlimme Entscheidung!«, meint Meyer. Der von ihm gegründete »Bund der Versicherten« hat Verfassungsbeschwerde eingereicht. »Das ist doch ein Unding in unserem Rechtsstaat, daß die Leute, die 30 Jahre lang ihr sauer verdientes Geld abgegeben haben, am Ende nur die eingezahlte Summe wiederkriegen und keine Ansprüche auf Beteiligung an den Wertsteigerungen der Vermögen haben, die aus ihrem Geld entstanden sind.« Keine Ansprüche - meint Herr Meyer. 97 oder 98 Prozent der Überschüsse werden als Gewinnbeteiligung ausgeschüttet - sagen die Lebensversicherungsunternehmen. Das paßt besser zusammen, als es auf den ersten Blick erscheint. Überschüsse sind nämlich nicht gleich Gewinne aus Vermögensanlagen. Von denen werden ersteinmal andere Kosten abgezogen. Und von dem, was dann übrig bleibt, gehen 98 Prozent auf den Posten Gewinnbeteiligung (- wobei offen bleibt, wann die erfolgt). Zitat Bundestagsdrucksache 9/1493 vom 24.3.1982, Seite 27: »Auch wenn Lebensversicherungsunternehmen zur Zeit rund 98 v.H. der Gesamtüberschüsse der Rückstellung für Beitragsrückerstattung zuweisen, können sie jedoch vorher Verluste aus anderen Bereichen, insbesondere aus dem Abschluß- und Verwaltungskostenbereich, mit den Überschüssen zu Lasten der Versicherten voll saldieren.«

Im TV-Wirtschaftsmagazin »plusminus« wurde Herr Gerlach vom BAV gefragt, was denn die Angabe, 98 Prozent des Überschusses würden den Versicherten gutgeschrieben, überhaupt aussagt. O-Ton Gerlach: »Es handelt sich hier nicht um die tatsächlichen Zins- und Sterblichkeitsüberschüsse, sondern um die Differenz zwischen den Aufwendungen und den Erträgen des Versicherers. Hat ein Lebensversicherer z.B. überdurchschnittliche Verwaltungskosten, so mindert dies den Überschuß und damit die Bezugsgröße für die 90 oder 98

Prozent, die den Versicherten zugute kommen sollen. Beträgt der Überschuß zum Beispiel nur 1 Mark, so werden auch 98 Prozent den Versicherten gutgebracht, aber eben nur 98 Pfennig.«

Diesen Sachverhalt muß man sehr genau studieren, ihn würdigen und ihn sich auf der Zunge zergehen lassen, bevor man ihn schluckt und dann bittere Galle spuckt: Verluste aufgrund von Fehlentscheidungen, schlechtem Management oder Verbohrtheiten des Vorstandes werden sang- und klanglos aus dem Vermögen abgedeckt. Finsinger hat dafür schon eine Formel geprägt: »Verwandlung von Gewinnen in Kosten.« Was unproblematisch in einem Ein-Mann-Betrieb ist, wird brisant in Versicherungsunternehmen, denn eigentlich gehören diese Vermögen und Gewinne ja den Versicherten. Am tollsten trieb es die (gewerkschaftseigene)Volksfürsorge Lebensversicherungs-AG. Bei deren Tochter, der Hamburger Internationale Rückversicherung, waren durch unternehmerische Fehlentscheidungen 55 Millionen Mark Verlust gemacht worden. Volksfürsorge-Chef Werner Schulz stopfte das Loch mit Geldern aus der Lebensversicherung. Und legte seine Pläne offen: Er werde wohl nochmal 40 Millionen aus dem Topf seiner Lebensversicherten brauchen, um die marode Tochter endgültig zu sanieren. Das ging nun selbst Präsident Angerer vom BAV zu weit: weitere (!) Transferzahlungen hätten gefälligst zu unterbleiben, befahl er den Hamburgern.

Doch was dort in (zu) großem Maßstab geschah, ist im Prinzip überall die Regel. Die von den Gesellschaften im voraus kalkulierten Verwaltungskosten und Vertreterprovisionen (Sollwert: 10 Prozent der Beiträge) reichen fast nie aus, die tatsächlichen Kosten zu decken. Das Defizit wird abgedeckt durch einen schnellen Griff in die Überschuß-Kasse oder manchmal auch in die stillen Reserven. Auf diese Weise tragen nicht die Unternehmen und die Aktionäre die verfehlte Geschäftspolitik, sondern die Versicherten. Als der Deutsche Ring 1979 30 Millionen Mark verlor, weil der stümperhaft betriebene Versuch, ausländischen Arbeitnehmern in Koppelung mit dem Vermögensbildungsgesetz Versicherungen zu verkaufen, im finanziellen Desaster endete, ging Vorstandschef Günter Palm in den vorzeitigen Ruhestand. Ansonsten geschah nichts aufregendes. Die Verluste wurden abgeschrieben.

Das senkte zwar die Überschüsse aus Kapitalanlagen, also jenen Betrag, auf den die Versicherten warten, hatte aber keine schlimmen Folgen für die Aktionäre. Trotz der miserablen Geschäftslage beschloß der Aufsichtsrat, 14 Prozent Dividende zu zahlen. Rudolf August Oetker, Produzent von Back- und Puddingpulver (Markenzeichen: ein heller Kopf!) und Mehrheitsaktionär beim Deutschen Ring (über 70 Prozent), zog mit 2,2 Millionen Mark zurück in die Bielefelder Heimat. Solche Fälle werden publik, weil einige Fachjournalisten plötzlich über die Dreistigkeit staunen, mit der solche Geschäftsvorgänge abgewickelt werden. Daß im normalen Geschäftsprinzip tagtäglich das gleiche passiert, nämlich Reduzierung der Überschüsse zugunsten der Firma, bekommt keiner mit oder regt niemanden auf. Ein beliebtes Mittel zur Bilanzkosmetik zwecks Gewinnschmälerung besteht im Abschluß teurer Rückversicherungsverträge, wobei tunlichst der Rückversicherer Teil des eigenen Konzerns ist. So werden Gewinne dort gesenkt, wo Gewinnausschüttung droht - und dorthin verlagert, wo sie »sicher« sind.

Daß die Versicherten keinen Rechtsanspruch auf die Vermögen der Unternehmen haben, obwohl sie aus ihren Beiträgen stammen, während sich Unternehmensleitungen und Aktionäre ungeniert aus diesem Topf bedienen - das ist ein unhaltbarer Zustand, meint Herr Meyer. Zusammen mit zweieinhalbtausend Mitgliedern seines »Bundes der Versicherten« mobilisiert er die öffentliche Meinung. Wo er recht hat, weiß er. Wo er Recht bekommt, hängt vom Bundesverfassungsgericht ab. »Trotz allem«, weiß er, »ist das nicht nur ein juristisches Problem. Dahinter stehen eminent politische Sachverhalte.« Wie die Beziehungen geknüpft sind, wo die Fronten verlaufen, weiß er sehr genau. »Es gibt da so eine Abhängigkeit des Gesetzgebers von der Versicherungswirtschaft, und das läuft über das Interesse des Bundesfinanzminsteriums an den Geldern, die im Versicherungswesen anfallen. Das ist im Grunde ein Vermögen von 500 Milliarden Mark, was die Versicherungsunternehmen verwalten. Und bei diesem Vermögen ist also der Staat Kreditnehmer. Er ist außerdem Gläubiger, Steuergläubiger, für die Gewinne, denn bei jedem Gewinn eines Versicherungsunternehmens ist der Staat mit 60 Prozent beteiligt, also mehr als die Aktionäre. Und das schafft natürlich auch Beziehungen. Und das erstaunliche ist, daß dieser Bundesfinanzminister, der so sehr interessiert ist am Geld der Versicherungsunternehmen, ausgerechnet auch noch der oberste Aufseher über das Versicherungswesen ist. Er ist nämlich dem Bundesaufsichtsamt für das Versicherungswesen übergeordnet.«

»Die Lebensversicherer finanzieren den Staat.« Dieser stark nach Stamokap riechende Satz stand nicht im *Vorwärts* und nicht in der *UZ*, sondern im *Handelsblatt* vom 1.11.1982. Den Sachverhalt will Verbandschef Büchner nicht leugnen, aber mit Zahlen hält er sich zurück: »Wir sind einer der größten Finanzierer der öffentlichen Hände. Von den Schuldscheindarlehen, die wir ausgeben, gehen etwa 25 Prozent an den Bund und andere öffentlich- rechtliche Körperschaften, ein weiteres Drittel geht an öffentlichrechtliche Kreditinstitute. Wir geben dem Staat schon eine Menge Geld. Und«, fährt er schnell fort, damit da ja niemand auf falsche Gedanken kommt, »der Staat ist auch ein guter und zuverlässiger Schuldner, der gute Konditionen bietet. Das kommt dann ja unseren Kunden zugute, die sind ja - vor allem in der Lebensversicherung - an den Erträgen beteiligt.«

Ich bin nun neurierig, *wieviel* der Staat sich von der Versicherungswirtschaft gepumpt hat und frage nach, ob sich das wirklich auf die Schuldscheindarlehen beschränkt oder ob sich nicht auch unter den Wertpapieren, die die Unternehmen besitzen, etliche staatliche Schuldverschreibungen befinden. Die Antwort hilft mir wenig bei meinen Berechnungungen: »Ja, das kommt mit dazu.« Mehr ist aus Dr. Georg Büchner nicht herauszuholen. Sein Schlußsatz ist definitiv und stachelt nur meinen Forschertrieb an: »Wir sind schon ziemlich stark engagiert bei der Bestreitung der öffentlichen Finanzen.«

Der lange Marsch durch die Archive fördert wenig zutage. Auffallend wenig Leute interessieren sich für die Frage, woher der Staat überhaupt die Gelder für die Staatsverschuldung nimmt. Das Handelsblatt weiß immerhin, daß in der zweiten Hälfte der siebziger Jahre der Staat seinen Anteil an den von Versicherungen vergebenen Krediten von 20 auf 33 Prozent steigerte, räumt aber ein, dabei nicht alles erfaßt zu haben. Ein kleines Faltblatt, in dem die Commerzbank einigen Kunden Anlagetips gibt, informiert mich, daß in den siebziger Jahren fast die Hälfte der Neuanlagen der Versicherungsunternehmen direkt oder indirekt in öffentliche Kassen flossen, wobei Schuldscheindarlehen und festverzinsliche Wertpapiere dominierten. Ein Fünftel aller öffentlichen Anleihen befindet sich nach diesen Angaben in den Tresoren der Versicherungsgesellschaften.

Ende 1982 nennt das Handelsblatt erstmals eine Zahl: »70 Milliarden Mark haben die Gesellschaften der öffentlichen Hand geliehen.« Adel verpflichtet - Geld auch? Ist ein Gläubiger abhängig von seinem Kreditgeber - oder treffen solche Überlegungen auf Politiker nicht zu, weil sie prinzipiell oberhalb derartig niedriger Verdachtsmomente stehen? Die Zeitschrift für Versicherungswesen (11/82) veröffentlichte die folgende Beschreibung eines Zusammentreffens der Partner: »Staatssekretär Böhme aus dem Bundesfinanzministerium hatte den Lebensversicherern so viel Posititives zu sagen, daß die zur Schau gestellte Gemeinsamkeit schon fast peinlich wirkte... Das klang nach Komplizenschaft zwischen öffentlicher Hand und Versicherern. Über weite Strecken vermittelte der Vortrag des Staatssekretärs den Eindruck, hier stehe ein in finanziellen Schwierigkeiten befindlicher Schuldner vor seiner Gläubigerversammlung und versuche gut Wetter zu machen.«

Das ist natürlich nur ein Eindruck, dazu ein sehr persönlicher, der maximal ein Indiz darstellt, aber keinen Beweis. Die Frage bleibt: Gibt es einen Zusammenhang zwischen den Schulden des Staates bei den Versicherungsgesellschaften und der Zurückhaltung der staatlichen Aufsichtsbehörde gegenüber den Versicherungsunternehmen? Man muß ihn nicht sehen, aber dann bleiben viele Dinge unverständlich. So für Professor Diederich, der 1982 in einem Gutachten für die Bundesregierung über das BAV schrieb: »Angesichts der über Jahre hinweg auch vom Aufsichtsamt selbst als unzureichend angesehenen Beitragsrückerstattung mancher Lebensversicherungs-Unternehmen ist es unverständlich und aus verbraucherpolitischer Sicht zu beanstanden, daß die dem Bundesaufsichtsamt zur Verfügung stehenden Eingriffsmittel nicht dazu eingesetzt wurden, diese Mißstände zu beheben.«

Fragen über Fragen für die nichts Böses ahnenden Geister. Unklar bleibt auch, weshalb der Staat die Kapital-Lebensversicherung steuerlich begünstigt. Prämien für dieses Mischprodukt aus Risikoschutz und Sparvorgang kann man als Sonderausgaben bei der Einkommnenssteuer absetzen. »Durch diese Steuervorteile verbessert sich die an und für sich geringe Rentabilität des Lebensversicherungssparens, auch wenn die Rentabilität mancher anderer Anlagen mit ähnlichem Zinsrisiko nicht erreicht wird. Die Steuervorteile kommen also einer Anlage mit geringem volkswirtschaftlichem Ertrag zugute« (Finsinger). Warum gibt der Staat diese Anreize für diese Sparform? Weil er von dem so entstehenden »Kapitalsammelbecken« profitiert - wäre eine mögliche Antwort. Fragen dieser Art sind bislang zu selten gestellt worden, Forschungsarbeiten, wie die von Jörg Finsinger, bislang immer noch die Ausnahme.

Frage an Hans Dieter Meyer: Warum gab es vor ihm keinen Kritiker, der auf Resonanz stieß? »Kritik an Versicherungen wurde wohl deshalb nicht laut, weil das Versicherungswesen sich zu sehr isoliert hat. Und zwar schon von Anbeginn an. Das Versicherungswesen, so wie wir es heute kennen, ist ja etwa so um 1850 entstanden, als sich die Aktiengesellschaften bildeten und die früher üblichen Versicherungsvereine abgelöst haben. Und die haben natürlich gleich sehr klug eine Versicherungswissenschaft gegründet, d.h. sie haben auch den wissenschaftlichen Sektor gleich unter ihre Gewalt gezogen. Und diese Versicherungswissenschaft hat eben maßgeblich daran mitgewirkt, daß alle Bestimmungen sehr auslegungsfähig waren. Und sie wurden von der Versicherungswissenschaft dann so ausgelegt, daß sie zugunsten der Gesellschaften zogen. In der Entwicklung hat sich auch gezeigt, daß die eigentlichen Experten aus der Versicherungswirtschaft selbst gekommen sind. Sie müssen sich ja vorstellen, daß die Beamten, die früher in einer Behörde saßen, die irgendwelche Gesetze zu machen oder anzuwenden hatten, daß diese Beamten von Versicherungen nichts wußten. Und so hat man denen natürlich Experten zur Seite gestellt, die aus der Versicherungswirtschaft kamen. Und so hat sich auch eine Versicherungswissenschaft entwickelt, die eigentlich finanziell von der Versicherungswirtschaft abhängig ist.«

Eine unschöne Behauptung, vor allem für eine demokratische und marktwirtschaftlich gesonnene Gesellschaft. Aber Hans Dieter Meyer hat ein Beispiel zur Hand. »Gerade jetzt ist das ja in Karlsruhe passiert. Da ist vom Verband der Versicherungswirtschaft die Aufbauphase eines Lehrstuhles für Versicherungswissenschaft übernommen worden, d.h., die finanzieren das. Der Generaldirektor einer Lebensversicherung ist der Professor geworden, der Lehrstuhlinhaber. Und nebenbei hat man noch ein paar Ehrendoktortitel eingehandelt. Und in drei Jahren, wenn dann die Finanzierung ausläuft, dann wird das dem Steuerzahler übergeben. Aber dann kann man sich ja vorstellen, daß in den drei Jahren das so bereitet ist, das Nest, daß da von verbraucherschützenden Wissenschaftlern keiner mehr reinkommt.«

Versicherungen - wir machen's möglich. Das wäre wohl der neue, angemessene Selbstdarstellungs-Spruch der Versicherungsbranche.

Doch diese Besetzung der Schiedsrichterposten mit Feldspielern, die der Laie als dreist bezeichnen mag, ist wohl eher die Regel als die unrühmliche Ausnahme. Professor Dieter Farny, Versicherungswissenschaftler an der Universität Köln, der ab und zu den Lesern des Handelsblatt erläutert, was es mit der Versicherungswirtschaft auf sich hat, ist Aufsichtsratmitglied bei der Gothaer Rückversicherungs AG und der Gothaer Versicherungsbank. Der Herr, der den Juristen nahelegt, wie sie das alles zu verstehen haben, ist Professor Reiner Schmidt. Er ist nicht nur Mitverfasser des Kommentars zum Versicherungsaufsichtsgesetz, sondern auch Vorstandschef der Aachener und Münchener Beteiligungs-AG; vertreten ist er ferner im Aufsichtsrat von 14 Versicherungsgesellschaften. Der Direktor des Instituts für Versicherungswissenschaft in der Universität Mannheim, Professor Elmar Helten, sitzt in vier Aufsichtsräten, unter anderem der Berlinischen Leben, einer ALLIANZ-Tochter, wie ich in München lernte.

Wie hat denn die so wissenschaftlich abgesicherte und allmächtige Branche auf den Einzelkämpfer Meyer reagiert, auf diesen Kritiker mit dem dicken verbalen Knüppel?

»Die Versicherungswirtschaft hat zunächst versucht mich totzuschweigen. Deshalb war auch noch eine ganze Zeitlang Ruhe im Versicherungswesen. Aber die Informationen kamen immer mehr zu den Verbrauchern rüber und die Verbraucher haben reagiert. Sie haben ihre Versicherungspolicen rausgeholt, sie haben festgestellt, daß sie falsche Versicherungen hatten. Viele Leute haben erkannt, daß die Kapitallebensversicherung für sie nicht die beste Kapitalanlage war und sie haben an die Gesellschaften geschrieben und gekündigt; es wurden im letzten Jahr allein fast 2 Millionen Lebensversicherungsverträge aufgehoben. Und diese ganzen Reaktionen haben natürlich die Versicherungsverbände und die Lobby verunsichert und nun versucht man natürlich irgend etwas zu unternehmen, zu reformieren. Da ist also Bewegung reingekommen. Und was mich angeht: ich werde weiterhin heftigst diffamiert.«

Aber bitte, das ist doch kaum erwähnenswert, das gehört doch heute zum guten - politischen - Ton. Es würde mich jedoch wundern, wenn eine so reiche Branche, die so viel Geld hat, wenn die nicht auch gewisse andere Möglichkeiten versucht hätte. Herr Meyer, gab's da nichts? Er lächelt kaum merklich. »Ich hab' da mal vor einiger Zeit vom Gesamtverband eine Einladung zu einem Gespräch erhalten. Und ich hätte mich vorher rechtsverbindlich verpflichten sollen, niemals etwas über diese Einladung, das Gespräch und den Inhalt des Gesprächs mitzuteilen. Ich hab' da erst gar nicht drauf reagiert.«

Sicher ist sicher.

Die Rotstifte der Nation

Die Ruhrkohle AG und die Lufthansa, die Stiftung Warentest und das Rationalisierungskuratorium der Deutschen Wirtschaft, die vielen honorigen Firmen der Stahlindustrie, des Schiffsbaus, der Luft- und Raumfahrtindustrie, nicht zu vergessen des Bergbaus, der Handelsflotte und des Personennahverkehrs, sie alle werden reichlich mit Bundesmitteln versorgt - weil, na ja, weil sie eben wichtig sind und weil sie ohne Bundesmittel nicht so gut dastånden. Rund 30 Milliarden Mark machen die Bonner Sparprofis alljährlich locker für die unverzichtbaren Stützen unserer Wirtschaft - wer möchte da schon hintanstehen und sagen, er brauche nichts. Es gehört heute zum guten Ton, sich die Wertschätzung der Gesellschaft durch Subventionen beweisen zu lassen.

Und wen wir alles schätzen! Unsere Marktwirtschaft, die auf der Kraft des freien Unternehmertums beruht, wo harte Marktgesetze eine natürliche Auslese betreiben, hat vor lauter gegenseitiger Wertschätzung ganz neue Erscheinungsformen angenommen und dabei viel von ihrem rauhbeinigen Charme der frühen Jahre verloren. Da wird der Abbau von Kohle subventioniert, um damit subventionierten Stahl zu produzieren. Der wird dann mit der subventionierten Bundesbahn zu subventionierten Werften gefahren, wo subventionierte Schiffe gebaut werden, die keiner haben will. Dann reisen die aus Staatsmitteln besoldeten Politiker mit der subventionierten Lufthansa an und bilden einen Krisenstab. Sie beschließen subventionierte Sozialpläne für die Belegschaften und hoffen, daß durch höhere Subventionen für den Wohnungsbau die Wirtschaft wieder in Schwung kommt, damit die armen Schiffsbauer wieder neue Anstellungen finden - vielleicht in der Automobilindustrie, deren Forschungsabteilungen der Staat subventioniert, damit sie nicht das Zukunftsauto verschlafen. Ja, so sieht's aus zwischen Flensburg und Garmisch. Von

Staatsverdrossenheit keine Spur. Alle lieben den Bund - und seine Mittel.

Ob Finanzhilfen oder Steuervergünstigungen, die Herren in Bonn sind gar nicht so geizig. Einen guten Grund zur Förderung sollte man allerdings vortragen können. Wenn man keinen hat, siehe Flick, sollte man irgendwie dafür sorgen, daß einige trotzdem die edle Absicht erkennen. In bester Bergpredigt-Tradition heißt es dann bei den Bonner Geldverteilern: Kommt her zu mir alle, die ihr mühselig und beladen seid, ich will euch unterstützen. Das Kontrastprogramm lautet: »Man wird sagen, die Rechnungen langweilen mich. Ich erwidere: Das Wohl des Staates erfordert, daß ich sie nachsehe, und in diesem Falle darf mich keine Mühe verdrießen.« Der solches sagte, war Preußens Friedrich II.; sein Ausspruch hängt, auf einen Wandteppich gestickt, im Konferenzsaal des Bundesrechnungshofes in Frankfurt.

Ernst Heuer, der Leiter der Grundsatzabteilung des Bundesrechnungshofes, sieht weder aus wie Preußens Fritz noch wie ein Buchhalter, dessen Welt nur aus Zahlen besteht. Ein freundlicher und umgänglicher Mitmensch, das Lächeln seines von lebhaften braunen Augen beherrschten Gesichtes schwankt zwischen Ironie und Melancholie; im Gegensatz zu den vielen grauen Gestalten in grauen Anzügen, die auf den Gängen herumhuschen, trägt Herr Heuer Grün-Braun. Man muß also kein farbloser Asket sein, um im Bundesrechnungshof Karriere machen zu können. Zu den Chancen, Subventionen zu bekommen, will er sich nicht äußern. Könne er auch gar nicht. »Das sind politische Entscheidungen, die fallen in die Verantwortung der Bonner Ministerien. Der Bundesrechnungshof prüft ja lediglich die Verwendung der Mittel, ob das ordnungsgemäß beantragt und bearbeitet wurde und ob mit dem Geld dann wirtschaftlich gearbeitet wird.«

Was leistet der Bundesrechnungshof (BRH) denn nun wirklich, wenn politische Grundsatzentscheidungen schon gar nicht mehr zur Diskussion stehen? Grundsatzabteilungsleiter Heuer verkündet Grundsätzliches, schiebt sich im Sessel hoch und wirkt ganz offiziell. »Nun, wir prüfen die gesamte Bundesverwaltung; es gibt keine prüfungsfreien Räume! Das ist im Grundgesetz Artikel 114 festgelegt, daß wir die Haushalts- und Wirtschaftsführung des Bundes auf Wirtschaftlichkeit und Ordnungsmäßigkeit prüfen.« Sehr dynamisch hat er das gesagt. Jetzt legt er eine Pause ein, macht es sich wieder bequem im Sessel und fährt mit traurigem Blick fort: »Allerdings kann ein Haus wie der Bundesrechnungshof mit seinem sehr begrenzten Prüfungspotential immer nur in sehr kleinen Stichproben die einzelnen Bereiche durchleuchten. Da haben wir schon häufig die Sorge, daß das Stichprobennetz, das wir über die Prüfungsmaterie werfen, zu weitmaschig ist.« In seinen alljährlichen Prüfungsberichten, die unprätentiös »Bemerkungen des Bundesrechnungshofes« heißen, spricht der BRH oft von der Spitze des Eisberges, die durch den Bericht sichtbar wird.

Diejenigen, die dort publik gemacht werden, trifft dann der ganze Groll der Bürger stellvertretend für die vielen kleinen Verschwender und Tyrannen in der Verwaltung, die jeder immer wieder erlebt, die aber wieder mal ungeschoren davonkommen.

Wer trifft die Auswahl, welcher Teil des Parkinsonschen Wasserkopfes durchleuchtet wird? »Die Entscheidung, was geprüft wird, fällt der Bundesrechnungshof in völlig eigener Verantwortung. Wir schauen, was lange nicht geprüft wurde, wir berücksichtigen aktuelle Entwicklungen, fragen, wo es vielleicht sinnvoll sein könnte, und wir beachten auch die Wünsche des Parlaments oder Hinweise der Öffentlichkeit.« Wichtig ist, daß niemand den Prüfern des Bundesrechnungshofes ausreden kann, zu einem bestimmten Zeitpunkt ein bestimmtes Gebiet zu kontrollieren. Die Väter des Grundgesetzes haben geahnt, welche Gefahren entstehen, wenn irgend jemand den Prüfern vorschreiben darf, was sie prüfen dürfen und was nicht. Deshalb haben sie den Mitgliedern des Bundesrechnungshofes richterliche Unabhängigkeit garantiert - damit sie ihr waches Auge auch auf das Innenleben solcher Behörden richten dürfen, die mächtig sind. Vor den Prüfern sind alle gleich, ob Ministerium oder Gartenbauamt. Wenn sie von Steuergeldern leben, müssen sie ihr Verhältnis zum Geld rechtfertigen können. Es lebe das Grundgesetz!

Doch grau ist alle Theorie. Was nützt dem Bundesrechnungshof seine Unabhängigkeit und seine Machtfülle, wenn er materiell an kurzer Leine gehalten wird? Anders ausgedrückt: Sind nicht 300 Prüfer eigentlich etwas wenig, wenn es darum geht, etwas so Monumentales wie das Finanzgebaren des Bundes zu kontrollieren? 300 Prüfer kontrollieren einen Sektor, in dem Millionen arbeiten und Milliardenbeträge bewegt werden? Ernst Heuers Antwort besteht wieder einmal aus einer optimistischen Einleitung und einem nachdenklichen Schluß. »Unsere 300 Prüfer werden ja verstärkt durch die sogenannten Vorprüfstellen; das sind Beamte, die in jeder Bundesbehörde sitzen, ihr auch nominell angehören, aber einzig und allein den Anweisungen des Bundesrechnungshofes unterstehen. Davon gibt es etwa 1000 in den einzelnen Bundesverwaltungen und noch einmal 1000 bei den mittelbaren Bundesbehörden. Diese Fachleute vor Ort sind eine große Hilfe für unsere Arbeit, denn die kennen ja ihre eigene Behörde sehr gut und wissen, wo etwas nachprüfenswert ist. Dadurch relativiert sich die kleine Zahl von 300 Prüfern vielleicht etwas.« Er macht die obligatorische Pause, wechselt den Gesichtsausdruck wieder zum Introvertiert-Reflexiven und schiebt nach: »Dennoch haben wir schon manchmal das Gefühl, eine zu kleine Spitze eines zu großen Eisberges zu bearbeiten, auch das Gefühl, daß eine etwas intensivere Prüfung in vielen Bereichen gut wäre - finanziell auch für die Allgemeinheit gut wäre, - so daß wir schon manchmal etwas frustriert sind. Aber das«, fährt er mit einem Lächeln fort, dessen bitterer Zug nicht zu übersehen ist, »ist wohl das Schicksal aller Prüfer.«

Zwei Sekunden lang hängt die Resignation im Raum, dann richtet er sich auf, erschrocken, daß er so laut vor sich hin gedacht hat, und versucht alles aufzufangen mit einem Tatkraft und Effizienz suggerierenden Satz: »Wir steigern die Wirkung unserer Prüfungsarbeit aber sehr stark dadurch, daß wir exemplarisch prüfen, das heißt Programme, Gesetze und die Anwendung von Verwaltungsvorschriften prüfen, so daß nicht der Einzelfall im Zentrum steht, sondern ganze Bereiche abgedeckt werden.« Gut, gut, die Prüfer sind tüchtige Leute, doch wie stark und wirkungsvoll ist der Bundesrechnungshof als Behörde? Allein seine Existenz sagt noch wenig. Die Aussage »Vorsicht, Wachhund« wirkt ja auch nicht unabhängig davon, ob es sich um einen Dackel oder einen trainierten Schäferhund handelt. Seit Zig Jahren ist der BRH personell nicht aufgestockt worden. Will man gar keinen scharfen Wachhund? Alibi-Hund ja, aber keinen, der den Spielraum der leitenden Beamten im öffentlichen Dienst ernsthaft einengt?

Solche Überlegungen drängen sich auf, wenn man weiß, daß der BRH eigentlich nichts kostet. Die auf seine Intervention zurückgehenden Einsparungen und verhinderten Verschwendungen im öffentlichen Dienst machen ein Vielfaches seiner Personalkosten aus.

Während ich so staatskritisch vor mich hingrüble, versorgt mich Ernst Heuer, der auch gerade wieder eine grüblerische Phase hat, mit neuer Nahrung. »Das ist ja schon eine wichtige Überlegung, ob der BRH so, wie er sich in den letzten zwanzig Jahren entwickelt hat, noch den modernen Anforderungen genügt. Rechtlich haben wir keine Probleme, aber die Ausstattung ist problematisch, denn die Verwaltung hat sich enorm weiterentwickelt, ich würde sagen, die Verwaltung ist uns weggeschwommen in Qualität und Umfang. Zwischen Kontrollorgan und Kontrollobjekt hat sich ein Abgrund aufgetan. Uns fehlt es an Personal und vor allem an qualifiziertem Personal. Von 300 Leuten im Prüfdienst haben etwa 30 ein Hochschulstudium. Um so ein Projekt wie den Schnellen Brüter in Kalkar kontrollieren und prüfen zu können, bräuchten wir hochqualifizierte Leute. Die haben wir nicht oder jedenfalls unzureichend. Und daraus ergibt sich ein Kontrolldefizit. Da liegt die Gefahr, daß immer mehr Großpojekte nur noch politisch entschieden werden - und die ganze Durchführung bleibt unkontrolliert.

Das klingt schon alles nicht mehr so optimistisch und selbstbewußt wie am Anfang. Nicht nur, daß der bundesdeutsche Rechnungshof in seinen Kompetenzen eingeschränkter ist als Prüfungskammern in anderen Staaten, wo sie strafrechtlich aktiv werden dürfen - der BRH wird auch noch auf Sparflamme gesetzt, in seinem Wirkungskreis begrenzt. Zwischen Verfassungsanspruch und Verfassungswirklichkeit klafft also wieder mal eine Lücke. Da wirkt es unfreiwillig satirisch, wenn Pressereferent Frank-Henning Busse erzählt, die Fassade des Bundesrechnungshofes stehe unter Denkmalschutz. Er meint die Außenwände des Hauptgebäudes, aber man kann es sicherlich auch anders interpretieren. Provokativ frage ich Herrn Heuer, ob er das Gefühl habe, daß der BRH seinem im Grundsatz festgeschriebenen Auftrag überhaupt noch gerecht werden könne. Die braunen Augen wandern zum Teppich, er lächelt gequält: »Wir bemühen uns.«

Fürs erste genügt das als Information über das Kontrollorgan BRH. Was aber ist zu sagen über das kontrollierte Objekt, die Verwaltung, den öffentlichen Dienst? Wer diesen Bereich auf Herz und Nieren prüft und analysetechnisch geradezu auf ihn fixiert ist, der müßte doch einiges über seine Besonderheiten, Gewohnheiten, Rituale und kleinen Schwächen erfahren. Herr Parkinson konstatierte den Hang zum Wachstum, Herr Peter entdeckte das Prinzip, durch Nichtstun in Hierarchien nach oben zu wandern. Hat der Bundesrechnungshof auch Erkenntnisse über genuin bürokratische Charaktereigenschaften gesammelt? Ernst Heuer denkt kurz nach, legt dann ein süffisantes Lächeln auf: »Große Verwaltungsapparaturen, in denen die Verantwortungsbeziehungen nicht exakt auf eine Einzelperson zugeschnitten sind, haben einen gewissen Hang dazu, Geld auch unter eigenen Gesichtspunkten auszugeben, ohne sich die Frage zu stellen, ob sie das Geld auch ausgeben würden, wenn es ihr privates Geld wäre. So etwas kommt in der öffentlichen Verwaltung in verschiedenster Form vor. Einmal natürlich bei Spitzenkräften, die schon manchmal vergessen, daß sie Bedienstete der öffentlichen Hand sind; wir haben ja zahlreiche Fälle moniert, wo Behördenleiter in der Ausstattung ihrer Diensträume doch allzu großzügig gewesen sind. Zum anderen sind da die Fälle, wo Behörden in strittigen Situationen lieber den leichten Weg gehen, das heißt, sie akzeptieren einen teuren Weg, nur weil der ihnen Streit, Aufwand und Probleme erspart. So ein Fall waren etwa die Sanitätsoffiziere der Bundeswehr, die im jugendlichen Alter von unter 30 pensioniert wurden. Da hieß es: Na ja, nach dem normalen Verfahren ist das rechtens, und das macht uns am wenigsten Schwierigkeiten, und wir bewilligen die Pensionen. Das haben wir beanstandet. Da wurden nicht alle Möglichkeiten, diese Belastungen vom Steuerzahler fernzuhalten, genutzt.«

Jedes Jahr tauchen Post und Bahn wieder in dem Beschwerdekatalog auf. Warum bekommen diese Unternehmen ihren Umgang mit Kosten nicht intern in den Griff? »Die Verhältnisse dort sind nicht schlimmer als woanders; sie stehen nur aufgrund des gesamten Umfangs der Unternehmen stärker im Rampenlicht«, beginnt Herr Heuer und läßt offen, ob die Verhältnisse, die überall so gleich sind, nun überall gleich schlecht oder gleich gut sind. »In vielen Bereichen kann ja nicht mit einer kaufmännischen Buchführung gearbeitet werden; den Beamten fehlen also Zahlen, die ihnen den Erfolg ihrer Tätigkeit belegen; deshalb suchen sie nach Ersatz-Kontrollkriterien. Das kann der

Beifall der Öffentlichkeit sein, das Arbeitsklima, die Zufriedenheit der Kunden - aber das sind ja alles keine objektiven Kriterien, die aussagen, wie gut die Arbeit wirklich ist. Und deshalb kommt es immer wieder zu subjektiven Fehleinschätzungen. Eigene Kontrollmechanismen, interne Revisionen, sind meistens nicht sehr effektiv, weil die Leute ja abhängig sind von der Behörde, die sie prüfen sollen. Sie halten dann mit ihrer Meinung zurück, weil sie fürchten, später dafür gemaßregelt zu werden.

In der Praxis kommt wohl noch ein weiterer Faktor hinzu: Kumpanei kann aus Freundschaft, aber auch aus Angst entstehen. »Der tut mir nichts, der hat doch selbst 'n paar Leichen im Keller!« ist ein Satz, den ich schon des öfteren in bürokratischen Einrichtungen vernommen habe. Heuers Fazit: »Die jetzige Form der externen Kontrolle ist für die öffentliche Hand zweifellos die effektivste; wir würden uns nur wünschen, daß diese Kontrollaufgabe noch verstärkt würde.«

In zwei Großforschungseinrichtungen wurden Angestellten ohne rechtliche Basis Zulagen in Höhe von 160 000 Mark gewährt. Der Bundesminister für Forschung und Technologie (als Projektträger) hat zwar veranlaßt, daß die Zahlungen - nach der Rüge des BRH - eingestellt werden. Er will jedoch davon absehen, die Frage der Verantwortlichkeit eingehend zu prüfen. (Was hätte man auch tun sollen, wenn ein angesehener Forscher sich als Schlitzohr heraustellt? Die Leute werden doch gebraucht!) Das Bundesamt für Zivilschutz ließ das Technische Hilfswerk Geräte im Wert von zwei Millionen Mark beschaffen, die sich wegen verschiedener Mängel als kaum brauchbar erwiesen; zudem war zum Zeitpunkt der Beschaffung absehbar, daß man sie demnächst nicht mehr benötigen würde. (Wer hat denn da wem einen Gefallen getan?) Die Deutsche Bundesbahn unterhält sieben eigene Gärtnereien, die jährlich eine halbe Million Minus erwirtschaften. (Es geht nichts über Blumen aus dem eigenen Garten!) Der Deutsche Wetterdienst in Offenbach und auch die Bundeswehr schießen täglich Hunderte von Wettersonden in die Luft, ohne daß sie sich koordinieren oder zusammenarbeiten. (Wahrscheinlich ist das militärische Wetter besser als das zivile.) Das Verteidigungsministerium hat für ein Gutachten, das niemals abgeliefert wurde, 86 000 Mark bezahlt. (Vielleicht wäre es teurer gewesen, den Text zu lesen.) Die Bundesversicherungsanstalt für Angestellte ließ zur Beschleunigung des Aktenverkehrs und zur Reduzierung der Zahl der Boten zwei Aktenförderanlagen für 18 Millionen Mark einbauen. Die zuerst eingebaute Anlage wurde bald wieder demontiert, Teile der zweiten Anlage wurden inzwischen aus Gründen der Wirtschaftlichkeit stillgelegt. Vor dem Einbau der Anlage besaß die BfA 110 Boten für den Aktentransport, nach dem Einbau waren es 144.

Der Generalinspekteur der Bundeswehr veranstaltet alljährlich eine

Kommandeurstagung mit bis zu 350 Teilnehmern. Unlängst fand diese Tagung auf der Nordseeinsel Borkum statt. Die ersten Vorbereitungen der Konferenz, zu deren Rahmenprogramm Frühempfänge und Herrenabende sowie Auftritte des Marinemusikkorps gehörten, begannen bereits ein Jahr vor der Tagung; der Vorbereitungsstab wuchs auf 400 Personen an. Für insgesamt 480 Personen wurden Dienstreisen angeordnet. Als Tagungsstätte waren das Kurhaus und zwölf Räume des Meerwasserwellenbades bereits neun Tage vor Beginn der Tagung gemietet worden. Für Entwicklung von Filmmaterial wurde eigens ein Laborwagen aus Heidelberg angekarrt. Filmmaterial des Fernsehens und der Tagungszeitungen wurden mit Flugzeugen der Bundeswehr transportiert. Die Tagungsteilnehmer reisten überwiegend mit Flugzeugen an und ab. Die Kosten für den Einsatz von Hubschraubern beliefen sich auf rund 251 000 Mark, die für Transall-Maschinen auf über 408 000 Mark. Dazu kamen Kosten für eigens installierte Flugsicherungsanlagen auf Borkum. Für Flugplatzwettervorhersagen war die Verlegung der Geophysikalischen Beratungsstelle 4 von Ahlhorn nach Borkum »im Rahmen einer Betriebsübung« befohlen worden. Insgesamt hat der Bundesrechnungshof für diese Tagung, ohne damit offensichtlich alle »Aufwendungen« erfassen zu können, eine Gesamtsumme von 1,4 Millionen Mark errechnet. »Wenn wir irgendwo lange nicht geprüft haben, sagt Herr Heuer, »werden wir immer fündig.«

Der Präsident des Bundesrechnungshofes, Karl Wittrock ist ein netter und freundlicher älterer Herr im Rentenalter, genau gesagt: er ist 66. Trotz sechsjähriger Amtszeit muß er noch zwei Jahre auf seinem Posten verbleiben, denn das Privileg der richterlichen Unabhängigkeit, welches das Grundgesetz ihm und allen Führungskräften im BRH verleiht, muß er mit einer längeren Dienstzeit bezahlen. Die Verfassungsautoren, denen diese Konstruktion einfiel, gingen offensichtlich davon aus, daß jeder Beruf zur reinen Freude und Entspannung wird, wenn man keinen Chef hat, der einem Weisungen gibt.

Karl Wittrock wirkt durchaus fit, gesund und gut in Form, doch das hat vermutlich nichts mit einem geruhsamen Posten zu tun. Der ehemalige SPD-Parlamentarier macht eher den Eindruck eines fleißigen Arbeiters als einer Repräsentationsfigur. Einiges an seinem Habitus erinnert mich sofort an andere Parlamentarier der ersten Stunde: der kaum gebrochene Idealismus, die Freude am Gespräch, der Drang, alles grundsätzlich politisch zu sehen, die Bereitschaft, sich selbst in Anerkennung anderer Interessen zurückzunehmen. Das Alter und sechs Jahre BRH mögen ihn einiges an Elan gekostet haben, aber die roten Backen unter den lebendigen wachen Augen sind sicher nicht allein die Folge vieler Arbeitsessen: Da blüht noch immer die Lust an der Politik.

Daß ich mit diesem Eindruck ziemlich richtig liege, bestätigt sich gleich am Anfang. Der Herr Präsident hatte nämlich eine Erklärung vorbereitet. Einen Rüffel an das Parlament, weil der Haushaltsausschuß zur Kontrolle der Geheimdienste sich noch immer nicht konstituiert hat. Hintergund war der Versuch der Regierungskoalition, die Grünen aus diesem Kontrollgremium herauszuhalten. Nun ist der Gesamthaushalt verabschiedet, aber den Einzeletat »Geheime Dienste« hat niemand einsehen, prüfen und kontrollieren können. Nun meldet sich der Präsident des BRH zu Wort und rügt, daß dieses Parteiengezänk das Parlament an der Ausübung des Verfassungsauftrages hindere. Durchaus ein bemerkenswerter Vorgang: Ein Verfassungsorgan rügt ein anderes Verfassungsorgan. Zugleich ein Lehrstück in Politik: Denn der Herr Präsident guckt zwar böse und klingt besorgt, formuliert aber scheinbar moderat, doch so, daß die Botschaft für die politisch sensiblen Kreise rüberkommt: »Ich erwarte, daß der Bundestag alsbald die Mitglieder des Haushaltsausschusses zur Kontrolle der Mittel der geheimen Dienste benennt. In der parlamentarischen Demokratie ist es normal, daß alle Haushaltsvorgänge veröffentlicht werden. Der Etat für die Geheimdienste ist notwendigerweise von dieser Publizität ausgenommen; um so wichtiger ist es, daß die parlamentarischen Kontrollinstanzen arbeiten. Das ist unabdingbar für ein leistungsfähiges und den Prinzipien der Demokratie entsprechendes Kontrollsystem.«

Ebene 1: Der BRH erinnert den Bundestag, daß ihm noch ein Arbeitspartner fehlt. Ebene 2: Die verfassungsrechtlich fundierte Behörde BRH rügt das Parlament, daß es vor lauter Grabenkämpfen zwischen Parteien den vom Grundgesetz auferlegten Pflichten nicht nachkommt! Ebene 3: SPD-Mann Wittrock wirft den Wende-Parteien der Koalition vor, die Prinzipien der Demokratie zu beugen!

So behält man rote Bäckchen!

Wir wechseln das Thema, doch Karl Wittrock behält die Ebene bei: grundsätzliche politische Aussagen. Das ist kein Flüchten in Allgemeinplätze, sondern Rekurs auf politische Glaubenssätze, die ihm wichtig sind. Ernst Heuer hatte immer etwas entschuldigend gelächelt, wenn er darauf zu sprechen kam, daß eine starke Finanzkontrollbehörde für einen demokratischen Staat eigentlich etwas Selbstverständliches sei - als wisse er, wie unpopulär solche grundsätzlichen Bemerkungen über Demokratie zur Zeit sind. Der alte Recke Wittrock läßt sich durch nichts beirren in seinen politischen Grundüberzeugungen, die er immer wieder beim Namen nennt: »Im demokratischen Staat ist die Aufgabe einer Kontrollbehörde wie des Bundesrechnungshofes sehr bedeutend. Wir tragen entscheidend dazu bei, daß der Staat und seine Einrichtungen, seine Administrationen, bewahrt bleiben vor korruptiven Erscheinungen. Wir sorgen dafür, daß das Verantwortungsgefühl der Beamten vertieft wird, der Umgang mit den öffentlichen Mitteln behutsam und sorgfältig ist - denn«, schiebt der Sozialdemokrat nach, »diese Mittel werden ja vom Steuerzahler durch harte Arbeit aufgebracht.« Mit der praktischen Arbeit des Bundesrechnungshofs ist er zufrieden, im großen und ganzen jedenfalls. »Sicherlich, in einigen Bereichen könnte ich mir Verstärkung vorstellen ...«, aber insgesamt reiche das vorhandene Instrumentarium aus. Auch beruhe die Wirkung der Finanzkontrolle nicht unerheblich auf der Abschreckung. »Unsere Stichproben sind nicht kalkulierbar, jeder muß damit rechnen, geprüft zu werden. Das ist wie mit den Radarfallen im Straßenverkehr. Weil keiner weiß, wo sie stehen, fahren alle vorsichtig.« Oder auch nicht. Viele rasen im Vertrauen darauf, daß die Kontrollen nicht überall sein können. Sollte das im öffentlichen Dienst anders sein?

Der Bund der Steuerzahler fordert einen Amtsankläger und einen Straftatbestand »Fehlleitung öffentlicher Mittel«, damit jedermann das Recht hat, Behördenverhalten überprüfen zu lassen. Davon hält Präsident Wittrock gar nichts. Er vertraut voll auf die vorhandenen Instanzen: den Rechnungsprüfungsausschuß, die nachbohrenden Abgeordneten, den Bundesdisziplinaranwalt, die Minister, die gegen fehlerhaft arbeitende Beamte dienstrechtlich oder strafrechtlich vorgehen. Er kennt sie alle, diese Instanzen, ihre Arbeitsweise, ihre Rechtsgrundlagen, ihre Kompetenzen. Und er ist der Meinung, daß es gut so ist, wie es ist. »Der demokratische Staat braucht die Finanzkontrolle, damit die öffentlichen Dienste und die Staatsorgane sich ihrer dienenden Funktion bewußt bleiben. Wir kontrollieren und gewährleisten ihre Integrität, achten darauf, daß sie die Mittel sparsam, ordentlich, wirtschaftlich, sorgfältig und erfolgsbeflissen verwenden.« Da ist er wieder der alte Parlamentarier, durchaus kämpferisch, die Notwendigkeit von Kontrolle betonend, aber auch durchaus nachsichtig und behördenfixiert, voller Vertrauen in parlamentarische Gremien und staatliche Einrichtungen. Nur nicht übertreiben, nur nicht Atmosphäre vergiften. Ein bißchen Kontrolle ist gut, zuviel Kontrolle ist für alle unangenehm. O-Ton Heuer: »Wir bemühen uns.« O-Ton Goethe: « Wer ewig strebend sich bemüht ...« Und wer erlöst uns von öffentlicher Verschwendung?

»Das spontane Echo in der Öffentlichkeit ist beachtlich, der Erfolg aber bleibt mager.« So schrieb Professor Willy Haubrichs, von 1971 bis 1982 Präsident des Bundes der Steuerzahler, vor nunmehr sechs Jahren über die »Bemerkungen« des Bundesrechnungshofes. Er rügte die Ohnmacht der Rechnungshöfe und kritisierte als Ursache des stumpfen Bisses der obersten Kontrollbehörde, daß sie die konkrete Angabe verweigere, wer für die Verschwendung verantwortlich sei, und die Öffentlichkeit auch darüber im unklaren lasse, welchen Erfolg die Rüge des Rechnungshofes hatte. So entstehe der wohl nicht ganz falsche Eindruck, daß alles beim alten bliebe. Harte Worte also für den in offiziellen Reden gern »natürlicher Verbündeten« Genannten. Harte und deutliche Worte auch in den Broschüren des Bundes der

Steuerzahler. Der Kegelverein Oggersheim e.V. wird ebenso klar beim Namen genannt und als Verschwender (ihm unerklärlich zugeflossener öffentlicher Mittel) gebrandmarkt wie die Stadtwerke Solingen, das Olympische Komitee oder der Landrat von Aschaffenburg. Mit fremder Leute Geld lasse sich gut prassen, lautet der Tenor der alljährlichen Verschwendungsfibeln.

In anderen Schriften des im feudalen Wiesbaden residierenden Präsidiums des Steuerzahlerbundes bleibt es nicht bei Klagetiraden - die Fiskalkritiker werden politisch, grundsätzlich und kritisch: »Das Parlament insgesamt hat seine Kontrollfunktion gegenüber der Regierung weitgehend eingebüßt. Die jeweilige Regierungspartei strebt danach, Gruppenwünsche möglichst weitgehend zu befriedigen. Der Opposition hingegen erscheint es oft noch einträglicher, statt die Regierung zu bremsen, mit ihr in puncto Bewilligungsfreudigkeit sogar in Konkurrenz zu treten und der Wahrnehmung der Finanzkontrolle nur geringe Aufmerksamkeit zu schenken. Hier zeigt sich, daß unser modernes parlamentarisches System eine Lücke aufweist.« Oho! Zweifel, daß wir in der besten aller Welten leben! Eine verfassungsrechtliche Lücke ziert das System, statt Demokratie haben wir die Herrschaft der Filzokraten. Und was tut man da, um die Makel zu tilgen, die Lücke zu schließen, die Filzokraten zu verjagen? - Gemach, gemach, man muß ja nicht alles so grundsätzlich sehen und angehen. Die Lücke wird ausgefüllt durch den Bund der Steuerzahler, der damit zugleich Träger einer staatspolitischen Aufgabe wird; und mit Filzokraten kann man leben, wenn man ihnen nur regelmäßig auf die Finger schaut und haut. Auf diese Weise muß man nichts Grundsätzliches verändern, effektiviert und demokratisiert das politische Leben, schafft sich selbst eine dauerhafte Existenzberechtigung und kommt den Interessen der zahlenden Mitglieder entgegen. Die sind nämlich alles andere als Jakobiner. »Eigentlich müßten wir ja 'Bund der reichen Steuerzahler' heißen«, plaudert Pressereferent Willfried Krahwinkel aus dem Nähkästchen. »In der Sozialstruktur unserer Mitglieder überwiegen nämlich die mittelständischen Gewerbetreibenden und die Freiberufler.«

Zwischen Flensburg und Garmisch sind 300 000 Staatsbürger in den Landesverbänden des Steuerzahlerbundes organisiert. Eigentlich sollte es ja einen Bundesverband geben, aber als einige rührige Schwaben 1949 um eine Lizenz zur Gründung der Organisation nachsuchten, beschied sie der zuständige amerikanische Offizier in Stuttgart abschlägig: »Zentrale Verbände haben in Deutschland nie zu etwas Gutem geführt.« Von da an lief es föderalistisch - und blieb so.

Die Jahresbeiträge liegen durchschnittlich bei 50 Mark; so kommt der freischwebende Verband zu einem Fundament von etwa 15 Millionen Mark. Damit kann man zwar keine großen Sprünge machen, aber mit etwas Geschick und viel Engagement eine rührige Tätigkeit entfalten und in den großen Landesverbänden zehn bis zwanzig Leute so bezahlen, daß sie ihre Tätigkeit hauptberuflich ausüben können. Im Präsidium in Wiesbaden arbeiten noch einmal 15 Leute. Für die Wissenschaftler des Karl-Bräuer-Instituts, der Denkfabrik des Präsidiums, wird alljährlich eine Spendenaktion durchgeführt. Zwischen Ver- und Bewunderung schwankt mein Urteil über die Finanzierung dieses idealistischen Vereins. Daß das so funktioniert, ist beeindruckend. Aber daß es das »Finanzgewissen der Nation« nur gibt, weil 300 000 Bürger in die Tasche greifen und zahlen, weckt Zweifel an der Stärke der demokratischen Strukturen dieser Republik. Dreihunderttausend Bürger schließen eine verfassungsrechtliche Lücke. Das ist schon ein netter Zug.

Während in den programmatischen Aussagen ein äußerst kritisches Staatsbürger-Bewußtsein dominiert (»Interessenwahrnehmung gegenüber dem Staat; wachsame Kontrolle; verfassungsrechtliche Lücke ausfüllen; Steuerzahler vor Übergriffen der Finanzbehörden schützen; Kampf gegen bürokratischen Leerlauf und öffentliche Mißwirtschaft« et cetera), ist der pragmatische Teil sichtlich vom Willen zur Kooperation geprägt. »Konstruktive, seriöse Arbeit« war und ist die Absicht des Bundes; er wolle »keine Organisation von Besserwissern und Nörglern sein, sondern der große Anstoßer«, heißt es in einer Selbstdarstellung.

Armin Feit, Präsident des Bundes der Steuerzahler, hat keine Schwierigkeiten, das Selbstverständnis seiner Organisation bruchlos und geradlinig darzulegen. Der 47jährige Rechtsanwalt, der einen Großteil seines beruflichen Werdegangs beim Landesverband Nordrhein-Westfalen absolvierte, schildert sein Weltbild ebenso engagiert wie überzeugt und beginnt mit dem Grundsachverhalt : »Unsere Gesellschaft sieht in der Realität ja längst nicht mehr aus wie auf dem Papier. Da hat sich doch einiges verschoben. Das Parlament sieht seine Aufgabe kaum noch in der Kontrolle, sondern will die Regierung abdekken, will stützen, was die Regierung getan hat. So stehen Regierung, Parlament und Verwaltung auf der einen Seite, die Bürger alleingelassen auf der anderen Seite - und sind mehr oder weniger zum Objekt im Staate geworden, wo sie doch eigentlich in einer Demokratie Subjekt sein sollten.« Kritische Töne dieser Klarheit und dieses Härtegrades sind selten geworden; sie aber auch noch präsentiert zu bekommen von einem distinguierten Herrn, der mit silbergrauen Haaren, leicht gebräuntem Teint, dunkelblauem Anzug und massiv goldener Uhr alle Insignien der Bewohner von Vorstandsetagen trägt, das ist schon eine Rarität, dazu eine hoffungsfrohe.

Vom Weltbild zum Feindbild: Wer was wie ist nun dieser Moloch »öffentlicher Dienst«, der immer wieder Grund zur Klage liefert? Stratege Feit beginnt ganz allgemein: Der Feind ist überall. »Der öffentliche Dienst findet ja zunehmend Eingang in die gesetzgebenden Körperschaften bei Bund, Ländern und Gemeinden. Diese Durchdringung verwischt die ursprüngliche Gewaltenteilung - natürlich zu Lasten des Bürgers. Das Selbstverständnis des öffentlichen Dienstes ist nicht gekennzeichnet durch das Interesse am Dienen, am Verwalten, sondern durch ein Interesse an Macht. Er will regieren. Wenn ihm das nicht über Gesetze gelingt, versucht er es über Verwaltungsverordnungen zu errei- chen.« Der Gegner, das sieht man dem Gesicht des Präsidenten jetzt an, ist eine demiurgenhafte Hydra, die die Gesellschaft im Würgegriff hält. Weitere Eigenschaften dieser Spezies: »In Verhalten und Denkweise ist dieser öffent- liche Dienst enorm weit vom Bürger abgerückt; dies und seine Macht über legislative Apparate führt dazu, daß er einen ungeheueren Wachstumstrieb entwickelt. Er bläht sich auf und will immer mehr Bürger immer stärker unter seine Kontrolle bekommen. Er will nach Möglichkeit alle Lebensverhältnisse regeln. Für die Bürger heißt 'mehr Freiheit' deshalb heute vor allem 'weniger öffentlicher Dienst, weniger Verwaltung'.«

Eine gefräßige, machthungrige, expansionsgierige Hydra - wo ist der Herkules, der ihr auf Tatzen und Köpfe schlägt? »Der Bund der Steuerzahler vertritt die Interessen der Bürger gegen diesen Apparat. Unsere Schwierigkeit besteht nun darin, daß Interessen um so schlechter durchsetzbar und organisierbar sind, je allgemeiner sie sind. Aber wir nehmen uns dieser schwierigen Aufgabe an.« Ist das nicht ein merkwürdiger Zustand einer demokratischen Gesellschaft, daß 300 000 Mitglieder eigeninitiativ eine verfassungsrechtliche Lücke schließen? Müßte da nicht gesellschaftspolitisch etwas Grundsätzliches verändert werden, um diese Lücke zu schließen? In diese staatskritische Richtung will Dr. Feit nicht denken. Pragmatisch beharrt er darauf, daß der Bund der Steuerzahler diese Lücke doch recht gut schließe. Krankenschwestern denken wahrscheinlich auch ungern darüber nach, ob Ärzte eines Tages alle Menschen gesund machen könnten - und was dann aus ihnen würde.

Neuer Versuch: Wie effektiv ist der Bundesrechnungshof? Armin Feit, staatsverdrossen im Grundsätzlichen, zeigt sich moderat bei solch konkreten Dingen. Ritualhaft verteilt er Streicheleinheiten, spricht von »notwendig, wichtig, große Hilfe, Partner« und anderen freundlichen Eigenschaften. »Aber«, sagt er, nachdem der Form Genüge getan wurde, »bedauerlicherweise sind die Möglichkeiten der Rechnungshöfe beschränkt. Selbst im Bundestag (!) wird beklagt, daß die Regierung auf Vorwürfe des BRH nicht ausreichend reagiert. Wir glauben, daß man dem BRH mehr Rechte gewähren muß. Wir legen jetzt im Frühjahr einen Gesetzentwurf vor, um ihn zu stärken.«

Er erhebt sich und holt eine Studie des ehemaligen Leiters des Karl-Bräuer-Instituts, Professor Hans Herbert von Arnim aus dem Bücherschrank. Dieser Experte schlägt unter anderem vor, den Präsidenten des Bundesrechnungshofes nicht von der Regierung benennen, sondern vom Parlament mit Zweidrittelmehrheit wählen zu lassen, um seine Unabhängigkeit zu stärken. Das scheint mir, als wolle man einem Wachhund, der an kurzer Leine liegt und nicht gerade Kraftfutter als Nahrung erhält, stark machen durch ein schönes neues Halsband. Interessanter als diesen Vorschlag empfand ich den Hinweis, daß der BRH auf der Basis eines Gesetzes von 1950 arbeitet und auch noch Teile der Reichshaushaltsordnung von 1922 benutzt. »Die Reform der BRH-Gesetze ist für uns ja nur Teil eines großen Forderungskataloges«, erklärt Armin Reit seine Wunschliste. »Wir wollen, daß die Finanzgerichte nicht mehr Hausgerichte des Finanzministers sind; wir wollen den Rechnungsprüfungsausschuß des Bundestages aufwerten und stärken; wir wollen, daß die Haushaltspläne öffentlich ausgelegt werden. Die größte Wirkung aber versprechen wir uns von der Schaffung eines Amtsanklägers, besser gesagt: eines Straftatbestandes der Amtsuntreue. Kein Mensch vermag einzusehen, daß hierzulande der Steuerhinterzieher bestraft wird, während der Steuergelderverschwender völlig frei ausgeht. Das ist unerträglich, denn beide sind doch gleichermaßen sozial schädlich. Behördenleiter selbst haben wenig Interesse daran, Fälle von Steuergeldverschwendung in ihrem eigenen Apparat an die große Glocke zu hängen. Deshalb sollte eine kleine, aber wendige Behörde solche Fälle aufgreifen und verfolgen dürfen. Im Gegensatz zu den Staatsanwaltschaften, die mit vielen anderen Dingen überlastet sind, wäre diese Spezialbehörde dann in der Lage, Mißwirtschaft und Verschwendung schnell zu bestrafen.«

Und eben darum wird das wohl noch etwas auf sich warten lassen.

Abschlußfrage: Gibt es nicht manchmal Frustration oder Wut angesichts von Behördenwillkür und -schlamperei einerseits und der eigenen Ohnmacht andererseits? »Oh ja, Wut ist richtig, da wünschte ich, Sie könnten das mal miterleben, wenn Leute hier bei uns anrufen, was sich da entlädt. Was da an Zorn über die Verwaltung zum Ausdruck kommt, das glaubt einem keiner. Und da, meine ich, ist auch eine wichtige Funktion des Bundes der Steuerzahler, der gewissermaßen als Filter wirkt, als Filter zwischen Bürger und Verwaltung. Denn wer bei uns seinen Zorn abreagiert und das eine oder andere verständnisvolle Wort gefunden hat, der nimmt sicherlich nicht mehr seinen Traktor und fährt dem Gericht die Tür ein wie neulich der Mann in Lübeck. Wir nehmen dem Bürger Sorgen ab und filtern sie zu Verbesserungsvorschlägen. Denn Ziel unserer Arbeit ist ja nicht die Kritik, sondern sind die Verbesserungsvorschläge.« Jetzt blättere ich schon zum drittenmal das Grundgesetz durch - aber nirgends steht was vom Filtern; ob da was Wesentliches vergessen wurde?

Das schlechte Gewissen der satten Nation

Schlecht sieht's nicht aus, zugegeben. Aber echt auch nicht. All diese kunstvoll künstlich renovierten Häuser, Kirchen, Brücken, Gäßchen und Brunnenplätze im alten Nürnberg. Die Dachziegel als Neuauflage nachgebrannt, schmiedeeiserne Gitter in makellos schwarzem Lack glänzend gestrichen, die Goldlettern auf den Fachwerkbalken mit Bronzefarbe zu mattem Strahlen gebracht - und fertig ist die Puppenstuben-Stadt. Die amerikanische Touristengruppe war begeistert. Es war ja auch wirklich alles fast so schön wie die Nachbauten daheim in Disneyland, Imagination Park und Phantasy Island. Nur größer und gedrängter. Einfach beautiful, dieses Nörnbörk. Und hier muß man nicht einmal um 21 Uhr das Gelände verlassen, nein, nein, bis zur Polizeistunde um Mitternacht kann man gute schwere fränkische Küche und noch bessere leichte fränkische Weine genießen. Und französische Touristen treffen. Oder japanische. Auch skandinavische. Einheimische weniger, die wohnen woanders, in jenem profillosen Nürnberg rundherum, wo MAN, TeKaDe, Quelle-Versand und AEG-Siemens die Zentren des Lebens sind. Da ist Nürnberg verwechselbar mit drei oder fünf Dutzend anderen bundesdeutschen Provinzstädtchen. Das Gesicht ist die Altstadt, und das liegt im Innern, stammt aus vergangenen Zeiten.

Die Bundesanstalt für Arbeit ragt 16 Stockwerke hoch in den fränkischen Himmel. Groß, modern und bedeutend, wuchtig und wichtig gibt sie sich, auch aufgeschlossen für viel Kunst am Bau - und verliert doch den Geschmackswettbewerb mit der benachbarten halbfertigen pompösen Nazi-Kongreßhalle im Amphitheater-Stil und den mittelalterlichen Bauten im Stadtkern. Die Bundesanstalt für Arbeit ist eine Verwaltungsbehörde. Und so sieht sie auch aus, trotz allen Schnick-Schnacks, der das verbergen will. Schranke, Parkplatz, Pförtner, Eingang, Büromenschen. Etwas profillos und verwechselbar. Das

Gesicht, das ihr Profil gibt, liegt im Innern - und gehört Josef Stingl.

Das Gesicht ist faltig und ruht auf einem fülligen Körper, der selten zur Ruhe kommt. »Der Chef«, wie seine engeren Mitarbeiter sagen, ist nämlich ein ungemein rühriger Mensch, der immer unterwegs ist, von Termin zu Termin jagt und möglichst überall präsent sein will. »Der Herr Präsident«, wie die meisten sagen, »ist sehr fleißig und sehr engagiert.« Auf jeden Fall dürften die meisten Menschen Josef Stingl nur als vorbeiflitzende Dampflokomotive erlebt haben, im Schlepptau ein halbes Dutzend Anhänger, Heizer, Wegbereiter und Zuarbeiter. Die flinken Füße erstaunen, das Gesicht nicht. Es ist bekannt, bis zur letzten Falte, durch unzählige Fernsehauftritte. Josef Stingl, Präsident der Bundesanstalt für Arbeit zu Nürnberg, schlägt im Bekanntheitsgrad alle Bonner Politiker um Längen. Obwohl sein Name untrennbar verbunden ist mit der unangenehmsten Erscheinung dieser unserer Marktwirtschaft, der Arbeitslosigkeit, ist er beliebt beim Volk. Ihm billigen sie etwas zu, was sie ansonsten jedem Politiker und jedem Mann des öffentlichen Lebens absprechen: Glaubwürdigkeit.

Es muß mit diesem Gesicht zu tun haben, dieser Kraterlandschaft aus Furchen und Falten, dieser sich stets verändernden Miene, die mal grimmig, mal fröhlich, mal angespannt wirkt, aber nichts davon lange. Er kann poltern, strahlen, zürnen, schmeicheln, grimmig und charmant schauen - und doch ist er immer der gute Josef, der ja zu Recht gerade so schaut. »Ich kann dieses Gesicht nicht mehr sehen!« ist Helmut Schmidt (der aus Bergedorf) schließlich explodiert, weil ihm die Nürnberger Kassandra seinen ganzen Zweckoptimismus zerstörte. Der Präsident des Deutschen Einzelhandels klagte, daß, wenn Stingl allmonatlich mit ernstem Gesicht die neuesten Arbeitslosenzahlen über den Bildschirm in bundesdeutsche Wohnstuben hineinpredige, für drei Tage die Einzelhandelsumsätze um hundert Milionen Mark zurückgingen. Er hat eben ein wirkungsvolles Gesicht. Für drei Tage rumort es im Gewissen der Nation herum, macht die Krise bewußt. Dann langen sie wieder zu, die Konsumprofis, schlemmen und prassen, denn das Gewissen kann ja ein gutes Gewissen sein: schließlich gibt's den guten Josef, der sich um alles kümmert. Der bleibt ja am Ball.

Nachmittags in Lauf, im Aus- und Fortbildungszentrum der Bundesanstalt für Arbeit. Präsident Stingl tagt mit Arbeitsamt-Direktoren von Gelsenkirchen bis Hanau. Der General trifft seine Frontsoldaten zum Appell. Knappe Begrüßung. »Big Joe« kommt sofort zur Sache, referiert eine Viertelstunde die Problemlage, fordert dann Berichte von der Basis. »Wenn Sie sich nicht melden, frag' ich ab!« Der Ton ist sachlich-knapp und forsch, aber nicht unfreundlich. Stingl macht deutlich, daß dies eine Arbeitstagung ist, daß er der Chef ist, daß er Informationen und Ergebnisse will.

»Herr Präsident, in meinem Bezirk ... « beginnen die ersten sieben Beiträge. Schnell wird deutlich, daß Arbeitslosigkeit überall anders aussieht. In strukturschwachen Gebieten bleiben die Jobvermittler auf gut qualifizierten Leuten sitzen (»Fachoberschule und Mädchen, das ist bei uns ganz aussichtslos«), andere klagen, daß sie einen Bodensatz schlecht Qualifizierter nie und nimmer loswerden; der Mann aus dem Ruhrgebiet fragt, was denn bei 16,2 Prozent Jugendarbeitslosigkeit überhaupt noch machbar sei. Weitere Vorgehensweisen diskutieren die rund vierzigjährigen Lokalfürsten in SoPo-German, dem Verwaltungsdeutsch der Sozialpolitiker, das für Außenstehende unerschließbar ist: ABM und Reso, Alhi und Rasu, Förderung nach 41 a und Verweis auf Runderlaß 17 G schwirren durch den Raum - und alle können folgen. Es scheint sogar ein Ergebnis zu geben, denn der Präsident leitet zum nächsten Tagesordnungspunkt über. Es geht um Geld schon deshalb ist reges Interesse zu spüren. Wieviel Mittel brauchen die Arbeitsämter wirklich? Wann ist Geld weg, wenn es gebunden, verplant, ausgabewirksam oder abgeflossen ist? Die Direktoren winden sich, verweisen auf Planungsprobleme, Haushaltsrecht, Unwägbarkeiten. Stingl regt sich auf, wird laut, haut auf den Tisch, gestikuliert wild. Die Herrschaften sind betroffen, blicken vor sich auf den Tisch wie Pennäler nach dem Anpfiff. »Herr Präsident, Sie müssen verstehen ...«, fängt einer an. Zehn Minuten Unruhe, Klärung von Mißverständnissen, Darstellung der Linie der Zentrale, dann haut Stingl auf den Tisch und lacht. »Na also, haben wir's ja. Daß ich immer laut werden muß!« Erlöstes Aufatmen und Gelächter allerorten. Jetzt strahlen sie wieder und blicken ihn stolz-verlegen, fast zärtlich an. Es ist eben doch *ihr* Präsident. Stingl verströmt gute Laune und alle strömen mit. Er hat sie gut im Griff. *Das ist seine* Truppe und sie würden für ihn durch's Feuer gehen. Denn er hat sie aufgewertet, ihr Image aufpoliert, ihnen Ansehen verschafft.

Ohne Josef Stingl hätten sie alle den miefigsten, unpopulärsten und langweiligsten Job auf Erden: Leiter einer Stempelstelle für Arbeitslose. Jetzt leiten sie einen modernen Dienstleistungsbetrieb, sind akzeptabel, respektiert, in ihren Bezirken sogar populär.

Das neue Gesicht der Arbeitsverwaltung kam Ende der sechziger Jahre - in und mit der Person des neuen Präsidenten der Bundesanstalt für Arbeit, Josef Stingl, und mit dem AFG, dem Arbeitsförderungsgesetz, an dem der Egerländer noch in seiner Eigenschaft als Bonner Parlamentarier maßgeblich mitgezimmert hatte. Das Gesetz stammt aus der Zeit der großen Koalition, als Karl Schiller Superminister, Planung modisch, vorausschauende Strukturpolitik chic und Krisen Vergangenheit waren. Damals entstanden das Stabilitäts- und Wachstumsgesetz, die Konjunkturprogramme, die Globalsteuerung, das *demand management* und das seitdem nicht mehr wegzudenkende Wort *Strukturpolitik*.

Damals glaubte man: wenn es jemals wieder Arbeitslosigkeit geben sollte (sehr unwahrscheinlich, aber sicherheitshalber konnte man ja mal vorausschauend darüber nachdenken), dann nicht aus konjunkturellen Gründen (die Konjunktur hatten die Wirtschaftspolitiker mit dem Stabilitäts- und Wachstumsgesetz ja angeblich voll im Griff), sondern nur aus strukturellen Gründen, z.B., weil die Leute im Verhältnis zur sich verändernden Wirtschaftsstruktur falsch qualifiziert waren. Dem galt es - Krisenvermeidung ist besser als Krisenüberwindung! - vorzubeugen. Also weckte man die gute alte Arbeitslosenversicherung aus ihrem Dornröschenschlaf, peppte sie ein wenig auf, teilte ihr mittels AFG eine Aufgabe im Rahmen der Strukturpolitik zu, gab ihr einen neuen Namen, einen neuen Chef, ein neues Dienstgebäude und ein neues Selbstverständnis. So wurde aus dem passiven Auffangnetz für Arbeitslose eine aktive Behörde, die von sich aus steuernd, regulierend und lenkend in den Arbeitsmarkt eingriff. Vorsorge statt Nachsorge, fördern statt aushalten, das waren die Parolen Anfang der siebziger Jahre. Das neue Programm erstreckte sich von beruflicher Förderung, Fortbildung, Umschulung und Einarbeitungszuschüssen über Maßnahmen zur Förderung der Arbeitsaufnahme bishin zu Rehabilitationsmaßnahmen und Arbeitsbeschaffung.

Daß all dies im Gesetz als Möglichkeit stand und von den Arbeitsämtern angeboten wurde, bedeutete jedoch noch lange nicht, daß die Bevölkerung davon Gebrauch machte. Dazu bedurfte es noch einer Person, die das propagierte, erklärte, bekannt machte. Eine mühsame Arbeit, nichts für Bürokraten. Da mußte jemand ein breites Kreuz haben, eine gute Konstitution, Durchhaltevermögen und dickes Fell. Josef Stingl hatte das - und noch mehr. Er baute den Apparat auf, die Instrumentarien aus und begann mit der Öffentlichkeitsarbeit. Dabei bediente er sich vor allem einer Person - und die hieß Josef Stingl. Er hat den Apparat der Bundesanstalt auf seine Person zugeschnitten und es geschafft, daß in der Öffentlichkeit sein Name bzw. sein Gesicht und die Bundesanstalt für Arbeit synonym gesetzt werden. Wie hat er das geschafft? - Durch einen geradezu unglaublichen persönlichen Einsatz. Wo immer es eine Möglichkeit gab und gibt, die neue Arbeitsverwaltung vorzustellen, die Leistungen anzubieten und bekannt zu machen, über Arbeitspolitik zu referieren - Josef Stingl ist zur Stelle.

In den Monaten Mai und Juni absolvierte der 64jährige Matador das folgende, für ihn typische Programm: Er hielt Reden vor der Katholischen Arbeitnehmer-Bewegung, den Wirtschaftsjunioren, der Christlich-sozialen Arbeitnehmerschaft, dem Internationalen Bund für Sozialarbeit, der Staatsbürgerlichen Vereinigung, der Pöntzgen-Stiftung, dem Institut der Deutschen Wirtschaft, der Tagung baden-württembergischer Elektrizitätswerke, dem Deutschen Sekretärinnentag, der Akademie für Führungskräfte, dem Zentralverband des deutschen Handwerks, dem Sudetendeutschen Tag, dem Christlichen Jugenddorf-Werk, dem Marketing-Verband, der Industrie- und Handelskammer Kempten, dem Verband der Kriegsopferversehrten, dem Wirtschaftsbeirat Augsburg, der Kolping-Gemeinde, der CDU-Osthessen, dem Mittelständischen Unternehmerverband, der Evangelischen Akademie Tutzing, der Tagung nordbayerischer Finanzämter, dem Rotary Club, anläßlich einer Ausstellungseröffnung des Landesarbeitsamtes München, auf einer Tagung der Hochschule für Berufstätige und vor der Doemensschule München.

Er tagte mit den Präsidenten der Landesarbeitsämter, dem Personalrat der Bundesanstalt, wiederholt mit den Vorbereitungskommissionen zum Katholikentag '84 und dem Auswärtigen Amt. Er hielt Vorlesungen an der Uni Mannheim, der Hochschule Speyer, der Verwaltungsschule Lauf, der Uni Bamberg. Er nahm teil an Sitzungen der Ackermann-Gemeinde, des EG-Ausschusses für Beschäftigungsfragen, des Verwaltungsrats der Bank für Gemeinwirtschaft, des Verwaltungsrats der Deutschen Pfandbriefanstalt, des Zentralkomitees der deutschen Katholiken, des Internationalen Arbeitsamtes, des Verwaltungsrats der Bayerischen Baukreditbank und der Mitgliederversammlung des Spielzeug-Museums Nürnberg.

Die gut ein Dutzend Podiumsdiskussionen, Empfänge, Gesprächsrunden und Kurz-Auftritte lasse ich hier einmal unter den Tisch fallen, denn das Genannte reicht für zwei wichtige Eindrücke: Zum einen scheint es mittlerweile die Lieblingsbeschäftigung der bundesdeutschen Bürger zu sein, Versammlungen, Konferenzen und Tagungen abzuhalten. Und zum anderen drängt sich die Vermutung auf, daß auf jeder zweiten Veranstaltung Josef Stingl präsent ist.

Der Allgegenwärtige tauchte in den betrachteten sechzig Tagen neunmal in Bonn auf, achtmal in München, viermal in Köln und jeweils dreimal in Frankfurt und Bamberg. Erleben konnten ihn ferner die tagenden und versammelten Bürger, Experten und Macher in Aschaffenburg, Oberursel, Leverkusen, Trier, Mannhein, Fürth, Ellwangen, Krefeld, Brüssel, Wien, Wiesbaden, Heidelberg, Schweinfurt, Taufkirchen, Berlin, Genf, Würzburg, Bad Teinach, Achern, Gaggenau, Speyer, Oberstaufen, Kempten, Deisenhofen, Augsburg, Tutzing, Rückersdorf, Eiberstädt, Lauf, Schlüchtern und Bad Windsheim. Vier Termine in drei Städten an einem Tag sind keine Seltenheit.

Möglich wird dieses superstarreife Tournee-Programm durch eine missionarische Besessenheit des Hauptdarstellers und durch den hinter ihm stehenden Apparat. Josef Stingl ist die Speerspitze einer Eliteeinheit, zu der noch sein »Persönlicher« (Referent), dessen »rechte Hand«, ein Ghostwriter, ein hell driver (früher Chauffeur genannt) und drei Sekretärinnen zählen. Dieses Team plant, arrangiert, bereitet vor, schafft das Kleinkraftwerk Josef Stingl an die jeweils notwendigen Orte, versorgt es vorher mit Brennstoff - und der Egerländer setzt das in Energie um, bewegt sich und andere, gibt Anstöße, wirbelt. Der Zweizentner-Mann mit dem unverwechselbaren Gesicht ist auf Fronteinsätze spezialisiert, seine Rolle ist es, im direkten Kontakt mit dem Publikum zu agieren, die Verbindung mit den Sozialpartnern und den Politikern aufrechtzuerhalten. Das kann er, das liegt ihm.

Mit eiserner Konstitution reist und rast er umher, doziert, spricht, plaudert, hört zu, notiert, gibt weiter, regt an. Vor allem aber wirkt er. Er spricht einen leichten süddeutschen Dialekt, was seiner Stimme Wärme und Vertraulichkeit verleiht. Auch wenn er frei spricht, was meistens der Fall ist, sind seine Sätze präzise, ohne Schnörkel und Ausschweifungen; vor allem sind sie verständlich. Sein Sprechtempo wechselt so häufig wie seine Mimik; in dem zerfurchten Gesicht verschieben sich ständig Sorgen-, Lach- und Kinnfalten, Mundwinkel und Brauen. Die lebhaften Augen wandern umher, verändern laufend ihren Ausdruck. Beim Sprechen fliegen die Hände durch die Gegend, er rutscht auf Stühlen vor- und rückwärts, die Brille ist mal auf der Nase, mal kreist sie mit der Gestenhand um ihn herum. Mahnend redet er seinen Zuhörern ins Gewissen, im nächsten Moment gibt er sich fröhlich-charmant, dann wieder folgt ein Bombardement von Zahlen. Auch wenn nicht immer alle alles verstehen - sie glauben's ihm. Josef Stingl ist der Unbestechliche, der Unvereinnahmbare, der Überparteiliche. Wo immer er auftritt, entsteht eine Atmosphäre aus Wissenschaftlichkeit, Moral und Optimismus. Die Lage ist ernst, aber nicht hoffnungslos. Das ist der eine Eindruck, den er überall hinterläßt. Der andere: es muß etwas geschehen, es gibt viel zu tun und ich packe es an.

Dienstag 10 Uhr, Tagung mit Wissenschaftlern des IFO-Instituts. Seit zwei Stunden ist »der Chef « bereits im Haus, hat den neuesten Computerbogen zur Arbeitsmarktlage studiert, die Presse gesichtet, einen Teil der Post bearbeitet, mit seinem »Persönlichen« Daten verplant, Entscheidungen getroffen, Vorgehensweisen festgelegt, hat Akten gelesen und einen Abteilungsleiter empfangen. Eine Minute vor zehn kommt der Präsident aus seinem Zimmer, der »Persönliche« drückt ihm die Tagungsunterlagen in die Hand, kurze Begrüßung der Sekretärinnen mit Handschlag, dann eilt er los zum Sitzungszimmer, drei Leute im Schlepptau, die mühsam Schritt halten.

Im repräsentativen, holzgetäfelten Sitzungsraum stehen die Münchener Wirtschaftsforscher schon mit den Wissenschaftlern vom Institut für Arbeitsmarkt- und Berufsforschung zusammen, dem der Bundesanstalt eingegliederten brain trust. Binnen einer halben Minute hat Stingl ein Dutzend Hände geschüttelt, strebt seinem Sitz zu, begrüßt in zwei kurzen Sätzen die Angereisten und Anwesenden und ist schon beim Thema, das wie immer mit der Arbeitsmarktlage zu tun hat und der Frage, wie Arbeitslosigkeit zu überwinden ist. Er referiert die neuesten Zahlen: Arbeitslose, offene Stellen, durchschnittliche Dauer der Arbeitslosigkeit, verweist auf die sich ständig verschlechternde Qualifikationsstruktur der Arbeitslosen, weil die Besseren immer zuerst rausgefischt werden und fragt: »Wie sieht denn nun die IFO- Strategie zur Wirtschaftspolitik aus?« Der IFO-Chef und die Abteilungsleiter ergreifen nacheinander das Wort, sprechen von der prioritären Bedeutung des Wachstums, daß die jetzige Regierung dafür noch zu wenig tue, daß der Aufschwung stabilisiert werden müsse durch Verstetigung der Rahmenbedingungen, daß auch über Arbeitszeitregelungen nachgedacht werden muß.

Die Diskussion ist lebhaft. Hier sitzen sich Experten gegenüber. Floskeln, Scheinargumente und Immunisierungsstrategien ziehen nicht. Sobald abstrakte Forderungen auf konkrete Maßnahmen abgeklopft werden, ergibt sich ein düsteres Bild. Eigentlich ist gar nichts zu machen, denn die Grenzen der Abgabenbelastung sind erreicht, die Grenzen der Staatsverschuldung sowieso, deshalb stoßen die Bonner Politiker auch bei öffentlichen Investitionen an Finanzierungsgrenzen; das Exportgeschäft bleibt begrenzt, weil kein Industrieland die Rolle einer Lokomitive übernehmen will und die Entwicklungsländer hoffnungslos verschuldet sind - und der Wohnungsbau wird aufgrund der demographischen Entwicklung auch kein Wachstumsträger mehr sein können.

Es spricht für die Ehrlichkeit der Diskussion, daß an diesem Punkt eine Pause eintrat und etwas von ratloser Betroffenheit spürbar wurde. Und es spricht für die Ehrlichkeit und den Mut von Dieter Mertens, dem Leiter der Nürnberger Forschergruppe, daß er an diesem Punkt die Flucht in verschwommene Thesen verhinderte und stattdessen die IFO-Leute, stellvertretend für die fünf großen Wirtschaftsforschungsinstitute, frontal angriff: »Wenn Sie - wie alle anderen - sagen, wir brauchen vor allem Wachstum, um Krise und Arbeitslosigkeit zu überwinden, gleichzeitig aber ausführen, daß wir zur Problemlösung mindestens 6 Prozent Wirtschaftswachstum brauchen, wir aber selbst im Glücksfall nur 2 bis 3 Prozent bekommen - dann ist da doch eine Therapielücke, denn Ihre Therapie (vorausgesetzt sie funktioniert) löst dann ja nur einen Teil der Probleme!« Stingl nickt und lächelt, ist gespannt auf die Antwort. Die Münchener winden sich, suchen Ausflüchte, schweifen ab. Chef Oppenländer: »Na ja, Wachstum alleine, das haben wir ja oft gesagt, löst noch nicht alle Probleme. Arbeitszeitverkürzung gehört auch schon dazu.« Nicken bei den IFO-Leuten, doch Mertens ist unerbittlich: »Warum sagen Sie das dann nicht laut und deutlich?« »Tun wir doch!« Allgemeiner Widerspruch und Aufregung am Tisch der Konjunkturbeobachter. »Wir haben schon vor vier Jahren in Studien und Artikeln auf die Wichtigkeit kürzerer Arbeitszeiten hingewiesen!« Mertens hebt die Hände zum Himmel und mimt Verzweiflung. »Das reicht doch nicht, daß irgendwo mal irgendwer auch sowas gesagt oder geschrieben hat. Dort, wo die fünf Wirtschaftsforschungsinstitute Gewicht und

Stimme haben, wo man sie wahrnimmt, in der Gemeinschaftsdiagnose nämlich, da steht ganz vorne Wachstum. Und bei Arbeitszeitverkürzungen sagen drei Institute 'nein' und DIW und IFO sagen 'ein bißchen'. Das ist zu wenig, das reicht nicht, um 2 oder 3 Millionen Arbeitslose wegzubekommen!«

Stummes Schulterzucken bei den Münchenern, dann setzt Stingl nochmal nach: »Das finde ich sehr schlimm, daß viele heute mit Berufung auf die Wirtschaftsforschungsinstitute sagen: Verkürzung der Arbeitszeit bringt gar nichts! Ich war gestern erst bei der Vereinigung selbständiger Unternehmer, die haben mir das genauso, mit dem Quellenverweis, entgegengehalten. Das stimmt aber nicht und wir alle hier wissen, daß das nicht stimmt. Lebensarbeitszeit zwei Jahre runter macht 350.000 Arbeitsplätze mehr. Auch kürzere Wochenarbeitszeit bringt was, kann man genau ausrechnen, haben wir ja auch getan. Das ist unerträglich, daß hier Argumente nicht zur Kenntnis genommen werden. Da wird einfach zugemacht, die Argumente gehen gegen verschlossene Türen. Das darf doch nicht sein! Warum äußert ihr euch nicht strikter? Daß der Apparat der Arbeitgeber Arbeitszeitverkürzungen ablehnt, ist klar; aber auf die unabhängigen Forschungsinstitute, da hört man doch.« Entgegnung: »Aber es nützt doch nichts, wenn wir das sagen!« Stingl: »Aber es bleibt doch wahr, auch wenn man es fünfmal sagen muß.« Er ist jetzt ziemlich aufgebracht; vermutlich auch weil deutlich wird, wie wenig letztlich von den wissenschaftlichen Politikberatern zu erwarten ist. So haben sich die Münchener das Treffen wahrscheinlich nicht vorgestellt.

Aber das Doppel Stingl/Mertens ist ein schwerer Gegner. Beide haben Spaß am Verstehen, gehen diskussionstaktisch jedoch verschiedene Wege. Der IAB-Chefdenker kämpft mit dem intellektuellen Florett, durchlöchert die Maskierungen des Gegners, kitzelt die Wahrheit über Schwachstellen und Grenzen heraus. Da läßt ihn der Präsident gewähren, freut sich am Blitzen der Klingen. Steht der Gegner im Hemd da, d.h. wird die Substanz seiner Thesen sichtbar, kommt der Dicke mit der Keule und fragt, was denn damit ganz praktisch für den Arbeitsmarkt noch anzufangen sei. Auch jetzt steigt er genau da voll ein. Schlimm findet er die festgefahrenen Fronten, unerträglich den Gedanken, daß Lösungen an Sturheiten scheitern. Doch bevor Stingl die Debatte ganz auf das programmatische Feld ziehen kann, reitet Mertens noch einen Angriff gegen die großkopfeten Forscher: »Ich glaube, diese falsche Gewichtung bei den Vorschlägen zur Wirtschaftspolitik resultiert aus der Kurzfristigkeit des Aussagezeitraums. Sie geben ja immer nur Empfehlungen für maximal ein Jahr. In dem Moment, wo sie eine mittelfristige Perspektive anvisieren würden, sagen wir mal vier oder fünf Jahre, würde auch deutlich, welche Rezepte ziehen und welche nicht.«

Da hat er einen wunden Punkt getroffen. Zweimal im Jahr legen die fünf großen Wirtschaftsforschungsinstitute in einer Gemeinschaftsdiagnose Analysen und Empfehlungen zur Wirtschaftspolitik vor. Kaum publiziert, werden die Aussagen von den aktuellen politischen Konstellationen aufgegriffen und zur Legitimation benutzt. Was vorher war, wie richtig oder sinnvoll die Empfehlungen der letzten Gutachten waren, danach fragt keiner mehr. Die Wissenschaft beugt sich der Politik, wird von ihr aufgesogen, vermarktet. Weil die Empfehlungen kurzfristiger Natur sind, können Politiker mit »übergeordneten Gesichtspunkten« argumentieren. Mittelfristige Vorschläge und Therapien könnten Politiker unter Zugzwang bringen. Aber sie könnten auch sinnvolle und effiziente Wirtschaftspolitik ermöglichen. Deshalb ist Mertens' Frage bzw. Aufforderung richtig - so richtig, daß sie Professor Oppenländer zum Offenbarungseid zwingt: »Wissen Sie, wir machen schließlich Auftragsforschung. Die Regierung will das nicht hören und wird so etwas nie bezahlen. Sie erinnern sich sicherlich, daß wir vor einigen Jahren unsere große Studie »Auswirkungen der Technik auf die Arbeitswelt« vorgelegt haben, mit all den Aussagen über Rationalisierungen und Freisetzungen. Das ist dann ja auch kurz im Kabinett diskutiert worden und Herr Lambsdorff hat das sofort abgeschmettert mit den Worten: Alles Blödsinn! Keiner weiß, was in diesem Herbst wirklich los ist, wie soll man da wissen, was in zwei, drei oder vier Jahren ist. Gegen diese Einstellung kommen Sie nicht an.«

Demnach legen die fünf Institute nicht ihren gesammelten Sachverstand vor, die Ergebnisse wissenschaftlichen Forschens, sondern wirtschaftspolitische Glaubensbekenntnisse, vermengt mit ein paar rationalen Überlegungen und vielen Zahlen über den Ist-Zustand. Das Glaubensbekenntnis beginnt immer mit dem Satz: »Ich glaube an das Wachstum, welches sein muß, denn nichts geht ohne Wachstum!«

Peter Sloterdijk, ohne dessen Erwähnung heute ja kein Artikel mehr geschrieben werden darf, definiert Zynismus als »Handeln wider besseres Wissen«. So gesehen sind die wirtschaftspolitischen Berater zweifellos Zyniker, denn sie empfehlen nicht, was zur Problemlösung beitragen könnte, sondern was die Auftraggeber hören wollen bzw. was sie gerade noch verkraften können. Das notwendige Sloterdijk-Zitat lautet: »Dem diffusen Zynismus gehören längst die Schlüsselstellungen der Gesellschaft in Vorständen, Parlamenten, Aufsichtsräten, Betriebsführungen, Lektoraten, Praxen, Fakultäten, Kanzleien und Redaktionen. Eine gewisse schicke Bitterkeit untermalt sein Handeln. Denn Zyniker sind nicht dumm, und sie sehen durchaus hin und wieder das Nichts, zu dem alles führt. Ihr seelischer Apparat ist inzwischen elastisch genug, um den Dauerzweifel am eigenen Treiben als Überlebensfaktor in sich einzubauen. Sie wissen, was sie tun, aber sie tun es, weil Sachzwänge und Selbsterhaltungstriebe auf kurze Sicht dieselbe Sprache sprechen und ihnen sagen, es müsse sein. Andere würden es ohnehin tun, vielleicht schlechtere. So hat der neue integrierte Zynismus von sich selbst oft sogar das verständliche

Gefühl, Opfer zu sein und Opfer zu bringen.«

Auch Professor Oppenländer und seine Mannen fühlen sich als Opfer. »Die Regierung will das nicht hören und wird so etwas nie bezahlen!« Arme Wissenschaftler! Keiner will eure Weisheit, alle wollen nur euer Renommee. Es ist zum Weinen. Einer kommt dann auf den rettenden Einfall, daß die anderen schuld sind. »Warum machen die Gewerkschaften eigentlich nicht mehr Druck? Die müßten doch was für die Herabsetzung der flexiblen Altersgrenze tun.« Stingl weiß warum, er kennt die Leute. Die IG Metall mache keinen Druck, weil sie ohnehin kaum noch arbeitende Mitglieder über 60 habe. In den Großbetrieben der Metallindustrie sei das alles schon längst gelaufen. Von da sei also nichts zu erwarten. Die Arbeitgeber schalteten auf stur und reagierten polemisch. »Das ist schlimm, ganz schlimm. Selbst ich, der ich eigentlich ein ganz gutes Ansehen bei den Arbeitgebern habe, stoße sofort auf verschlossene Ohren. *Sie haben abgelehnt, darüber zu reden!* Das geht doch nicht! Aber die Verbände sind schlimmer als die Betriebe. Viele Klein- und Mittelbetriebe scheren da schon aus, die sehen das als Chance.«

Alle bedauern die festgefahrenen Fronten, finden sich dann doch damit ab, suchen nach anderen Möglichkeiten, spekulieren über machbare Ansätze, erkennen dann doch wieder Grenzen und verbleiben schließlich in der gemeinsamen Erkenntnis, daß zur Zeit alles sehr schwierig ist, man aber auf jeden Fall im Gespräch bleiben sollte.

Mal abgesehen von Mertens' Attacke, die die auftragsgemäß forschenden Wirtschaftsberater zu einem interessanten Offenbarungseid zwang, sind im Laufe des zweieinhalbstündigen Gesprächs eigentlich keine Aussagen gefallen, die nicht auch in Fachzeitschriften, Publikationsreihen und veröffentlichten Studien nachzulesen gewesen wären. Präsident Stingl jedoch läßt sich das von den Wissenschaftlern persönlich darlegen. Ich erinnere mich an den Satz: Andere Leute lese Romane, die Kennedys laden die Autoren ein. Josef Stingl hat's auch gern aus erster Hand. Im Laufe der nächsten Tage merke ich, daß das nichts mit Arroganz oder Prestigedenken zu tun hat. Er denkt nicht gern abstrakt, er will die Personen sehen, nachfragen können, abschätzen können, was dahinter steckt. In seinen Reden und Gesprächen tauchen immer wieder die Formulierungen auf: »Erst kürzlich sprach ich mit dem Arbeitgeberpräsidenten darüber ...« oder »Letzte Woche hat mir Herr Blüm noch gesagt ...« oder »Der Herr Schnitker vom Zentralverband des Deutschen Handwerks, mit dem ich neulich frühstückte, hat mir dargelegt, wie ...« Das sieht nach *name dropping* aus, ist es aber nicht. Es sind immer die Namen, die bei der Gestaltung der Wirtschafts- und Sozialpolitik ein Wörtchen mitzureden haben. Der Stingl Josef ist kein Überzeugungstäter, der eine Idee, eine bestimmte Lösung propagiert und durchboxen will. Er ist Politiker, auf pragmatische Umsetzung fixiert, und hat das kunstvoll verschachtelte Mächte-

und Kräftegeflecht unserer Gesellschaft immer im Hinterkopf. Wer ist momentan wie festgelegt, wem kann was zugemutet werden, wer muß dabei berücksichtigt werden, wer kann vielleicht überzeugt werden? Er denkt immer für die andern mit. Geprägt ist diese Denkweise sicherlich von den Bonner Jahren als Parlamentarier, wo die Gestaltung von Sozialpolitik nicht ohne den Ausgleich von Interessen möglich war.

Heute ist es die Struktur der Selbstverwaltung der Bundesanstalt für Arbeit, die ihn immer wieder fragen läßt, wer das mittragen kann. Arbeitgeber, Arbeitnehmer und öffentliche Hand sitzen im Vorstand und im Verwaltungsrat, müssen sich zusammenraufen, um arbeiten zu können. Ohne Konsens geht nichts. Diese Erfahrung macht ihn vorsichtig - und begierig, den Kontakt zu allen möglichst eng zu halten. Jedoch nicht passiv. Er macht sich schon Gedanken, in welche Richtung es gehen muß. Aber er prescht nicht vor, geht nie weiter, als er es denen, die ihn tragen, zumuten kann. Er ist eine moralische Instanz und ein Katalysator. Er redet Leuten ins Gewissen und drängt, weiter miteinander zu reden, weiter nachzudenken, weiter zu probieren. Ein wuchtiges Energiebündel, überall präsent, immer ansprechbar, immer bewegend, anstoßend, lernbegierig und mahnend. Mit dem Tempo und dem Gesicht ist er heute nicht wegzudenken aus der bundesdeutschen Politik.

Keiner, der so hoch steht, sitzt so sicher wie er. Die Politiker beneiden ihn, sind oft erkennbar eifersüchtig: auf seine Unabhängigkeit, seine Popularität, seinen Einfluß. Die SPD hat ihn absägen wollen, schickte einmal Börner, einmal Ehrenberg vor, um herauszufinden, wie der lästige Mahner, der allmonatlich mit seinen Zahlen und seinem Gesicht den Schmidtschen Zweckoptimismus unterminierte, zum Schweigen zu bringen war. Ergebnis negativ: Stingl ist Beamter auf Lebenszeit, nicht jederzeit ablösbar wie ein politischer Beamter. Auch kann man einen so populären Mann nicht wegschieben, ohne sich selbst die Finger zu verbrennen. Seitdem gilt in der Baracke die Einschätzung: »Der ist unangreifbar wie der Papst.«

Die CSU, deren Parteibuch er in der Tasche trägt, sähe ihn gern parteilicher, partei-parteilicher. Doch es macht ihm Spaß, sich nicht vereinnahmen zu lassen, zu demonstrieren, daß er es nicht nötig hat, nach jemandes Pfeife zu tanzen. Wer glaubt, ihm in seinen Arbeitsbereich hineinreden zu können, dem klopft er auf die Finger. Im Sommer, als Privatpersonen und -firmen sich als Vermittler von Lehrstellen betätigten und mit Unterstützung einiger Medien das Vermittlungsmonopol der Arbeitsämter kritisierten, fühlte sich auch der Ministerpräsident Strauß berufen, dieser »Weniger Staat - mehr Markt«-Initiative den Rücken zu stärken. Der Bundesanstalt für Arbeit empfahl der Bayernkönig, es mit dem Vermittlungsmonopol mal nicht so genau zu nehmen. In einer seiner nächsten Reden, als er gewiß war, daß Kameras und Mikrofone eingeschaltet waren, beantwortete Singl den krummen Haken mit einer kurzen geraden Rechten: »Der Herr Ministerpräsident sollte einmal nachschlagen, was er selbst als Finanzminister der Großen Koalition in das Arbeitsförderungsgesetz hineingeschrieben hat - nämlich das Vermittlungsmonopol. (Kunstpause) Und bestehende Gesetze nicht anzuwenden, das ist seit 1945 vorbei!« Am nächsten Tag hing ein kläffender Stoiber an der Strippe. Doch das ficht den Stingl Josef nicht an. Auge um Auge. Heute will er von all dem nichts mehr wissen und winkt ab. So etwas trägt er nicht nach. Er ist jedoch noch immer auf der Hut. Sein Revier verteidigt er kämpferisch.

Aufstiegsorientiert und kämpferisch, engagiert und aktiv war der Bäckersohn aus Maria-Kulm auch schon in jüngeren Jahren: zunächst in der Katholischen Jugendbewegung, vor allem aber nach dem Krieg, in der Stunde Null, als die Fundamente für steile Karrieren gegossen wurden. Da wirbelte er in der Kolping-Familie, der CDU, den Arbeitskreisen für Sozialpolitik und an der Deutschen Hochschule für Politik. Nicht vergebens: 1952 saß er im Landesvorstand der Berliner CDU, ein Jahr später ging er als Berliner Vertreter in den Zweiten Deutschen Bundestag. Dort bestimmten noch nicht Lehrer, Beamte und Technokraten das Bild, sondern Charakterdarsteller, bunte Vögel und alte Machiavellisten inszenierten sich und die Politik der jungen Republik. »Da habe ich als Neuling ganz schön kämpfen müssen um einen Platz im Sozialpolitischen Ausschuß. Da hieß es: Verdien' Dir erstmal Deine Sporen im Petitionsausschuß!« Doch mit Engelszungen hat der Abgeordnete Stingl da geredet und die historische Notwendigkeit dargelegt, einen Berliner Vertreter im Ausschuß zu haben. Mit dem Argument war er natürlich unschlagbar und so bekam er seine Plattform, auf der er sich als Pfadfinder im schwierigen bürokratischen Gelände der Sozialpolitik profilieren konnte. Rentenreform, Lastenausgleich, Unfallversicherung, Heimatvertriebenengesetz - der 35jährige bastelte an einem Werk herum, das später einmal Sozialstaat heißen sollte. »Wir haben damals noch gestaltet, häufig auch über Fraktionsgrenzen hinweg«, erinnert er sich. »Heute habe ich das Gefühl, daß der Bundestag in der Vielfalt kleiner Arbeiten versinkt, ohne daß die großen Linien noch deutlich werden. Mich erschreckt das oft, wenn ich heute nach Bonn komme. Das ist so ein Dickicht geworden, umrankt von Routine und Bürokratismus.« Er macht eine lange Pause und grübelt, als habe er den Gesprächspartner vergessen.

Dann blickt er plötzlich auf und sagt schelmisch-lachend: »Na ja, das wirft man mir ja auch öfters vor, daß ich in Routine und Bürokratismus ersticke. Ein Gemeinwesen, das sich so entwickelt hat wie unseres, kann sich davon wohl nicht freimachen. Aber ...« Er hat die Stimme nochmal gehoben und bricht nun abrupt ab. Aber daß es sich so entwickelt hat, schmeckt dem Josef Singl ganz offensichtlich nicht. Sein unorthodoxer Habitus und seine Sucht nach Terminen und Menschen sind ja Versuche des Aufbegehrens gegen Bürokratie und Routine. Doch das würde er nicht artikulieren wollen. Mit dem Zeitgeist legt sich der Stingl Josef nicht an - jedenfalls nicht offensiv und nicht öffentlich. Dazu ist er zu sehr Pragmatiker - und Politiker. Er geht seinen Weg. Er hält auch mal gegen, doch nicht marktschreierisch, eher leise - und zäh.

Karnevalsritter und Kirchentagspräsident war er in den sechziger Jahren, aber nicht Minister - obwohl er das gewollt hat. Er war im Gespräch als Vertriebenenminister und galt als aussichtsreicher Kandidat für das Amt des Arbeitsministers - doch er wurde es nicht. Die Leitartikler übten sich im Deuten seiner barocken Person und erstellten politische Psychogramme. Den einen war er augenscheinlich zu kompromißbereit, den anderen zu eigenwillig. »Wahrscheinlich von beidem etwas«, meint er heute, »aber wesentlich lag's daran, daß eben nur einer Minister werden kann.« Das ist natürlich mehr Gag als Analyse, aber typisch: er reflektiert nicht groß über Taktik, überlegt sich keine verwinkelten Schachzüge. Machttechnisch gesprochen fehlte ihm in Bonn die Hausmacht. Die Leute, die ihn auf den Schild gehoben hätten, die er mit Zuckerbrot und Peitsche, Versprechungen und Entgegenkommen an seine Person gebunden hätte, die gab es nicht. Sowas ist nicht seine Stärke. »Ich habe immer versucht, durch Leistung zu überzeugen«, sagte er in anderem Zusammenhang unprätentiös. Wohl wahr - das ist seine Stärke und auch Schwäche. Die Schwäche bewirkte, daß er 1968 aus Bonn weggelobt wurde. Der fähige Politiker und Sozialexperte sollte nach Nürnberg gehen, zur Bundesanstalt. Weder er noch seine »Förderer« ahnten damals, welche Wachstumsbranche da besetzt wurde. Deshalb zögerte der Abgeordnete, der als Vorsitzender des Sozialpolitischen Arbeitskreises der CDU/CSU-Bundestagsfraktion recht gut situiert war, deshalb drängten die Parteifreunde, denen er unbequem wurde. Es siegte, keine Überraschung, das Pflichtbewußtsein.

Die Große Koalition ging zu Ende, die CDU auf die Oppositionsbänke, wo sie länger blieb als je vermutet, am Kabinettstisch wechselten die Minister wie die Wetterlage. Aus dem Konjunkturtief wurde eine Rezession, aus ihr eine Krise, daraus eine Strukturkrise und schließlich war alles dunkel und schwarz. Da ging ein Stern auf und strahlte, heller und heller. Und der Stern stand über Nürnberg. Wer war 1974 Bundesbauminister? Wer '75 Innenminister? Wer '76 Arbeitsminister? Wer '77 Gesundheitsminister? Wer '78 Forschungsminister? Zwei Richtige sind da schon Glückstreffer. Und andersrum: Wer hat '72 Umschulungsmöglichkeiten propagiert? Wer hat '74 die Kürzel ABM bekannt gemacht? Und '75 vor der Akademikerschwemme gewarnt? Richtig, stets derselbe Mann, der, der jetzt schon seit Jahren allmonatlich die neuesten Entwicklungen auf dem Arbeitsmarkt verkündet. Die »sonderbar frohgemute Bundesunke« (SPIEGEL), der »Matador des sozialpolitischen New Look« (Die Zeit), er hat sie alle überdauert. Aber nicht nur deshalb wirkt er wie ein Überbleibsel aus einer vergangenen Zeit. Er ist seltsam unmodern und eben dadurch attraktiv. So formuliert er denn geradezu naiv-offen: »Das hat mir schon gutgetan, daß ich bekannter wurde als mancher andere, das will ich gerne zugeben. Ich bin ja auch nicht frei von Eitelkeit. Es hat mir auch einfach Freude gemacht, eine Position zu haben, von der aus ich dauerhaft einwirken konnte.« Dann schiebt er sofort drei Nachsätze hinterher, in denen von Pflicht, Verantwortung und Aufgaben die Rede ist. Nein, einfach so guttun läßt er sich gar nichts. Sein Hedonismus beschränkt sich auf gutes Essen. Das Amt ist Verpflichtung, basta.

Seine Leistungen möchte er natürlich gewürdigt sehen. »Ich habe das Arbeitsamt aus der Arme-Leute-Versorgung herausgeholt. Durch die Maßnahmen zur beruflichen Bildung ist das Amt zukunftsorientiert geworden. Wir sorgen jetzt dafür, daß die Menschen in dieser modernen, sich rasch verändernden Gesellschaft nicht hilflos werden.« Das war wieder ein Satz im typischen Stingl-Strickmuster: die moderne Gesellschaft kommt vor, die Menschen, um die es immer geht, und der kleine Hinweis, daß er (und seine Organisation) dafür sorgen, daß dies alles zusammenpaßt.

Josef der Macher, der Stingl, der's schon richten wird. Ich glaube, er ist auch so beliebt, weil in Millionen Herzen deutscher Fernsehzuschauer beim Auftauchen seines Gesichtes das Gefühl entsteht: da ist einer, der sorgt sich wirklich ernsthaft um unsere Arbeitslosen, der kümmert sich darum, der wird das schon machen. Stingl Josef - grämt sich für Deutschland. Stingl Josef - grämt sich statt Deutschland.

Nachmittags halb fünf. Im Vorzimmer des Herrn Präsidenten tummeln sich sieben Leute. Sie blicken immer wieder hinüber zur Tür des Chefzimmers, denn gleich muß er kommen. Ungeduldiges Warten. Es wird Zeit daß er kommt, wenn er pünktlich in Bamberg sein will. Es wird Zeit, daß er kommt, damit er noch kurz zwei Unterschriften leisten kann, die heute noch raus müssen. Es wird Zeit, daß er geht, denn dann können die Sekretärinnen endlich Feierabend machen. Kleine Schrecksekunde, als »der Chef« plötzlich im Türrahmen steht. Der Fahrer stürmt auf ihn zu, um die Tasche abzunehmen. Der Persönliche Referent tritt nach vorn und reicht ihm die Mappe mit den Unterlagen für die folgenden Termine. Der Zweite Referent hält ihm noch zwei unterschriftsreife Briefe unter die Nase und murmelt »sehr eilig«. Der Redenschreiber hält sich im Hintergrund, ist schon mit einem flüchtigen Gruß zufrieden. Die Sekretärinnen stehen in Reihe und schmettern: »Auf Wiedersehen, Herr Präsident.« Doch bei »dersehen« ist er schon sieben Schritte im Flur, neben ihm nur Herr Mayer, sein Fahrer, der als einziger mal wieder die Spurtfähigkeit seines Chefs richtig eingeschätzt hat. Der »Persönliche« hastet hinterher und klärt noch den morgigen Tag betreffende Fragen.

Die beiden Wachmänner am Eingang reißen die Türen auf, als sie die Kohorte anrauschen sehen, und gucken ehrfurchtsvoll. Direkt vor der Tür parkt der große schwarze BMW, alle Türen schon weit geöffnet; Stingl wuchtet sich auf den rechten Vordersitz; ich hechte auf die Rückbank, versuche mir Eindrücke wie Feuerwehreinsatz, Abschußrampe und Hurrikan einzuprägen. Bevor ich mir noch den Schweiß von der Stirn wischen kann, drückt mich der Start fest in die Polster. The star-ship is on the road again. Das Kleinkraftwerk Stingl beginnt jetzt das letzte Drittel seines Arbeitstages. Für die anderen indes ist Feierabend und der Verkehr in Nürnberg ist entsprechend zähflüssig. Herr Mayer fährt forsch. Tempo und Größe des Wagens sorgen dafür, daß die meisten von der linken Fahrspur flüchten. Präsident Stingl nimmt von all dem nicht viel wahr, hat sich bereits in die Unterlagen vertieft, die sein »Persönlicher« ihm in die Hand drückte.

Fünf Minuten später sind wir auf der Autobahn. Herr Mayer drückt lang und fest auf das Gaspedal, die Tachometernadel schnellt auf 200. Dort bleibt sie auch in den nächsten Minuten. Der prominente Fahrgast liest. Wenig später nimmt er die Brille ab, massiert mit Daumen und Zeigefinger die Nasenwurzel. Ist er doch einmal abgespannt? Als er hochschaut, blickt er auf die schemenhaft vorbeihuschenden Autos und die weite grüne Landschaft. Da lächelt er, wendet sich halb zu mir und sagt: »Ja, wir reisen meist mit einer Durchschnittsgeschwindigkeit von 170. Durchschnitt! Sie können sich ja vorstellen, was das heißt. Da muß das ganz schön flitzen, was Herr Mayer?« Der Angesprochene lächelt nur. Herr Mayer lächelt meistens nur, und das auch nur sehr zurückhaltend. Der fast Sechzigjährige, schlank und auf dem gebräunten Kopf noch einige silberweiße Haare, strahlt die Ruhe und Noblesse eines geadelten englischen Butlers aus. Während ich hinten voll damit beschäftigt bin zu verarbeiten, daß wir mit 230 Stundenkilometer über die Betonpiste jagen und mich zwinge, ganz ruhig zu bleiben, sitzt Herr Mayer entspannt und locker auf dem Fahrersitz, hält das Lenkrad wie eine Zeitung und blickt vor sich hin, als schaue er die Tagesschau. Der Herr neben ihm ist längst wieder in sein Akten- und Redenstudium vertieft, und ich konzentriere mich krampfhaft auf die Landschaft, um die Gedanken an platzende Reifen und Lenkungsblockaden zu verdrängen. Doch wie das Kaninchen den Blick der Schlange suche ich natürlich immer wieder den Anblick der grauen Piste vor uns - und, hab' ich's nicht geahnt! Da passiert's! Knappe achtzig Meter vor uns schert ein dahinkriechender weinroter Polo links aus, um einen noch langsameren LKW zu überholen. »Jetzt!« denke ich, atme tief aus, verkrampfe mich und staune, daß ich nicht die Augen zumache. Herr Mayer bewegt sich überhaupt nicht, holt das Schlachtschiff aber irgendwie von 220 auf 90 herunter - und zieht die rechte Augenbraue hoch. Stingl schaut kurz aus dem Manuskript auf, schüttelt leicht den Kopf, macht »Tz, tz, tz« und liest weiter. Schweißgebadet knüpfe ich mein Hemd auf, versuche zu schlucken - geht nicht, trocken wie ein alter Salzsee. Nervös krame ich meinen Notizblock hervor, streiche das mit der Noblesse und dem Butler und kritzele mit zitternden Fingern: hell-driver, pokerface, Wahnsinn!!!«

Irgendwie waren wir dann plötzlich in Bamberg, einem mittelalterlichen Ort, der neuerdings sogar über eine kleine Universität verfügt. Vor einem halben Dutzend Studenten hält der Präsident der Bundesanstalt für Arbeit eine Vorlesung über Arbeitsmarktpolitik und Fördermaßnahmen der Bundesanstalt. Seine Bitte um Fragen und rege Beteiligung bleibt bei den Studiosi ohne Resonanz, er muß referieren, was er in einer bunten Mischung aus Theorie und praktischen Fällen auch tut. Trotzdem wird es nicht aufregender als eine Doppelstunde Lateinunterricht. Draußen taucht die milde Abendsonne alte Gebäude und grün-braune Landschaft in warmes Licht; Natur und Ruhe sind durch die Fenster sichtbar, aber in diesem nüchternen Raum mit den Büromöbeln und dem Kreuz über der Tür nicht spürbar. Eingesperrt oder ausgesperrt, wie auch immer - hier wird gearbeitet, das Schöne bleibt nebenan.

Nach 95 Minuten zurück zu Herrn Mayer, der in der Sonne steht und sogar sein Jackett ausgezogen hat. Zwölf Minuten verbleiben, um zum Großen Vortragssaal der Universität im Stadtinnern zu fahren, wo um 19 Uhr Dr. h.c. Josef Stingl als Gastredner angesagt ist. Während der Fahrt am Stadtrand entlang bietet sich uns ein Bild wie von einem alten holländischen Meister. Links barocke Häuser und Kirchtürme, rechts weite Landschaft, alles in Goldgelb getaucht. Die Luft ist warm und weich. »Mensch, Herr Mayer, ist das ein toller Abend heute, was?« Mayer lächelt und nickt bedächtig. Herr Stingl schaut träumerisch um sich, drückt auf den elektrischen Fensteröffner, Herr Mayer läßt das Schiebedach zurücksurren. Zwei Minuten Luft, Landschaft, gute Laune. In zwei oder drei Stunden, wenn das Tagespensum absolviert ist, wird die Sonne weg sein.

Vor dem Eingang des Vortragsgebäudes stehen schon zwei Dutzend Leute, warten auf das Eintreffen des hohen Gastes. Es sind überwiegend Männer mittleren Alters in grauen und blauen Anzügen, einige wenige Frauen in luftigen bunten Sommerkleidern und der flippige Fotograf des Lokalanzeigers. Der hiesige Arbeitsamtsdirektor und der für die Vortragsreihe verantwortliche Professor eilen zum Wagen, begrüßen den Präsidenten, eskortieren ihn zum Eingang, stellen lokale Größen vor, die sich höflich verbeugen. Shake-hands mit allen, die sich schon dadurch als bedeutend auszeichenen, daß sie wissen, nicht der Vortrag ist wichtig, sondern das Zusammenstehen vorher und das Zusammensein nachher. Prompt erhält der Gast mehrere Einladungen »zum Umtrunk nachher im kleinen Kreis«. Der Arbeitsamtsdirektor setzt sich nach einigem Hin und Her durch, schließlich ist das sein Chef. Während sie noch Small-talk treiben, gehe ich hinein, um mich unters Volk zu mischen. Drinnen sitzen schon 150 Leute, brav, ordentlich und leise. Tout Bamberg est là. Man kennt sich, grüßt sich, maßvoll kopfnickend die Herren, kurz auflächelnd die Damen. Lehrer, Apotheker, ein paar Studenten und Schüler, Kleinunternehmer, Professoren und viele, die angestrengt interessiert gucken. Hier findet heute abend ein großes Ereignis statt. Der Stingl Josef, ja, der aus dem Fernsehen, der tritt heute abend live auf! Für alle, die sich über mehr unterhalten können als über Wetter, Frauen und Autos, ist das natürlich sehr aufregend in so einer Kleinstadt.

Aufgeregt sind auch die einleitenden Worte des Professors, der die »lieben Gäste« begrüßt und den Redner vorstellt als einen »Mann, den man nicht vorzustellen braucht, denn jeder kennt ihn«. Die restlichen Wim Thoelkereifen Auslassungen bekomme ich nicht mit, denn der Arbeitsamtsdirektor hat sich hinter mir niedergelassen und fragt, ob es schon wieder soweit sei, daß man auf ihn aufpassen müsse. Es dauert einige Zeit, bis ich begreife, daß er mich für Stingls neuen Leibwächter und meine Tasche mit dem Tonbandgerät für ein kleines Waffenarsenal hält. Meine Erklärungen beruhigen ihn sichtlich und ich kann mich wieder auf das Geschehen vorne konzentrieren, wo der Einleitende gerade förmlich und wörtlich »nun das Wort übergibt an unseren lieben Gast, den verehrten Herrn Präsidenten Stingl«.

Durch Sichtung unzähliger Fernsehshows weiß das Publikum, daß dies der Moment ist, wo geklatscht werden muß. Gut getimet und wohldosiert setzt der Applaus ein. Leider kommt der Herr Präsident nicht so schnell aus der engen Sitzreihe heraus, so daß sein Auftrittsapplaus als einzigen Adressaten den Begrüßungsredner hat, der ihn prompt auf sich bezieht, glücklich errötet, mehrmals dienert und sich seitdem wohl für den geschliffensten Rhetoriker im fränkischen Ländle hält. Als der Profi-Redner Stingl am Pult anlangt, weiß er zwar nicht, woher die Heiterkeit im Saal rührt, aber er greift sie mit ein paar scherzhaften Bemerkungen gekonnt auf, hat also lehrbuchreif das Publikum entspannt und gepackt, ist nach drei Sätzen schnörkellos beim Thema, mahnt dann abrupt den Ernst des Problems an: »Es geht um Menschen! Und Menschen kann man nicht auf Halde legen!« und läßt darauf, wie immer, die neuesten Zahlen der Arbeitsmarktentwicklung folgen. Fazit: »Das Problem Arbeitslosigkeit wird also immer gravierender.« Kunstpause, langer Blick über die Brillenränder ins Publikum. Da sitzen sie, wohlgenährt, braun gebrannt, chic gekleidet - und schaudern. »Na ja«, sagt er und lächelt plötzlich jungenhaft, »ich kann mich nicht beklagen, dadurch bin ich schließlich so bekannt geworden.« Erleichtertes Lachen überall. Na also, so ernst, daß man sich wirklich die Laune verderben läßt, ist das ja nun alles auch wieder nicht. Klar, zwei Millionen Arbeitslose sind kein Pappenstiel, aber im Grunde geht's uns doch noch gold und selbst die, die's trifft, müssen schließlich nicht hungern. Aufstände hat's auch noch nicht gegeben (Frage: Warum eigentlich nicht? - Antwort: Weil der Stingl Josef die bargeldlose Überweisung des Arbeitslosengeldes eingeführt hat! Zweieinhalb Millionen Menschen, die vierzehntägig Schlange stehen, um ihr Geld abzuholen - das säh' nicht nur schlecht aus, das wäre auch etwas brisant ...).

Die meisten Deutschen nähern sich dem Problem Arbeitslosigkeit heute wie einem Kreuzworträtsel: Es wäre natürlich schön, wenn man die Lösung fände, dann wäre die Welt wieder rund, aber andererseits - es gibt so viele offene Fragen, das raubt uns nicht den Schlaf. Wer sich für einen mündigen Staatsbürger hält, kann sich mit dem Gedanken schmücken, daß er über dieselben Probleme grübelt wie die Staatsspitze. Und daß er genauso schlau ist wie sie, denn die finden ja auch keine Lösung. Also knobeln wir weiter. An einem Abend wie diesem kann man sich Anregungen holen, zeigen wie engagiert man ist - und sich vielleicht sogar noch ein bißchen profilieren in der anschließenden Diskussion.

Bevor der Referent fragt, wie man sich dem Problem grundsätzlich nähern kann, legt er erst einmal dar, was er tut: »Was kann die Arbeitsmarktpolitik tun? Nun, wir können den Politikern vor allem gute Informationen geben, damit sie richtig entscheiden können. Und wir können unser Instrumentarium zum Einsatz bringen, das wie ein Stoßdämpfer wirkt, die schlimmsten sozialen Härtefälle vermeidet und eine noch höhere Zahl von Arbeitslosen verhindert.« Was die Arbeitsämter alles leisten, legt er jetzt lang und breit dar. Die Informationen über den Arbeitsmarkt hat er gleich am Anfang ausgebreitet. Das trägt sicherlich auch dazu bei, daß Arbeitslosigkeit nicht als sonderlich bedrohlich empfunden wird: Das ist keine unbekannte, amorphe Masse, die irgendwo dumpf und latent gefährlich herumstreunt. Nein, der Stingl und seine Leute haben das voll durchleuchtet, die kennen jeden einzelnen von den Brüdern, Schulabschluß, Qualifikation, Kündigungsgrund, Dauer seiner Arbeitslosigkeit, Höhe der Bezüge, Bereitschaft zur Weiterbildung oder Umschulung, Vermittlungschancen und weiß der Teifel was alles. Ja, ja, der Stingl hat das im Griff, das merkt man.

Nachdem das Publikum diesen Eindruck (den es ja schon vorher hatte) jetzt zur Überzeugung ausgebaut hat, kann der Herr Stingl, der flüssig, locker und verständlich spricht, zur großen Preisfrage voranschreiten. Welche Strategien gibt es gegen Arbeitslosigkeit? »Ich möchte hier die beiden wichtigsten ausführen. Da ist an erster Stelle die Wachstumsstrategie und an zweiter Stelle die Strategie der Arbeitszeitverkürzung.« Das läßt mich aufhorchen. Nach der Diskussion mit den IFO-Leuten hätte ich erwartet, daß er die Reihenfolge umkehrt. Aber nein, Josef Stingl beginnt seine Ausführungen mit einer Huldigung des Wachstums. »Die Wachstumsstrategie ist die auch von mir favorisierte. Wir brauchen Investitionen und Innovationen. Das bekommen wir, indem wir die Investitionsfreude stärken und Investition über einen längeren Zeitraum kalkulierbarer machen.« Das sind Sätze aus dem Katechismus der Angebots-Theoretiker. So platt hätte er das im Kreis seiner Experten sicher nicht formuliert, er hatte sich da ja auch bedeutend skeptischer geäußert. Seine Zweifel verheimlicht er nicht, formuliert sie aber sehr moderat: »Ich bin gegen die Verteufelung des Wachstums. Zu glauben, es gäbe kein Wachstum mehr, ist defaitistisch. Ich halte das auch nicht für wahrscheinlich, daß wir demnächst große Wachstumsraten verzeichnen können - aber wir müssen darauf hinarbeiten und nicht in Passivität verharren!«

Das ist nun eine ebenso interessante wie verschlungene Argumentation. Heißt die Erklärung Zweckoptimismus? Eigentlich ist er dazu viel zu sehr Pragmatiker. Verstrickt er sich in Widersprüche? Dazu ist er eigentlich zu intelligent. Leichter fiele die Erklärung, wenn man es nicht rational verstehen will, sondern taktisch. Dieses Glaubensbekenntnis ist Aushängeschild und Eintrittskarte, macht ihn akzeptabel auch in Kreisen, die sonst gar nicht zuhören würden, die er aber ansprechen will und muß, weil sie in dieser Gesellschaft etwas bewirken können, weil sie Macht und Einfluß haben. Keine Sorge, der Stingl Josef ist kein Subversiver, kein U-Boot, kein Unterwanderer. Er ist von Herzen und bis auf die Knochen ein Konservativer. Aber er ist ein intelligenter und lernfähiger Konservativer, der weiß, daß Glaubensbekenntnisse noch keine Patentrezepte sind. Er ist aber auch erfahrener Politiker genug, um zu wissen, daß die besten Vorschläge und Strategien auf taube Ohren stoßen, wenn sie als Teil eines falschen Glaubensbekenntnisses vorgetragen werden. Weiß er das, ahnt er das, oder handelt er da intuitiv?

An dem Punkt bleibt er undurchsichtig, zumindest schwer verständlich, der Josef Stingl, der keiner Kamera ausweicht, kein Mikofon verschmäht, keinen Journalisten fürchtet, der einen Sport daraus macht, sich durchleuchten, ausfragen zu lassen, der schon seit Jahrzehnten Studenten, Mitarbeiter und Journalisten zu sich nach Hause einlädt und immer wieder zu verstehen gibt: Seht her! Ich habe nichts zu verbergen, ich zeige alles, ich sage alles. Vielleicht ist das alles für ihn gar kein Problem; wahrscheinlich sieht er in seinen Ausführungen gar keinen Widerspruch, sondern versteht sie als Ausdruck von Offenheit und Pluralität.

Das, was ich als Pflichtübung empfand, dauerte in Bamberg fünf Minuten. Dann kam der bewunderte Gastredner auf die zweite Strategie zu sprechen, die Arbeitszeitverkürzung. Und da hatte er Zeit, viel Zeit. »Bis Ende der achtziger Jahre werden noch zusätzlich eine Million Menschen auf den Arbeitsmarkt drängen. Das ist eine logische Folge der demographischen Entwicklung unserer Bevölkerung. Um die alle mit Arbeit zu versehen, reicht die Wachstumsstrategie alleine natürlich nicht aus.« Er geht zurück in die Geschichte, verweist auf frühere Arbeitszeitverkürzungen, erklärt den Zusammenhang von Produktivitätsfortschritten und Arbeitszeitverkürzungen, geht auf technische Schwierigkeiten der Rentenfinanzierung ein, widerlegt Behauptungen, Arbeitszeitverkürzungen seien nicht zu finanzieren und führten zu noch mehr Arbeitslosigkeit, referiert die verschiedenen Möglichkeiten, wie Arbeitszeit verkürzt werden kann. Dann: »Viel stärkere Beachtung sollte der Döding-Plan finden. Herr Döding hat vorgeschlagen, Arbeitnehmern mit 58 Jahren freizustellen, ob sie aus dem Erwerbsleben ausscheiden wollen. Wer das macht, bekommt in der Zeitspanne bis zum offiziellen Rentenalter 75 Prozent seines Nettolohnes, wovon die Bundesanstalt für Arbeit zwei Drittel aufbringt. Das halte ich für einen sehr guten Vorschlag. Es ist menschlicher, einem 58 oder 60jährigen früher Rente zu zahlen als einem 20jährigen Arbeitslosengeld.«

Applaus und Klopfen an einigen Stellen im Saal. Stingl überzeugt nicht nur, er reißt auch mit. Zwar blickt er hin und wieder auf seine roten DIN A 5-Blätter, aber häufig spricht er direkt und impulsiv ins Publikum. So dynamisch wie jetzt, gegen 20 Uhr, habe ich ihn den ganzen Tag noch nicht erlebt. »Eine andere, sehr interessante Variante hat die DAG vorgelegt: Senkung des Rentenalters auf 60 und für die Zeit zwischen dem 60. und 65. Lebensjahr 7,5 Prozent weniger Rente. Dann müßte man zwar die Rentenbeiträge um anderthalb Prozentpunkte erhöhen, aber andererseits könnten wir die Beiträge für die Bundesanstalt, also die Arbeitslosenversicherung, wie das früher hieß, um ein halbes Prozent senken, weil wir dann beträchtlich weniger Arbeitslose unterhalten müßten. Wir haben ausgerechnet, daß etwa die Hälfte der durch die frühere Pensionierung freigewordenen Arbeitsplätze sofort neu besetzt würde.« Er erläutert das noch weiter, rechnet vor, führt mögliche Modifikationen an, bis er die Zuhörer da hat, wo er sie hinhaben will: Sie haben begriffen, daß so etwas machbar, umsetzbar, finanzierbar und regelbar ist, »Glauben Sie nicht, daß das reine Theorie ist. Die Resonanz auf diese Modelle ist größer als allgemein angenommen wird. Viele Betriebsvereinbarungen zielen in diese Richtung. Die Verbände tönen zwar, das sei alles unmöglich, aber auf Betriebsebene wird's schon angegangen.«

Er mutet seinen Hörern aber noch mehr zu: Er wehre sich auch gegen die Behauptung, daß die Verkürzung der Wochenarbeitszeit keine beschäftigungspolitischen Folgen habe. Die Teilzeitarbeit erst! Da liege ein ungeheuer großes Potential. »Zwischen 1976 und 1982 , als die Zahl der Arbeitslosen immer höher stieg, da hat sich die Zahl der Teilzeitarbeitsstellen versechsfacht! Da gibt es in den Betrieben ganz offensichtlich einen Bedarf und und bei den Arbeitnehmern auch eine große Nachfrage. Wenn die Regelungen da, vor allem im Beamtenrecht, flexibler wären, könnte vielen Arbeitslosen geholfen werden.« Die starren Regelungen, die unflexiblen Verordnungen und Vorschriften, der Mangel an Kreativität bei der Suche nach neuen Wegen, das ärgert ihn mächtig, dagegen redet er an, offensichtlich auch gegen die Sperren im Kopf, so etwas von vornherein für unmöglich zu halten. »Ich habe ja vor einiger Zeit auch einmal einen unkonventionellen Vorschlag in die Diskussion eingebracht, nämlich das freie Jahr in der Lebensmitte. In unserem Institut hatten wir überlegt und gerechnet, wie das zu machen wäre und hatten auch Mittel und Wege gefunden. Als ich diesen Vorschlag dann einmal in einer Rede, die im Fernsehen übertragen wurde, öffentlich machte, gab es eine sehr interessante Reaktion: Die einen schrieben mir: 'Du bist der größte Idiot auf Gottes Erdboden, das kann doch nie und nimmer klappen!' Andere schrieben: 'Danke, daß Sie auf diese Möglichkeit aufmerksam gemacht haben. In welchem Gesetz steht das?' Das war nun wieder die typisch deutsche Gründlichkeit, die Sucht nach hundertprozentigen Lösungen. Keiner hat gesagt: 'Gute Idee, laß uns mal überlegen, wie man das realisieren kann.' Da war von vornherein nur Pro und Contra.«

Man merkt ihm an, daß er diese Geschichte nicht um des Gags willen erzählt, sondern weil ihn solche Geisteshaltungen einfach auf die Palme bringen - übertragen gesprochen. Konkret bringt ihn das heute nach Bamberg, morgen nach Würzburg und München, übermorgen nach Köln, Bonn und Düsseldorf, um den Leuten die Bretter vom Kopf zu reißen, um die trägen Geister in Schwung zu bringen. Mit leiser, eindringlicher Stimme zieht er sein Fazit: »Wir können ein bißchen Optimismus haben, aber es bedarf großer politischer Anstrengungen.« Und: »Wir müssen uns alle ein Stück Verzicht zumuten - im Interesse des Gemeinwohls.« Nach zehn Sekunden betroffener Stille setzt ein langer starker Applaus ein. Die Bamberger sind ergriffen, wie die Polen nach der Papst-Reise. Wie lange hält das vor?

Der schon einleitend aktiv gewordene Professor stolziert wieder nach vorn und dankt dem Herrn Präsidenten Stingl in Worten, die zwar ihn selbst sicherlich bewegen, doch sonst niemanden im Auditorium. Unter den dort Versammelten sitzen nämlich etliche, die schon sehnsüchtig auf das warten, was seit der Studentenbewegung selbst auf Apothekertagen zum Ritual geworden ist: die Aussprache nach dem Vortrag, die Diskussion. Wie ein Zeremonienmeister eine Schiffstaufe, so inszeniert der Ordinarius nun die Freigabe des Rings für die Öffentlichkeit: »Ich eröffne hiermit die Diskussion und bitte um Wortmeldungen.« Natürlich schießen keine Hände nach oben, denn hier sitzen schließlich keine Erstklässler, sondern Honoratioren der Stadt Bamberg, Studenten, die wissen, daß ihr Professor anwesend ist, Gymnasiasten, die ihre Reife schon vor dem entsprechenden Zeugnis darlegen wollen. So vergeht eine Schamfrist von dreißig Sekunden; lange genug, um den Eindruck zu erwecken, man lasse Revue passieren und stoße dabei auf eine Frage; lange genug, um den einsam vor den Reihen stehenden Professor nervös auflächeln und die Hände kneten zu lassen. Dann auf einmal schießen acht Finger gleichzeitig hoch, was den Diskussionsleiter sichtlich irritiert und überfordert - und ahnen läßt, daß einige sich da schon vorher etwas vorgenommen haben.

Ein zwanzigjähriger Student darf beginnen. Aufgeregt und stockend ruft er, er möchte noch einmal auf die von Herrn Stingl im ersten Teil seiner

Rede gemachten Ausführungen zur Konjunkturbelebung eingehen. »Ich meine, der Vorschlag, die Wirtschaft zu beleben, indem man auf Wachstum setzt, und das ermöglichen will, indem man Investitionen fördert, ja also, ich meine, das ist doch reine Angebots-Theorie, und da glaube ich nicht, daß das wirklich sinnvoll ist und funktioniert.« Er stockt. Im Grunde ist er ja schon am Ende. Aber eigentlich sollte er ja etwas fragen oder eine Diskussion anregen - und so hängt er hilflos die Frage an: »Glauben Sie denn wirklich, daß das der richtige Weg ist?« Der Gast aus Nürnberg, jetzt in ganzer Leibesfülle neben dem Rednerpult sichtbar, antwortet direkt, schaut den jungen Mann besorgt an wie der Onkel Doktor den spritzenverweigernden Patienten und sagt eindringlich: »Ja, aber unbedingt! Wir brauchen Investitionen. Die Politiker müssen die Rahmenbedingungen dafür schaffen und die Unternehmer müssen dann auch wirklich investieren.« Dann betet er das ganze konservative Credo herunter. Aber so eindringlich, daß der Student nicht mehr aufmuckt und die nächste Wortmeldung abgerufen werden kann.

Es meldet sich ein knapp Fünfzigjähriger, Anzug, Krawatte, Brille, Fassonschnitt. »Herr Präsident Stingl, Sie haben gerade gesagt, die Unternehmer müssen investieren. Aber wie kann ein Unternehmer denn investieren, wenn der Absatz stockt? Wer als Unternehmer heute, bei der schlechten Ertragslage, investiert, der ist doch nur noch schneller Pleite. Als Unternehmer muß ich doch verkaufen können. Deshalb brauchen wir doch ganz dringend mehr Nachfrage; da liegt doch die Crux.« Wunderbar, denke ich, jetzt haben wir in feinster Ausgewogenheit auch den Standpunkt der Nachfrage-Theoretiker präsentiert bekommen, wahrscheinlich vom leibhaftigen SPD-Vorsitzenden der alten Bischofsstadt. Während Stingl recht allgemein antwortet, erkundige ich mich bei meinem Hinterbänkler, wer dieser Herr sei. »Ach, das ist hier so'n Unternehmer mit 'nem mittelgroßen Betrieb. Zweihundert Angestellte oder so. Macht Verpackungen und Verschlüsse, Tuben, Deckel und so'n Zeug.« Mir fällt die Kinnlade herunter, denn wenn die Lehrbuch-Weisheiten stimmen, steht hier die Welt auf dem Kopf. Ein Unternehmer, der zugunsten der Nachfrage-Theorie argumentiert, das kann nicht sein, das darf nicht sein.

Stingl spricht vorne von den Pflichten der Unternehmer, »denn Unternehmer sein, das ist nicht nur Freiheit, das ist auch Verantwortung.« Und als Unternehmer könne man eben nicht nur investieren, wenn es einfach sei, sondern man müsse auch ein Risiko tragen. Der Tubenfabrikant, den ich noch immer fixiere wie ein Wesen aus einer anderen Welt, guckt ziemlich perplex angesichts dieser Lektion in unternehmerischen Pflichten. »Alles sehr merkwürdig«, murmelte ich vor mich hin, sitztechnisch noch dem Arbeitsamtschef zugewandt. Der meint, mir das erläutern zu nüssen: »Ja, ja, die Unternehmer heute, die scheuen doch alle das Risiko, die wollen heutzutage genauso viel Sicherheit wie die Beamten!« Gemessen an der Comic-Strip-Dramaturgie sonstiger politischer Auftritte, wo die Gut/Böse-Rollenverteilung abgesprochen ist wie beim Catchen, schlägt die Realität hier Purzelbäume. Die unternehmerfreundlichen Angebots-Theoretiker betreiben Unternehmerschelte, weil die realen Unternehmer sich nicht so verhalten wie die Unternehmer ihrer Theorie. In seiner ganzen Verzweiflung und Seelennot ruft der Tubenproduzent nun unangemeldet dazwischen: »Aber sagen Sie mir doch bitte mal, wieso ich investieren soll und wo und wovon, wenn ich jetzt schon nur noch mit halber Kapazität arbeite. Das wär' doch mein Ruin!« Stingl schlagfertig. »Sie müssen ja nicht erweitern, Sie können ja innovativ sein, neue Fertigungstechniken einsetzen und sich so Wettbewerbsvorteile verschaffen.« Der so Beratene schüttelt den Kopf und sagt halblaut: »Dann müßt' ich ja noch mehr Leute entlassen.« Das hören indes nur noch die Umsitzenden.

Der Diskussionsleiter hat das Wort bereits weitergegeben. Ein neuer Akteur betritt die Rednerbühne: Etwa dreißig, modischer Sommer-Anzug mit Krawatte, scharf geschnittenes, aber sorgloses Gesicht. »Wir sollten, wenn wir von Unternehmen sprechen, die von Schumpeter eingeführte Unterscheidung von innovativen und imitierenden Unternehmen verwenden. Heute wollen die meisten Unternehmer nur noch imitieren, zur Innovation fehlt der Mut. Wir leben aber in einer Zeit des Wandels, und da werden nur diejenigen bestehen können, die innovativ sind.« Markige Worte. Meine Vermutung, der Assistent der wirtschaftswissenschaftlichen Fakultät habe seinen belesenen Geist aufblitzen lassen, erweist sich als Treffer. Gemessen an der Zustimmung, die er von Präsident Stingl und einigen anderen distinguierten Herren in der ersten Reihe erfährt, wird er es noch weit bringen. Gemessen am Gesichtsausdruck des Verschlußkappen-Produzenten ist er ein weltfremder Irrer. Gemessen an einem alten westfälischen Sprichwort, demzufolge jeder Topf seinen Deckel findet, haben der Assistent und Josef Schumpeter zumindest Recht, was innovative Topfhersteller angeht. Die werden sicherlich sowohl Käufer als auch Deckel-Lieferanten finden. Was aber macht der drei Reihen hinter mir sitzende badische Kappen- und Deckelproduzent, der, wie mehr als die Hälfte aller klein- und mittelständischen Unternehmen, ein Zulieferer ist? Wo findet dessen Deckel einen Topf? Wen beliefert der, wenn sein mühsam aufgebauter Kundenstamm auch unter der Konjunkturflaute leidet, nichts absetzen kann und deshalb bei ihm nichts nachfragt? Das ewige Verweisen der Theoretiker auf die expandierende Elektronikindustrie nützt denen wenig, die Margarine, Schnürsenkel oder Wasserhähne herstellen. Das wird aber immer die Mehrzahl der Unternehmer sein - und die können sich nicht selbst Märkte aufbauen.

Die Wirtschaftswissenschaften stehen heute offensichtlich da, wo die Theologie vor der Reformation stand: das Glaubensbekenntnis oft und laut zu wiederholen, reicht aus, um in den Himmel zu kommen. Einen besonderen Heiligenschein erhält am Tag des Jüngsten Gerichts sicherlich der Bamberger

Assistent, der nach einigen Beiträgen zur Wirtschaftspolitik ausführte: »Ganz so einfach, wie viele es sich hier machen wollen, ist das leider nicht, denn schließlich müssen wir auch die weltwirtschaftlichen Rahmenbedingungen und das Wechselkursgefüge beachten. Die Struktur der internationalen Konkurrenz, der Innnovationsdruck, der säkulare Produktivitätsfortschritt und der binnenwirtschaftliche Strukturwandel bilden ein System von interdependenten Variablen, das unser Potential bezüglich Lohnerhöhung und staatlicher Nachfrageaufblähung ziemlich restriktiv determiniert.« Dem war erstmal nichts hinzuzufügen und die Diskussion wurde nach dieser erschöpfenden Kontroverse über den richtigen Weg aus der Krise flach und sprunghaft. Da holten sich alle die ihr Demokratieerlebnis, die sonst nie zu Wort kommen, da meldeten sich alle die zu Wort, die nachher wochenlang erzählten, sie hätten dem Herrn Stingl, ja dem aus dem Fernsehen, dem hätten sie mal richtig die Meinung gesagt. Kostprobe: »Müßte man nicht auch die Bevölkerungsentwicklung, hier und überall, mit einbeziehen in die Überlegung?« Antwort Stingl, im Brustton tiefster Überzeugung: »Aber ja, unbedingt. Auch das ist ein ganz wichtiger Aspekt.«

Nach einer guten halben Stunde sind alle so befriedigt, angeregt, irritiert oder verärgert, wie sie es sich erhofft hatten. Der alles leitende Professor spricht ein hymnisches Schlußwort, überreicht dem verehrten Gast einen Bildband und entläßt alle mit den besten Wünschen »in diesen schönen Sommerabend.« Präsident Stingl braust unter der Obhut von Herrn Mayer zurück nach Nürnberg. In Bamberg kehrt wieder der Alltag ein. Eine heile Welt - in der einiges auf dem Kopf steht.

Einfältige Jäger und schnelle Mäuse

Die Pizza war zäh, der Valpolicella bitter und ein Steak unerschwinglich. Als mein Backenzahn das Senfkorn in der Salamischeibe traf, kam mit dem bitteren Geschmack der klare Entschluß: Das muß anders werden. Geld muß her, viel und möglichst schnell. Kein Problem, dem Tüchigen gehört die Welt! Die abstrakte Erkenntnis war präsent, die Idee zur konkreten Umsetzung kam beim Capuccino. Stellenangebote stehen in jeder Boulevardzeitung: Viel Geld für einfache Arbeiten mit freundlichen Kollegen - an tüchtige Mitarbeiter. Genau das Richtige für mich. Die Arbeitslosenzahlen schnellen nach oben, die Konjunktur kriselt, doch was will das schon heißen? Wer die Anzeigenseite einer Zeitung aufschlägt, erfährt, daß noch immer alles drin ist, das Rennen um den großen Preis geht weiter.

Einsteiger, Aufsteiger, Abfahrer, flexible und engagierte Männer, redegewandte und zuverlässige junge Frauen, fleißige junge Deutsche und tatkräftige, ideenreiche Mitarbeiter können noch immer - so steht es dort schwarz auf weiß, kursiv oder gesperrt, aber immer in Fettdruck und mit Ausrufezeichen - eine goldene Nase verdienen. Bei gesundem Menschenverstand und entsprechendem Leistungswillen erhält man interessante Chancen, eigenverantwortliche Tätigkeiten, ausgezeichnete Verdienstmöglichkeiten, Spitzengehälter. Ob Nebenverdienst oder neuer Hauptberuf, die Tausender fliegen den cleveren, entscheidungsfreudigen Damen und Herren (»Ab morgen können Sie unser Mitarbeiter sein«) gleich dutzendweise zu. Gehälter, für die andere schuften oder lange Schreibtischkarrieren absolvieren müssen, können hier allein durch schnellen Zugriff erworben werden.

Als ich die Anzeige sah, war ich dann doch skeptisch, aber die Neugier, mal einen Blick in die Unter- oder Halbwelt zu tun, siegte. Da stand nichts von »bis zu ... D-Mark möglich«, nichts von Provision, Prämien oder Anteilen.

Da stand: »1100 Mark monatliches Einkommen für wöchentlich 4 Stunden Mitarbeit.« Vier Stunden mal vier Wochen bei 1100 Mark Monatsverdienst, das macht einen Stundensatz von 68 Mark 75, sagte mein Taschenrechner. Vielleicht doch nichts Illegales? Aber wahrscheinlich was mit Schweinerei.

»Montagsruf ab 9.30 Uhr«. Humane Zeit, merkwürdige Sprache. Leute, die wissen, wie man Geld macht, sprechen eben Telegrammstil. Bis zwanzig nach elf besetzt. Entweder ist der Laden schon aufgeflogen, oder ich bin nicht der einzige, der unkompliziert Knete machen will. Um halb vier klappt's. »Tach, ich bin interessiert, was machen Sie denn?« »Darf ich Sie zunächst einmal zwei Dinge fragen: Wie alt sind Sie und was machen Sie zur Zeit beruflich?« Gar nicht dumm, läßt nicht sofort die Katze aus dem Sack. Also laß' ich ein paar Reizworte los aus der Vergangenheit, Firmennamen, Job-Titel und ähnlich Dekoratives. Es wirkt. Er sagt zumindest einmal, worum es geht. Die KAVB, die Kapitalanlage- und Vermögensberatungs-GmbH, sucht Leute für die Kundenberatung. Verdienst auf Provisionsbasis. Also doch akquirieren, Klinkenputzen, Leute anquatschen, die gar nicht angequatscht werden wollen, die allen Grund haben, dir bösen Auges die Tür ins Gesicht zu pfeffern. »Könnte Sie das interessieren?« Ich werd's mir überlegen. »Sie können ja mal vorbeischaun, Merlesheimer 48.«

Am nächsten Nachmittag stehe ich vor der 48, einem Hochhaus mit breitem Glaseingang. Links und rechts Firmennamen auf großen Metallplatten. Allianz, Melitta, DeTeWe, CDU. Sind also doch keine kriminellen Geier, sind wohl ganz normale Geier. KAVB steht draußen nicht. Drinnen gibt's keine Wegweiser, der Schreibtisch des Pförtners ist verwaist. Im Aufzug nichts. Also Scheinfirma, doch kriminelle Geier. Der Kontrollblick im anderen Aufzug zeigt indes eine beeindruckende Messingplatte mit seriösen Lettern: KAVB, Landesdirektion, Achter Stock. Dort sind die Messingplatten seitlich der Tür schon groß wie Werbeposter. Eine Sekretärin läßt mich ein und im Flur Platz nehmen. Fünf Männer stehen weiter hinten und unterhalten sich; alle um die 30, einige mit Bauchansatz, unter modischen Hemden verpackt. Sie tragen durchweg Stoffhosen mit Bügelfalte. Irgendwas irritiert mich - da passiert gleich was. Es passiert aber nichts, die stehen wirklich nur rum. Das ist es: sie hängen eben nicht rum. Jeder steht sprintbereit, verfolgt aufmerksam das Gequatsche. Antworten und Stichworte kommen schnell. Aber kein Lachen. Die Situation ist locker und doch nicht entspannt.

Hinten rechts zwei halboffene Türen. In beiden Zimmern eine Fototapete: Palmen am Strand bei Sonnuntergang, alles gelb-braun-rot. In einem der Zimmer wirft sich jemand schwungvoll in sein Jackett, zieht den Krawattenknoten fest - und kommt auf mich zu. »Sind Sie das wegen der Anzeige?« Als ich mit dem Kopf nicke und brumme, weicht alles Fragend-Zurückhaltende von ihm und er strahlt und überschwemmt mich geradezu mit Herzlichkeit und optimistischem Schwung. Im Zimmer darf ich auf dem Besucherstuhl Platz nehmen, er flitzt um den Schreibtisch und fühlt sich sichtbar wohl, als er, auf dem natürlich höheren Sessel sitzend, zu einem der vielen silbernen Kulis greifen und loslegen kann. »Also, wir sind die KAVB, eine große Kapitalanlageberatungsfirma, wir vertreten unter anderem den Deutschen Ring, die Iduna, die Allianz, die Deutsche Bank, die Hinz und Kunz und den Was-weiß-ich, wir beraten dumdumdum und wir vermitteln damdamdam.« Die Namen wirbeln mir um den Kopf, nach fünf Minuten hat er seine Firma in bunten, prägnanten Stichworten beschrieben, aber meine Hauptfrage ist immer noch unklar: »Also Kundenberatung, das Erklären von Anlagemöglichkeiten, das ist interessant. Aber wenn es darum geht, Kunden neu zu akquirieren - das ist sicherlich nicht meine Stärke.« »Keine Angst, Sie müssen nicht Klinkenputzen, Hochhaus rauf und runter. Wir sprechen nur Leute an, über die wir schon Informationen haben.« Na gut. Was ist also zu tun? Aber er war noch gar nicht fertig, das war nur eine Kunstpause. »Natürlich verkaufen wir den Kunden etwas, das ist ja unsere Aufgabe;dazu müssen wir sie ansprechen. Vom Verkaufen der Verträge leben wir ja, dafür bekommen Sie die Provision. Und da kommen Sie leicht auf zwei- bis dreitausend Mark im Monat - wenn Sie sich ein bißchen clever anstellen, sind auch zehn- bis fünfzehntausend drin!« Du Pfiffikus, locker in die Kurve, aus Nein mach Ja und den Protest schnell aufgefangen mit dem Hinweis auf das große Geld. Nicht schlecht gemacht, aber eben doch nicht mein Job. Die Runzeln auf meiner Stirn geben ihm Auskunft über meine Einstellung. Er setzt sofort nach. »Wissen Sie, das Ansprechen von Leuten ist doch nichts schlimmes, das ist doch nur eine Frage der Hemmschwelle. Warum? Man sucht das Gespräch und dann sieht man weiter. Außerdem kann man das lernen, machen wir hier alles, Verkaufstraining, Rollenspiel, Gesprächssimulation, auch auf Video, macht auch Spaß. Die Hemmschwelle ist irrational.«

Ich ringe eine Zeitlang mit meiner Hemmschwelle. Die Erinnerung an die zähe Pizza gibt den Ausschlag. Der Typ ißt bestimmt keine Pizza. Anzug modisch-dezent, Haare föhngetrocknet-lockerfallend-mittellang - das kann alles nicht darüber wegtäuschen, daß er der Hellste eigentlich nicht ist. Aber der ißt bestimmt Steak, sooft er will. Okay, Donnerstag erste Schulungssitzung.

Donnerstagabend, zehn vor sieben; ich habe mein Rostauto in gebührendem Abstand geparkt. Vor der 48 sehe ich bereits vier Leute vor der verschlossenen Tür stehen. Nacheinander rüttelt jeder am Türgriff, bis sie schließlich überzeugt sind, daß das Ding wirklich zu ist. Als ich näherkomme, hat ein älterer Anzug-Typ den Genieblitz, nach einem Hintereingang zu suchen; der Rest trottet hinterher. Vom Hofparkplatz führt tatsächlich eine Tür in die Eingangshalle. Da steht ein Mittzwanziger, dunkler Nadelstreifenanzug, Weste, dunkle Krawatte, Milchbubigesicht, KAVB-Plakette am Revers, inmitten einer buntgemischten Truppe. Ein bärtiger Student in Jeans und Friesenhemd, ein pomadiger Mittvierziger in einem Fünfziger-Jahre-Anzug, ein Pferdeschwanzmädchen in hautengen Cordhosen, von einer süßen Parfümwolke umgeben, ein Noch-nicht-Zwanziger im schwarzen Nadelstreifen-Jackett mit silbener Krawatte und fünfzig hellen Härchen auf der Oberlippe sowie ein halbes Dutzend hochgradig unauffälliger Normalbürger umscharen den stolz auf den Fußspitzen wippenden Anlageexperten. Als das Dutzend voll ist, führt er uns nach oben. Dort dominiert die Krawattenfraktion. Alles staut sich im Flur, weil natürlich erst die Namen notiert werden; dann erst dürfen wir in das große Tagungszimmer, wo schon zwanzig andere sitzen und jeden Neuankömmling anstarren wie eine Geistererscheinung. Langweilig aussehende Bürofräuleins, in den Mittdreißigern, schick, bis auf eine alle übergewichtig und gesichtslos, dominieren die Szene. Dazwischen ein junger rotblonder Vollbart im grünen Cordanzug, neben sich auf dem Stuhl eine platte Segeltuchtasche, in der er umständlich wühlt und nacheinander Schreibblock, Kugelschreiber, Tabakdose, Pfeifenstopfer, Feuerzeug und eine Ledertasche auspackt, aus der er eine Pfeife nimmt. Ritualhaft beginnt er die Pfeife zu stopfen. Der schmale Tisch vor ihm ist bereits ein stilvolles Chaos.

Langsam füllt sich der Raum. Junge, Alte, Modische, Unauffällige, Freakige. Von Hausbesetzer bis Makler ist hier alles vertreten. Siebzig Leute auf der Suche nach dem schnellen Geld, schweigend bemüht, keinen schlechten Eindruck zu machen, wenn man schon keinen guten machen kann.

In den letzten Reihen wird geflüstert. Vorne links hat einer die Flasche Mineralwasser geöffnet, die auf allen Tischen steht. Das Zischen hat eine befreiende Wirkung, jetzt zischt es plötzlich überall. Das Rumgucken lohnt sich wieder, die meisten trinken jetzt, einige schüchtern, andere schnell. Ich bin gespannt, wann der erste die Flasche von den schmalen Tischen schiebt. Passiert aber nicht, Gestikulationen stehen heute nicht auf dem Programm.

Zwanzig nach sieben tippelt ein schmales Blondinchen in Weiß, Schreibblock unter dem Arm, auf hohen Absätzen, lächelnd, vor der ersten Reihe entlang, gefolgt von einem stattlichen, fast bulligen Mittdreißiger, leicht gebräuntes Gesicht, heller, leichter Anzug, helle Krawatte, kurze Haare, harter Blick. Der blonde Bubikopf setzt sich in die Ecke und zückt einen Kuli, immer noch lächelnd. Der Chef drückt das Kreuz durch, blickt einmal in die Runde und legt los.

»Wess ist mein Name, ich bin der Landesdirektor der KAVB und heiße Sie hier in der Landesdirektion Berlin der KAVB willkommen. Ich werde Ihnen heute abend zeigen, was die KAVB ist, was wir machen und - was *Sie* machen können, denn dazu sind Sie ja hier.« Er redet schnell, macht abrupt Pausen, in denen er jedesmal einen aus dem Publikum anschaut. »Wir sind Finanzkaufleute und wir werden Sie zu Finanzberatern ausbilden. Das ist unser Geschäft und das ist Ihre Chance, Geld zu verdienen - viel Geld zu verdienen, und das wollen Sie doch, Geld verdienen, Herr ..., darf ich mal nach Ihrem Namen fragen - wie? Nowack? Herr Nowack, wollen Sie gerne viel Geld verdienen, ja? Wir zeigen Ihnen wie man das macht.« Der Overhead-Projektor projiziert die Firmenstruktur. Die KAVB im Zentrum, sternförmig darum Deutsche Bank, Deutscher Ring, Iduna, Allianz, Investmentfonds usw. Erstklassige Namen, alles Partner der KAVB. »Wir sind nicht an eine Firma gebunden, das ist unser Vorteil und unsere Chance. Wir müssen nicht etwas verkaufen. Wir verkaufen alles, was der Kunde will - nachdem wir ihn beraten haben, ihm gezeigt haben, was möglich ist. Er kann dann selbst aussuchen. Ist das ein faires Angebot, ja? Ja und ob das fair ist, und glauben Sie, daß wir damit Erfolg haben, Frau..., Frau...? Frau Donner? Ja und ob wir damit Erfolg haben, denn wir zeigen unseren Kunden die besten Möglichkeiten, ihr Geld zu vermehren.« Nach zwei Stunden spricht er zehn Leute regelmäßig mit Namen an, immer wieder. Ab und zu auch Fragen an alle, dann will er ein lautes Ja hören; ist es ihm nicht laut genug, fragt er noch einmal. Wie ein Show-Profi: Do you feel alright? Yeaaah! Einige kommen langsam in Stimmung, anderen sieht man an, daß sie sich fehl am Platz fühlen. Aber es sind wenige.

Die KAVB ist Generalagentur für die gezeigten Firmen, sie beschafft die Kunden. Der Berater kassiert bei Vertragsabschluß von der vermittelten Firma direkt eine Provision, für die KAVB fällt am Rande etwas ab. Jeder Berater ist selbständiger Unternehmer innerhalb der KAVB. Dann kommt er zum eigentlichen Thema: Wie sieht die Arbeit aus?

»Sie müssen mit dem Kunden reden, Sie müssen ihn beraten - und Sie müssen natürlich auch verkaufen, denn davon leben Sie ja, und davon leben wir auch. Haben Sie keine Angst, einen Kunden anzusprechen. Würden Sie sich von jemandem ansprechen lassen, der ihnen objektiv beweisen kann, wie Sie ihr Geld verdoppeln können? Ja? Na klar! Wenn wir sie ausgebildet haben, können Sie jedem erklären, wie er mehr aus seinem Geld machen kann. Meinen Sie, Sie könnten mit diesem Wissen jemanden ansprechen, meinen Sie, Sie finden jemand, der Interesse hat Ihnen zuzuhören, wie er sein Geld verdoppeln kann? Wer glaubt, daß es niemanden gibt, der mehr Geld haben will? Was? Alle wollen mehr Geld haben, alle! Wenn Sie wissen, wie das geht, glauben Sie, der hört Ihnen zu, Herr Geibert? Und ob der Ihnen zuhört. Und warum? Weil er ein Egoist ist. Wir sind nämlich alle Egoisten. Sind Sie ein Egoist, Herr Nowack?« Nowack nickt irritiert lächelnd. »Na klar sind Sie ein Egoist, ich bin ja auch ein Egoist, und Sie und Sie und Sie. Wenn es um mein Geld geht, dann kriege ich solche Ohren.« Seine Hände holen weit aus. »Und das ist bei jedem so. Mehr Geld, dafür kriegt man nämlich all diese schönen Sachen, die es gibt. Das will jeder. Und das sind alles ihre Kunden. Wenn wir Ihnen die Informationen geben, was man mit Geld alles machen kann, um möglichst schnell mehr davon zu bekommen, meinen Sie, Sie finden jemand, mit dem Sie darüber reden können, der Ihnen zuhört? Ja? Wer glaubt, daß er niemanden findet? Was? Niemand? Herr Geibert, wieviele Leute könnten Sie mir nennen, die Ihnen zuhören wollen, wenn Sie erklären, wie Sie Ihr Geld in zehn Jahren verdoppeln können? - Fünf? Zehn? Zwanzig?« Geibert zögert. »Na ja, im Prinzip alle...« »Herr Geibert, fünf, zehn, fünfzig?« »Na, zwanzig, dreißig, denk ich...« »Herr Geibert will dreißig Leute dafür interessieren, ihr Geld zu verdoppeln. Wieviel schaffen Sie, Frau Donner? Was? Sechzig! Wer schafft mehr als sechzig?« Hinten schlägt die Euphorie Wellen. »Hunderte!« »Mensch, alle, jeden.« »Tausend!« Wess gebietet Ruhe. »Dafür können Sie jeden interessieren.« Pause. Er blickt in die Runde und fährt sehr viel leiser fort: »Meine Damen und Herren, wir zeigen Ihnen, wie Sie das machen.«

Um mich herum glänzende Augen und rote Backen. Nowack, der heute abend am häufigsten direkt angesprochen wurde, zieht in kurzen Abständen an seiner Zigarette; er bemüht sich, nicht aufgeregt zu wirken, aber die beiden Hände, mit denen er die Zigarette dicht vorm Mund hält, sind verkrampft.

»Drei Dinge müssen Sie können« fährt Wess fort, »Sie müssen den Kontakt zu einem anderen Menschen herstellen, Sie müssen ihn interessieren für Ihre Angebote, und Sie müssen einen Termin mit ihm vereinbaren, wo Sie ihm dann, dann, sage ich, nicht vorher, die Informationen geben, was er tun kann oder soll. Sie müssen vor allem zunächst mal den Kontakt herstellen. Wenn ich Ihnen ein gutes Angebot gebe, dann können Sie auch Kontakte machen. - Und ich gebe Ihnen ein gutes Angebot.« Er gibt wirklich gute Angebote, und wie er sie gibt. Er schreibt Zahlen an die Tafel, zieht zusammen, ergänzt staatliche Leistungen, Zinssätze, Steuerabzüge, wischt alles weg, läßt nur Einzahlung und Leistung stehen, verunsichert. »Glauben Sie wirklich, sowas wäre möglich?«, fängt Zweifel wieder auf, irritiert erneut, beruhigt, bekräftigt, versichert, beweist nochmal durch Rechnungen, zum Schluß wissen wir alle: dieser Mann ist ein Zauberkünstler, aber seriös. Der macht legal aus einer Mark tausend. Dann wischt er wieder alles weg, läßt nur zwei Zahlen stehen: für monatlich 10 DM erhalten sie in 12 Jahren 10.000 DM. Und der Jahrmarkt geht wieder los: »Wieviel Leute können Sie für dieses Angebot interessieren? Wieviel Kontakte machen Sie, wieviele Termine vereinbaren Sie?« Wie bei einer Auktion jagen die Zahlen nach oben, der erste, der fünfzig sagt, muß nach vorne kommen und es ihm in die Hand versprechen. In den hinteren Reihen sind schon einige besoffen vor Glück, wühlen geistig schon in den Millionen; sobald das hier vorbei ist, wird telefoniert. Die ersten potentiellen Kunden werden heute nacht noch angesprochen.

Langsam wird die Angelegenheit durchschaubarer. Die KAVB braucht neue Kunden. Wie kommt man an sie heran? Schwieriges Problem. Also läßt man die Kunden zu sich kommen, bietet ihnen einen Teil der Provision, kommt auf diese Weise an den Bekanntenkreis der Leute heran, hat nochmals einen Haufen potentieller Ansprechpartner, überläßt jedesmal einen Teil der Beute dem sich als Mitarbeiter fühlenden Kunden, der dafür die Fährte weist zu neuer Beute. Geier. Aber clever. Die Fachseminare machen nachher doch die wenigsten mit. Wenn Steuerrecht und Investmentkonditionen gebüffelt werden müssen, werden viele ihre Grenzen erkennen und abspringen. Aber bis dahin haben sie der KAVB schon ein paar Kunden gebracht.

Es muß doch noch was anderes geben als Lebenversicherungen und Bausparverträge zu verkaufen. Die Anzeigenseite bringt mich auf eine neue Spur: »Sind Sie knapp bei Kasse? Wenn Sie zwischen 18 und 28 Jahren, aufgeschlossen und kontaktfreudig sind, können Sie bei der Mitarbeit an unserem Junioren-Paket wöchentlich ca. 400,-- DM nebenberuflich verdienen. Tel.« Es meldet sich Herr Elsner, der mir schnurstracks erzählt, das die Gothaer Versicherung (ich muß einen Fluch unterdrücken) ein neues, äußerst attraktives Junioren-Paket »geschnürt« habe, welches so außergewöhnlich gut ankomme, daß er dringend neue Mitarbeiter... Ich habe das Gefühl, jemand serviert mir zum dreiundzwanzigsten Mal Erbsensuppe. Der Rest ist kurz; ich lege gleich auf.

Studenten und Freiberufler, die ihre Zeit selbst einteilen können, werden zum Schneeschaufeln gesucht - natürlich erst, wenn's geschneit hat, also im tiefen Winter. Ich ahne frühes Aufstehen, Kälte, Matsch, Schnee, denke an mein Auto, welches solches Wetter gar nicht mag und stets erhebliche Schwierigkeiten hat anzuspringen, von meinen parallelen Problemen ganz zu schweigen, und überfliege darartige Ansinnen geflissentlich.

Weitere Anrufe ließen mich andere Versicherungen kennenlernen, die Firma »Schock-Wurstvertrieb«, die »reiselustige Partner« suchte, und brachten mich in Kontakt mit einem Weinhändler, der redegewandte und telefonerfahrene Männer (»auch Studenten«) suchte, die einer ausgesuchten Stammkundschaft telefonisch die neuesten und besten Rebsäfte aus deutschen Landen empfehlen. Um Rentner, Studenten und Selbständige, die nur arbeiten, wenn es schneit, bemühen sich immer mehr Firmen. Die Chiffre-Anzeige einer Detektei ließ mich Interessantes hoffen, blieb jedoch ohne Antwort. Da ich weder Möhrensaft pressen, Messen in der BRD betreuen, Medikamente einpacken oder Kataloge, Zeitungen und Prospekte verteilen wollte, als nettes Modell, Unterhaltungsdame, Show-Girl und dritte Blüte in dem netten Team eines Massage-Salons wohl kaum in Frage kam, blieben neue Erfahrungen erst einmal aus. Unter der Rubrik »Barpersonal« stieß ich dann doch noch auf etwas Exotisch-vielversprechendes: »City-Club sucht Portier«. Nachmittags um vier meldet sich eine so rauchige Stimme, daß ich erst beim zweiten Nachfragen mitbekomme, daß eine Frau spricht. Ich muß mehr ahnen als verstehen, daß »jetzssu« sei, ab acht ginge es los. Was auch immer losgehen würde, ich war am Ball. Kurz vor acht erhielt ich dann eine bedeutsame Präzisierung des Begriffs »Portier«: Auf der Straße Leute anquatschen und sie interessieren für einen Besuch in der »Sauna Odette« in der Wielandstraße. Also Schlepper, wie auf der Reeperbahn. Diese sicherlich bedeutende Erfahrung wollte ich mir allerdings für spätere Zeiten aufbewahren.

Zum KAVB-Fachseminar Steuerrecht am Donnerstag erscheinen nur noch achtzehn Leute. Die Kapital-Profis müssen das geahnt haben, denn diesmal tagen wir in einem kleinen Raum (diesmal ohne Mineralwasser), der nur zwei Dutzend Personen Platz bietet. Nebenan, in dem großen Saal, zieht Wess wieder seinen Einführungsvortrag ab. Unser Vortragskünstler, Hoberg, steht in Wess' Fußstapfen; seine Standfläche ist allerdings erheblich kleiner. Er kämpft mit seiner nuscheligen Aussprache, einem Mangel an Worten und der ihm selbst nicht ganz unbewußten Diskrepanz zwischen seinen gewaltigen Sprüchen und seiner geringen Ausstrahlungskraft. Aber die hier Versammelten wollen sich ja auch nicht in Hysterie reden lassen, sie wollen Wissen haben, und dazu ist Hoberg gut genug. Je trockener der Vortrag, desto glaubwürdiger der Redner. Ab und zu, wenn Hoberg gar zu sehr von sich hingerissen ist und meint, seinem großen Vorsitzenden nahegekommen zu sein, schiebt er zwischen den geschlossenen Kiefern eine Frage in den Raum, macht eine Pause und wartet auf eine vielstimmige Antwort. Dann blicken alle schnell auf ihre Notizen, einige rutschen auf ihrem Stuhl herum, andere zerren am Hemdkragen. »Na ja«, sagt Hoberg nach einer Weile, »also ich meinte natürlich ...« Das kommt öfter vor. In irgendeinem Rhetorik-Kurs muß man ihm diese Finesse der Gruppenfrage bis auf die Knochen eingebläut haben. Wahrscheinlich würde er sie auch noch bringen, wenn wir uns jedesmal vor Lachen in den Bauch beißen würden. Er weiß ja, daß diese Form der Ansprache trotzdem ankommt. Hat ihm ja ein Fachmann gesagt.

Zu tief in die Fachmaterie will Hoberg nicht einsteigen. »Das können Sie alles zu Hause in den Unterlagen nochmal genau nachlesen. Ich will Sie hier ja nicht verwirren. Und für Ihre Verkaufsgespräche nützt Ihnen das auch nichts. Sie dürfen den Kunden nämlich nicht mit zuviel Informationen verwirren. Der Kunde will wissen: Was zahle ich und was kriege ich dafür. Die Einzelheiten will er im Grunde gar nicht hören. Sie müssen natürlich klarmachen, daß das alles seine Ordnung hat, dafür stehen Sie ja gerade, aber überfordern Sie Ihre Kunden nicht.« Meine Umgebung scheint nicht die geringste Absicht zu haben, die Kunden zu überfordern. Sich selbst natürlich auch nicht.

Hoberg produziert sich weiter, ich lerne sogar etwas über Steuerrecht, die Unterlagen bringen vielleicht den Rest. Vielleicht mach' ich meine Steuererklärung nächstes Mal selbst? Aber Hoberg versäumt es nicht, uns immer wieder darauf hinzuweisen, daß es ja gar nicht um unser Wissen geht; Kunden sollen wir suchen, verkaufen. Er nennt das »Umsatz schreiben« oder »Einheiten sammeln«. Für einen abgeschlossenen Bausparvertrag gibt es 80 Einheiten, für eine Lebensversicherung zwischen 120 und 180 Einheiten, Bauherrenmodelle können sogar 500 Punkte bringen. Wenn der Erfolg sich proportional zu seinen Appellen entwickelt, kann ich mir bald ein Auto mit funktionierenden Türen zulegen. Mein Problem, wen aus meinem Bekanntenkreis ich denn nun zuerst anspreche, harrt indes noch immer einer Antwort.

Dann gibt es einen Hit: Hoberg erklärt Abschreibungsmodelle. Erwerb einer Wohnung oder gar eines Hauses allein aus gesparten Steuergeldern. »Nur für Leute mit mindestens 60.000 DM Jahreseinkommen.« Sonst reichen die Steuern nicht, aus deren Reduzierung sich der Kauf der Eigentumswohnung in Marberg/Kassel finanziert. 178 NATO-Wohnungen sind zu vergeben. »Völlig sichere Anlage, die werden immer gebraucht. Wenn die mal nicht mehr gebraucht werden, ist sowieso alles zu spät, dann steht nämlich der Russe am Rhein.« Hoberg erklärt Ersterwerbsmodelle, Abschreibungsfinanzierung, Verluste aus Vermietung. 200 Prozent Steuervorteil auf die nachgewiesenen Kosten. Das heißt: Wenn Herr Anwalt sich mit 10.000 Mark einkauft in das Projekt, werden ihm von der CONVENTA 20.000 DM Ausgaben nachgewiesen, die er als zusätzliche Werbungskosten von der Steuer absetzen kann. Da Herr Anwalt Spitzenverdiener ist, wird sein Gehalt im oberen Bereich mit dem Grenzsatz von 56 Prozent versteuert. Wenn er nun 20.000 Mark weniger versteuert, hat er mehr als 10.000 Mark effektive Steuerersparnis, also die Summe, die er für die NATO-Wohnung bezahlt. Conclusio: Er kauft sich die Wohnung mit Geld, das er sonst gar nicht gehabt hätte, weil es an den Fiskus gegangen wäre. Oder anders: Er kriegt die Wohnung umsonst. Nach zwei Jahren verkauft er sie dann. Zwei Jahre muß er schon warten: »Das ist die Spekulationssperrfrist«, sagt Hoberg und kann sich dabei ein Lächeln nicht verkneifen. Ganze zwei Jahre muß Herr Anwalt also warten, bis er die Wohnung verkaufen darf. Und an wen? An einen Zahnarzt oder einen anderen Anwalt natürlich, der fängt dann das Spielchen von vorne an.

Hoberg malt ein paar Zahlen an die Tafel, geht auch in die Feinheiten, MWSt, AFA, Notar- und Grundbuchgebühren, alles wird mitgerechnet. Als die Rechnung unterm Strich aufgeht, als nachgewiesen ist, daß Herr Anwalt oder Herr Doktor sich umsonst eine weitere Wohnung zugelegt hat, die er nach zwei Jahren mit Gewinn verkauft, da strahlen alle. Zwölf fröhliche Gesichter um mich herum. Phantastisch. Toll. Wirklich irre, was man alles machen kann, wenn man weiß, wie es geht.

Aber wer ist man? Keiner der hier Versammelten jedenfalls. Trotzdem freuen sich alle wie die Schneekönige. Warum? Sie haben gesehen, wie man dem System ein Schnippchen schlagen kann. Aber sie sind nicht dieser man, der das tut. Sie müssen strampeln, treppauf, treppab, nett sein zu unfreundlichen und/oder blöden Kunden. Und wissen nicht, wie lange dieser Job gut geht. Geld gibt's nur für Vertragsabschlüsse. Wird der nächste Monat gut laufen? Kommen sie über die Runden? Sie haben Sorgen, sie zahlen Steuern, sie haben nicht zuviel Geld. Zwischen der Summe ihrer Prämien und dem Einkommen eines Anwalts oder eines Zahnarztes liegen Welten. Und doch freuen sie sich. Für den Zahnarzt und den Anwalt. Warum? Weil sie dabei sind? Weil sie eventuell der Gesprächspartner sind? Kapieren sie nicht, daß das Finanzamt an ihrem Einkommen knabbert, weil es an die Großen nicht rankommt? Und sie machen den Job, der das immer wieder und weiter ermöglicht. Wahrscheinlich wollen sie den Zusammenhang nicht sehen, denn das hieße einzugestehen, daß sie zusammen mit den Habenichtsen auf der anderen Seite der sozialen Barrikade stehen. Und da wollen sie nicht hin. Ihr Platz ist an der Seite der Habenden, Mächtigen, Geachteten, Cleveren. In ihren Gesichtern steht es deutlich geschrieben.

Am nächsten Morgen grase ich noch einmal die BZ ab. Gibt's vielleicht doch noch 'ne tolle Sache, die mir bislang einfach nicht aufgefallen ist? Also alle Telefonnummern anrufen, wo die Anzeige zwar Geld verspricht, aber nichts über die Tätigkeit sagt. Herr Fink versucht, mir den Verkauf von Zeitschriften an der Haustür schmackhaft zu machen, Fräulein Ristow schwärmt mir von ihrem neuen Buch-Club vor: Abonnenten-Werbung in Westdeutschland, zwar im schönen Schwarzwald, aber von Tür zu Tür; am Flughafen Tegel könnte ich an einem Info-Stand Urlaubs-Unfallversicherungen verkaufen, an die Penner, die das wieder einmal vergessen haben, oder an die, die im letzten Moment doch noch einen Angstschub kriegen. Und auch die Zeitschrift »Die christliche Woche« sucht Abonnenten-Werber für Westdeutschland, Zugehörigkeit zu einer Glaubensgemeinschaft wird nicht vorausgesetzt, Marketing ist Marketing und Messwein ist Messwein.

Plötzlich habe ich die Chance, allein durch meine Präsenz bares Geld zu verdienen. Die Firma Cine-Video-Production, deren Kleinanzeige mich vor wenigen Wochen geködert hatte, zum Preis von 150 Mark ein kurzes Videoband von mir produzieren zu lassen, damit ich als Statist für Filmaufnahmen ausgesucht werden kann, diese Firma verschaffte mir tatsächlich eine Auftrittsmöglichkeit. Gerade noch rechtzeitig, denn mein Verdacht, daß es sich um eine Schwindelfirma handelt, die von Illusionen-besessenen Filmfreunden 150 Mark kassiert, dann aber in der Versenkung verschwindet, war immer mehr gereift. Doch dann kam der Anruf, mich am Donnerstag bei der Ziegler-Produktion zu melden. Wolf Gremm dreht »Kamikaze 1990« mit Fassbinder, Boy Gobert und - mit mir. Drehbeginn 12 Uhr. 120 Mark pro Drehtag waren angesagt. Gedreht wird in Lichterfelde in einem leerstehenden Trakt des amerikanischen Militärkrankenhauses. Einen Polizisten soll ich spielen. Meine künstlerische Ader setzt sich gegen alle Einwände durch. Um 12 Uhr bin ich am Drehort einer der ersten. Gegen eins erscheint der Produktionsleiter, der sich um halb zwei den Komparsen zuwendet, um drei hat die Maskenbildnerin Zeit für uns und um vier stehen sechs grell geschminkte Gestalten in weißen Plastikanzügen bereit.

Mittlerweile wissen wir, daß der Film Science-Fiction-Charakter hat. Was wir nicht wissen, ist, wann wir dran sind. Typen mit gewichtiger Miene hetzen umher, sprechen in Walkie-Talkies, scheuchen andere auf und rasen vondannen. Leute, die behaupten, zum Team zu gehören, brüllen sich gegenseitig an, geben widersprüchliche Kommandos und fluchen in einer Tour. Wir sechs stehen zunächst überflüssig, aber aufmerksam am Rande und haben Zeit, uns kennenzulernen. Bert und Jacques zeichnen sich durch markante Gesichter, tuntiges Gehabe und viel Statisten-Erfahrung aus. Daß bei diesem Job Warten die Hauptsache ist, erfahren wir von ihnen. Kontrastwirksam zu der Feingliedrigkeit dieser beiden die Bulligkeit zweier Berliner Jungs; Hans, Motorradfahrer und bei der Feuerwehr, und Dickie, der macht, was gerade anfällt, sehen das Ganze als eine Möglichkeit, mal schnell »'nen paar Märker nebenbei zu verdienen«. Georg, der Student der Betriebswirtschaft, und ich sind die staunenden Neulinge. Kurz nach vier erscheint eine Kollegin, Polizistin, fertig geschminkt und gekleidet. Knappes Kostümjäckchen mit nichts drunter, Mini-Mini-Rock und hochhackige Schuhe, alles weißes Plastik. Vier Augenpaare haben nur noch eine Blickrichtung, Jacques und Bert sind weniger angetan. Die Kleine hat scharfe Gesichtszüge, große Augen und ein schmales Figürchen mit wahnsinnig langen Beinen. Unsere Reaktion würde jeden Pawlowschen Hund schlagen, doch scheinen unsere Blicke nicht sehr einladend zu wirken, denn sie tippelt einen Bogen und stellt sich zur Maskenbildnerin hinter den Wohnwagen. Die beiden bulligen Berliner Jungs steigern sich mit lockeren Sprüchen in Ekstase. Hans hält es nicht mehr lange, er beginnt einen längeren Spaziergang über das Gelände, wobei die Wegführung ihm zufälligerweise immer den Blick hinter den Wohnwagen ermöglicht. Auf dem Rückweg setzt es aber wohl ganz bei ihm aus, denn er bleibt einfach stehen und guckt.

Lächelnd distanzieren wir uns alle von dem geilen Bock, aber unmerklich hat auch unsere Gruppe sich etwas bewegt, so daß der Blick um die Wohnwagen-Kante frei wird, wo hilflos lächelnd die knapp bekleidete Kollegin steht. Später erkennen wir, warum sie sich nicht abwendet: hinten im Rock, wo ein Schlitz zu erwarten wäre, fehlt ein langschenkliges Dreieck, das die Innenseite der Beine bis zum Höschen freilegt. Das ist Nötigung jedes Betrachters. Die Situation ist nur noch dadurch zu entkrampfen, daß wir mit ihr reden. Also gehen wir zu ihr und siehe da, in die Runde eingereiht, kann man ihr sogar ins Gesicht gucken. Es ist ihre erste Statistenrolle, sie schämt sich gar furchtbar in diesem Aufzug und ist nervös. Väterlich-jovial beteuern wir alle, daß es so schlimm doch gar nicht sei, außerdem sehe sie gut aus und so sei das nun mal beim Film (nach zwanzig Hollywood-Jahren hätte man nicht anders reden können).

Veronika kann sich dem Zentrum der Aufmerksamkeit entziehen, als ein weiteres Wesen femininer Natur eintrifft. Im kleinen Mercedes-Coupé mit Pagodendach rollt eine langmähnig-blonde, puppengesichtige Elfe heran und schenkt der wieder hilflos glotzenden Sechsergruppe ein kokettes Lächeln. Dann schwingt sich ein zierliches Figürchen in buntem Pulli, hautengen Jeans und wadenhohen rosa Stiefelchen mit hohem Absatz aus der Tür und fragt ein herbeieilendes Team-Mitglied nach Herrn Lange, dem Produktionsleiter. Hier könne sie aber nicht stehenbleiben mit dem Wagen, wegen der Aufnahmen, ruft der Filmer ganz aufgeregt. Ihr Blick, ihr Lächeln und ihr Was-weiß-ich bewirken, daß aus einem Wegscheuchversuch das Angebot wird, ihren Wagen auf den Parkplatz zu bringen. Sie reicht ihm die Schlüssel (ich ahne, wie sie jetzt lächelt), und wie der Türsteher im Carlton kutschiert er die Droschke fort. Ihre Blicke wandern zwischen dem alten Gebäude und dem sich entfernenden Wagen, wobei sie uns ihr prachtvolles Hinterteil zuwendet. Wenn jemals ein Po den Titel »knackig« verdient hat, dann dieser. Mittels der absatzgestützten Schwerpunktverschiebung schwebt er in Raum und Zeit wie der Geist über dem Wasser. Der langsam toll werdende Hans unterdrückt unartikulierte Laute; der Mund steht ihm zwar nicht offen, aber selbst durch die dicke gelb-rosa Schminke ist zu sehen, daß er rot angelaufen ist. Trocken spricht Dickie aus, was wir alle wohl ahnen, aber nicht mal zu denken wagen: »Das die Profi iss', dat seh ick - aber frag' mich mal, auf welchem Jebiet!« Es fragt ihn aber keiner, denn in diesem Moment hätte jeder das zehnfache unserer Wahnsinnsgage verwettet, daß diese Dame mehr horizontal arbeitet als vertikal. Selbst Hans kann daraufhin seine Berliner Schnauze wieder bedienen: »Die verdient sich noch kurz 100 Mark nebenbei, weil ihre Schicht erst um zehn anfängt. Au Vadder warte, iss' die geil.« Hautenge Jeans sind nichts Außergewöhnliches, aber diese hier saßen mehr unter der Haut als drüber; nackt hätte sie angezogener ausgesehen als mit dieser Hose, die in keinem Anatomieunterricht ein Hindernis gewesen wäre. Mittlerweile waren Herr Lange und die Maskenbildnerin im Eilschritt angerückt (eine Ehre, die ansonsten nur der vor zwanzig Minuten mit einem BMW herkutschierte Boy Gobert erfahren hatte), um flinken Schrittes mit der Elfe zu enteilen. Stars werden eben auf Händen getragen.

Zehn Minuten später taucht unser nuttiges Engelchen wieder auf - Auftritt hin, Starkult her: sie spielt die zweite Polizistin! Komparserie! Cine-Video hatte bis zum letzten Moment eine Statistin gesucht, und wir mußten warten, weil wir eine Achtergruppe sein sollten. Das weiße Plastikkostüm sitzt bei ihr wesentlich enger als bei Veronika, der pralle Po hat nämlich ein äquivalentes Oberteil, so daß an ein Schließen der Jacke nicht zu denken ist und ihr Bauchnabel das Licht der Welt erblickt. Bei entsprechendem Winkel sind die Innenhälften des Busens zu erspähen, und da sie sich hin und her bewegt, muß Hans auch hin- und herlaufen, um statt tachistoskopischer Impressionen einen Dauereindruck zu bekommen. Nach einigen Momenten unschlüssigen Herumstehens entschwindet die Elfe in Richtung Filmteam. Derweil ist es fünf geworden und der Aufnahmeleiter kündigt eine halbstündige Mittagspause an. Es gibt Kaffee, belegte Brötchen und einen Riesentopf Minestrone. Wir sind zwar als erste am Topf, werden aber zurückgescheucht: erst Team, dann Statisten.

Die Crew besteht aus 35 Leuten, aber nicht alle tauchen am Verpflegungsstand auf. Nach Gremm suche ich vergeblich, auch Gobert bleibt unsichtbar. Fassbinder hingegen, ausgekotzt, den Outsider-Mythos kultivierend, unüberseh- und hörbar. Plötzlich schreit er zweimal kurz hintereinander: »Und wenn die Bombe nun doch da ist?« Ich denke, die diskutieren über Friedensbewegung und Neutronenbombe und halte dies für die wohl blödsinnigste Feststellung, denn daß Ronny die Bombe bauen will, steht doch außer Zweifel. Dann dämmert mir aber, daß es vielleicht um das Drehbuch, um die Bombendrohung im Medienkonzern geht - aha, Rainer Werner probt.

Neben mir fragt eine aus dem Team den Kameramann nach seinen Erfolgen bei einer Statistin, mit der er vorgestern angebandelt hat. Er wohnt schon seit zwei Tagen bei ihr, berichtet er, eine niedliche Punkie sei die Kleine »und du weißt doch, die war strohblond, und als ich gestern abend hingeh', ist sie schwarz, pechschwarz, sag ich dir. Aber ich glaub', ich halt's nicht mehr lange aus, die ganze Nacht spielt sie diese Kreischmusik, und dabei hat sie nur zwei Platten.« Unsere Sittenpolizistin ist Mittelpunkt einer männlichen Kleingruppe, die alle ungemein locker mit ihr schäkern; der Augenakrobatik-Übung, einen möglichst vollständigen Eindruck des kaum Verborgenen zu erzielen, unterwerfen sich alle. Jacques versucht Fassbinders Aufmerksamkeit zu gewinnen, aber kurzhaarig und gepflegt wie ein Schiffssteward aussehend, ist er wohl nicht Rainer Werners Typ.

Um sechs kommt endlich die Szene dran, in der wir mitwirken. Alle sitzen wir in der Eingangshalle des Polizeipräsidiums. Kommissar Jansen (R.W.F.) durchquert den Raum; als er eintritt, stehen alle auf, die Männer grüßen miliärisch. Jetzt kommt Gremm. Weißer Anzug, weiße Schuhe, langes rotes Halstuch, Sonnenbrille mit grünen Gläsern, in der Hand eine Zigarre. Da - außer den Kostümierten - alle in Jeans und Jacken rumlaufen, wirkt er wie ein Fremdkörper. Er hat ein nettes, weiches Lächeln im Gesicht und erklärt uns in wenigen unklaren Worten, was wir zu tun haben. Prompt geht auch schief, was schief gehen kann. Einer guckt in die Kamera, einige nehmen die linke, andere die rechte Hand zum Gruß, Bert verdeckt Georg. Herr Gremm versucht eine Präzisierung seiner Wünsche und Vorstellungen. Nach vier Proben entsprechen wir den Anforderungen. Gremm blickt zum Kameramann. »Ist das okay so?« Ist es. Dann schreien alle »Ruhe«, »Achtung« und »Jetzt bitte« durcheinander und die Kamera läuft. Fassbinder schlurft rein, wir stehen auf, er mustert uns kurz wie eine stinkende Mülltüte und geht weiter. Aus. 24 Sekunden. Gremm ist zufrieden; der Kameramann auch. »Rainer?«, fragt Gremm. Auch der Maestro ist zufrieden. Hat Gremm dem Fassbinder die Hauptrolle gegeben, damit er von ihm Regie lernen kann? Die Kostümbildnerin erzählte, daß in den Dialogszenen Fassbinder die Regie macht und Gremm lächelt. Ist nicht mein Bier. Viertel nach sechs, wir sind durch. Umziehen, abschminken. Befreit streben wir dem Umkleideraum zu und sind erschöpft, als hätten wir seit sechs Stunden Steine geschleppt. Rumhängen und warten zehrt an den Kräften. In das Gewühl des Umkleideraums hinein schreit jemand, die Gage könne morgen im Büro abgeholt werden. Unmut allerorten, bares Geld auf die Hand hätte dem Tag wenigstens einen Hauch von Sinn gegeben. Am nächsten Morgen kassiere ich fünfundneunzig Mark, die Abzüge behält die Firma gleich ein. Immerhin, das erste Mal eine nennenswerte Summe und die Arbeitsleistung auch noch auf Zelluloid für die Nachwelt dokumentiert. Es ging aufwärts.

Der nächste Versuch, ans schnelle Geld zu kommen, begann mit folgendem Text: »Interviewer/innen in nebenberuflicher Tätigkeit für Befragungen in Berliner Haushalten gesucht. Keine spezielle Vorbildung nötig, sie werden ausführlich eingewiesen. Institut für Markt- und Meinungsforschung, Tel. 784 15 38.« Fräulein Engel meldet sich und teilt mir sofort als wesentliche Eigenschaft des Jobs mit, daß ich dazu keine Lohnsteuerkarte brauche. Dann sagt, sie daß es pro Interview 8 bis 15 Mark gäbe. (Mehr ist bei Sachen, die legal, anständig und ohne Provision laufen, wohl wirklich nicht drin.) Es gibt zwei Einführungsveranstaltungen, zu der am Mittwoch bin ich herzlich eingeladen. Gewisse Erfahrungen lassen mich eine Frage nachschieben: »Die Adressen, wo ich die Interviews durchführen soll, geben Sie mir die oder muß ich die selbst finden?« »Die Haushalte werden Ihnen von unserem Institut benannt.« Herrlich, denn auch wenn meine Hemmschwelle durch die KAVB schrumpft wie Paulchen Kuhns Leber, bleibt es dennoch ein harter Brocken, Leute zu finden, die sich eine Stunde lang die Seele aus dem Leib fragen lassen, ohne auch nur den geringsten Nutzen davon zu haben. Was hatte Wess gesagt: Wir sind alle Egoisten! Eben. Deshalb möchte ich doch lieber Leute befragen, die schon zugestimmt haben.

Mittwoch 15 Uhr, Intervieweinführung. Fräulein Engel empfängt mich an der hohen Flügeltür einer feudalen Altbauwohnung. Sie ist klein und drahtig und auf dem Weg durch die langen Flure erfragt sie im Telegrammstil meine wichtigsten Daten. Schließlich erreichen wir einen Raum, in dem bereits drei unschwer als Studenten erkennbare Wesen auf uns warten. Ein schmächtiger Jeansanzügler mit weißem Sweatshirt (aus der linken Brusttasche lugt die U-Bahn-Monatskarte) lächelt sympathieheischend zwischen blond-strähnigem Haupthaar und blond-zerzaustem Vollbart. Daneben ein Mädchen, deren Botschaft, alternativ zu sein, mich schon erreicht hat, bevor ich ihr Gesicht gesehen habe; ihr lila Kleid, welches sich allein durch seine Formlosigkeit auszeichnet, verhindert jede Möglichkeit des Übersehens. Der dritte ist ein Milchbubigesicht mit kleiner Nickelbrille. Er liest in einem Vertragstext und erweckt den Eindruck, er wolle dafür gelobt werden.

Das kleine Fräulein Engel schiebt einen weiteren Stuhl in die Tischrunde und beginnt, Sinn und Zweck der Marktforschung zu erläutern. Sie redet zwar leise und guckt nur selten jemanden direkt an, spricht aber zielstrebig und ohne Abirrungen. Die Fragebögen der nächsten Monate beziehen sich auf den Lebensmitteleinzelhandel. Das erste praktische Beispiel, mit dem wir in und um die Häuser ziehen sollen, liegt bereits vor uns. Ein Monstrum. Dreißig Seiten, 56 Fragen, Antworten in fünf Kästchen, zehn Zeilen oder wörtliche Mitschrift. Ich nehme es mit ähnlichen Gefühlen zur Hand, wie ich meinen Lohnsteuerjahresausgleich beginne. So ein Interview muß gut eine Stunde dauern und ich rätsele, was der Befragte erhält, wenn wir dafür 15 Mark bekommen. Engel erklärt, daß wörtlich gefragt werden muß und wahrheitsgetreu zu protokollieren ist, was geantwortet wird. Nach einer Viertelstunde Fragebogen-Durchkauens geht die Frau im lila Alternativhänger. Dabei hat sie das beste noch verpaßt. Einige Fragen benötigen nämlich Zusatzmaterial. Der Interviewte erhält dann zwanzig oder dreißig Kärtchen, die er auf drei oder vier Haufen verteilen muß, je nachdem wie ihm die dort stehende Aussage gefällt. Ich fange an zu zweifeln, inwieweit eine Stunde als Befragungszeit überhaupt ausreicht. Egal, einige haben sich ja wohl darauf eingelassen, diese Prozedur über sich ergehen zu lassen. Nicht alle Interviews haben diesen Umfang, tröstet Klein-Engel. Übernächste Woche beginne eine Befragung in Rudow, die sei knapper. Diese Bögen müssen noch in Steglitz erhoben werden.

Dann kommt sie auf unsere Opfer zu sprechen. »Diese Namen und Adressen haben wir erhalten, nachdem wir von einem willkürlichen Startpunkt aus jeden fünften Haushalt aufgeschrieben und dann angeschrieben haben. Diese Leute sind also informiert, und sie wissen auch, daß sie als kleine Belohnung ein Pfund Kaffee bekommen, wenn sie sich befragen lassen. Ob sie das auch tun, liegt dann weitgehend an Ihnen.« Ich bin Teetrinker und über die Kaffeepreise nicht gut unterrichtet, deute aber Zweifel an bezüglich des Äquivalents von Kaffeemenge und Zeitdauer. »Sie müssen ja nicht gleich am Anfang sagen, daß das lange dauern wird. Sagen Sie: Ungefähr eine halbe Stunde. Wenn Sie erstmal angefangen haben, schmeißt Sie keiner mitten im Interview raus. Diese Erfahrung habe ich immer wieder gemacht.« Der blonde Jeans-Siegfried fragt, woher man wisse, wann man die Leute trifft. »Das«, sagt

Fräulein Engel mit einem Hauch von Lächeln, »ist Ihr Job.« Es sind ja alles Adressen in unmittelbarer Nachbarschaft. Wenn Sie eine Adresse nicht angetroffen haben, dürfen Sie selbständig einen der Nachbarn ansprechen. Wenn der erste aber das Interview verweigert, müssen Sie das hier notieren und die nächste Adresse nehmen, ohne selbst nach Alternativen zu suchen.« Nun muß ich doch grinsen. Es ist ein aus Enttäuschung und einsichtiger Resignation geborenes Lächeln. Vereinbart sind diese Interviews mit niemandem. Sie sind angedroht. Wieder einmal bleibt es dem »freien Außendienstmitarbeiter«, dem Frontschwein, überlassen, die Kontakte zu machen. Auch hier gibt man mir freundlicherweise ausreichend Gelegenheit, an meiner Hemmschwelle herumzubasteln. Aber jetzt kann ich meinen persönlichen Psychoworkshop noch verbinden mit dem Test, den Lockwert eines Pfundes Kaffee zu erforschen. 1948 müßte dieser Job ein Kinderspiel gewesen sein, da hätte ich für einzelne Bohnen wahrscheinlich noch ganz andere Sachen bekommen als Auskünfte über Einkaufsgewohnheiten. »Einige machen das so, daß sie sich aus dem Telefonbuch die Nummern raussuchen und vorher anrufen, um Termine zu vereinbaren. Das liegt an Ihnen, ob Sie das machen. Das kann ja auch leicht schiefgehen. Wenn Sie erstmal in der Tür stehen, kann man ein Gespräch schlechter ablehnen.« Mißmutig kritzele ich ein paar Zeilen aufs Papier. 15 Mark für ein anderthalb Stunden dauerndes Interview plus etwas Smalltalk, um die Leute bei Laune zu halten, plus Anfahrtszeit, plus Anfahrtskosten, plus Suchzeit nach neuen Opfern falls jemand nicht anzutreffen ist - unterm Strich bleibt da kein Stundenlohn, der mich glücklich macht.

»Sie bekommen jeweils acht Adressen und fünf Fragebögen, weil wir davon ausgehen, daß Sie nicht bei allen Adressen erfolgreich sein werden.« Sehr euphemistische Formulierung. Wenn bei mir jemand klingeln würde und mich um »ungefähr eine halbe Stunde Zeit« bitten würde (jeder halbwegs erfahrene Mensch weiß dann, daß er mindestens 45 Minuten meint), dann würde ich ihn von hinnen jagen - Kaffee hin, Kaffee her. Aber ich bin eben Teetrinker und kann das vielleicht doch nicht richtig beurteilen. Außerdem kann das bekannte Hausfrauensyndrom sich als hilfreich erweisen. Die meisten Frauen sitzen ja doch nur zu Hause rum und warten, daß der Gasmann, der Milchmann oder der Briefträger klingelt - geht die Saga. Ich bekomme fünf Frabögen, die Adressenliste, fünf Benachrichtigungszettel, die den Besuchten bedauerlich mitteilen, daß ich sie nicht erreicht habe, sie jedoch keinen Grund zu voreiliger Freude hätten, denn ich käme wieder, entweder unangemeldet - überraschend - oder, ihre einzige Chance, sie rufen mich gleich von sich aus an und sagen mir, wann's ihnen Recht wäre. Drei kleine Stapel mit grünen, roten und blauen Kärtchen, aus denen der Interviewpartner wählen darf, runden meine Arbeitsausrüstung ab. Schon hebe ich die Hand zum Gruß und wende die Fußspitze gen Ausgang, da ereilt mich der erschrockene Ruf des kleinen Fräuleins, ob ich denn wirklich glaube, so schon gehen zu können. Nun könnte ich ihr einen langen Vortrag halten, warum ich eigentlich genau das nicht glaube, weil Einweisung und Vorbereitung auf die Tätigkeit mir doch mehr als dürftig erscheinen, aber ich ahne, daß sie ganz etwas anderes meint. In der Tat. Eine Oktave höher als sonst tönt sie: »Sie brauchen doch noch einen Mitarbeiterausweis.« Das ich das vergessen konnte. Natürlich, einen Ausweis brauche ich, damit entfallen ja auch alle meine Befürchtungen und Einwände. Wenn ich ersteinmal einen Ausweis habe, werden sich mir die Türen und Tore doch von alleine öffenen. Den möchte ich sehen, der mir seine Wohnungstür ins Gesicht schleudert, wenn ich ihm meinen Ausweis, mein mir Identität gebendes Papier, vor die Nase halte. Den Ausweis kriege ich natürlich erst, nachdem ich den Vertrag unterschrieben habe und mich verpflichte, weder moralische Schweinereien zu begehen noch die Chance zu nutzen, in den befragten Haushalten etwas zu verkaufen oder für etwas zu werben. Das bringt mich erst auf die Idee, wo ich endlich Kontakte für die KAVB machen kann. Wenn ich schon in die Intimitäten der Einkaufsgewohnheiten eingedrungen bin, wird man mir ja wohl auch die Vermögensauskünfte nicht mehr vorenthalten wollen. Und da ich da zufällig ein paar ganz clevere Anlageberater kenne, na und so weiter. Ich unterschreibe, erahne ganz neue Möglichkeiten und nehme strahlend meinen neuen Mitarbeiterausweis in Empfang.

Langsam törnt mich die Sache an. Da scheint es wirklich unglaubliche Chancen zu geben. Hier zum Beispiel: »Als Show-Berater/in können Sie 3.000 DM und mehr im Monat verdienen, wenn Sie über ein sicheres Auftreten und Verhandlungsgeschicklichkeit verfügen. Sind Sie interessiert, dann bewerben Sie sich bitte bei: «Famous Artists Ltd., Kurfürstendamm 90«. Ich sehe mich schon als lockeren Conferencier vor einem Hausfrauenclub in Osterfeine die Modenschau ansagen. Vierzig Provinzmuttis mit leuchtenden Augen und 4711-Geruch. »Meine Damen, darf ich nun ihre Aufmerksamkeit auf dieses außergewöhnliche Pepita-Kostüm lenken. Reine Schurwolle, hält zehn Jahre. Die Jacke im klassischen Schnitt ... strapazierfähige Eleganz ... preiswerte Qualität ...« Keiner verläßt den Saal, bevor nicht alle etwas gekauft haben. Show-Berater kann natürlich auch ganz was anderes sein. Einem Damen-Ballett Schritte beibringen - wäre ja auch mal was. Oder doch der gute alte Dampfkochtopf im neuen Alu-Gewand mit Leichtmetalldeckel? Versicherungen kann man ja wohl kaum in einer Show anbieten. Oder?

Kurfürstendamm 90 ist einer jener geschmackvollen Neubauten, von denen ein einziger reicht, um im weiten Umkreis das Stadtbild zu zerstören. Der Betonbunker beherbergt eine Unzahl winziger Büros, die wiederum Firmen beherbergen, die außer einer Kudamm-Adresse nichts Ernsthaftes vorzuweisen haben. Bei Famous Artists öffnet jemand die Tür, der bei United Artists höchstens die Rolle eines kleinen, schmierigen Ganoven bekommen könnte, und das auch nur, wenn es ihm gelungen wäre, mit der Dame im Besetzungsbüro ein Verhältnis anzufangen. Ende zwanzig, lange, strähnige schwarze Haare, hageres Gesicht mit Bartstoppeln, zerschlissener, ehemals vielfarbiger Pulli und Jeans. »Auf welche Anzeige kommen Sie denn?« Das kann ja heiter werden. Die scheinen ja für alles mögliche Anzeigen in die Welt zu setzen. »Na, die im 'Tip', Showberater.« »Ah ja, gehnse mal nach hinten.« Die ganze Firma besteht nur aus zwei Räumen. In den ersten fällt man sofort vom Flur aus, darin steht nur ein Schreibtisch mit Telefon. Rechts führt ein Flur in den zweiten Raum, linker Hand eine Kochnische. Hinten ein Sofa, zwei Sessel, ein Couchtisch farblich abgestimmt auf das schmutzige Gelbbraun des Teppichs. Dieses Chefzimmer ist so repräsentativ wie eine Würstchenbude. In einem der Sessel hängt ein fetter Typ in ebenfalls hellbrauner Cordhose und brauner Wildlederjacke. Ob er diese Farben gewählt hat, damit man ihn nicht sieht? Hoffnungslos bei dieser Masse Mensch. Feist und unbeweglich liegt er wie eine Robbe im Sessel. Die bodennahe Lage läßt auf defekte Polsterung schließen, kann aber auch Folge von Masse und Gewicht sein. Er macht gar nicht erst die geringsten Anstalten, sich aus dieser Postition in den Stand zu erheben, was ohne mechanische Hilfsmittel wohl auch kaum zu bewerkstelligen wäre. Er guckt aus den Papieren, die er in der Hand hält, nur kurz auf »Tch, schon gehört, Schauberater« und greift in das Papier- und Formularchaos vor sich auf dem Couchtisch. »Lesen Sie sich das zu Hause durch und schickenses uns dann zurück.« Da er schon weiterblättert, bin ich wohl entlassen. Etwas irritiert wandere ich gen Ausgang. Von dem Gigolo-Typ vorne hätte ich noch ein hämisches Abschiedslächeln erwartet, aber der wühlt in einem Pappkarton rum und läßt mich unbeschadet ziehen.

Zu Hause erfahre ich, was ich zu tun habe: Die Famous Artists Ltd. betreut Künstler aller Art, denen sie Auftritte vermittelt. Vermittler ist der Showberater. Er tingelt durch die Lande, putzt Klinken bei Hotels, Gaststätten, Vereinen und was sonst noch Auftrittsmöglichkeiten zu vergeben hat. Der Künstler bekommt pro Engagement mindestens 500 DM, der Vermittler davon zehn Prozent, somit 50 DM. »Je mehr Künstler oder je längere Auftritte Sie vermitteln, je höher ist Ihr Verdienst.«

Ich bin ganz enthusiastisch, was ich alles allein und selbständig machen darf: den Auftrittsort ausbaldowern, den Chef ausfindig machen, ihm einen Starauftritt aufschwatzen - und dann 50 Mark kassieren. Dreitausend Mark und mehr im Monat sollen so zusammenkommen. 3.000 durch 50, das heißt 60 Auftritte pro Monat, macht zwei Engagements pro Tag. Kein Problem, wenn ich mit vorgehaltener Pistole akquiriere. Es wird mir von den Famous Artists indes angeraten, die potentielle Kundschaft nicht zu vergewaltigen, sondern meinen Besuch vorher anzudrohen. Damit dann der gewünschte Erfolg nicht ausbleibt, haben die berühmten Artisten in ihrer fürsorglichen Art ein feinfühliges Musterschreiben beigelegt, das so kontaktfördernd ist wie Mundgeruch und Handschweiß: »Sehr geehrter Herr Hoteldirektor! Haben Sie sich schon einmal überlegt, warum Ihre Zimmerbelegung und damit Ihr Geschäftsumsatz immer mehr zurückgeht, obwohl es Ihrer Konkurrenz am Ort sichtbar besser geht? Falls Sie über Veranstaltungsräume verfügen, könnte ich Ihnen ein Erfolgskonzept verraten: Lassen Sie Künstler auftreten, die Ihren Hotel- und Feriengästen ein abendliches Showprogramm und damit eine besondere Attraktion bieten. Sie glauben, das wäre zu teuer? Weit gefehlt, denn die von uns betreuten Künstler treten schon für eine Abendgage ab 500.-- bei Ihnen auf.«

Die Autoren stellen sich den weiteren Ablauf vermutlich so vor, daß bald darauf ein aufgeweckter Berliner Junge in einem bayerischen Dort zum Direktor des größten Hotels geht (der durch den Brief informiert schon freudigerregt dem Besuch entgegenfiebert) und von Mann zu Mann seinen Geschäftsvorschlag präzisiert, im Tonfall etwa so: »Hast Du Dir schon mal überlegt, warum Du eine taube Nuss bist und alle anderen cleverer sind als Du? Nein, ist Dir noch gar nicht aufgegangen? Macht nichts, ich sag Dir mal, wie die Sache hier laufen muß.« Ich möchte weder wissen, was im Kopf eines Angeschriebenen vor sich geht, noch wie der Kopf des begabten Show-Beraters nach dem Gespräch aussieht. Der dürfte dann selbst in einer Show auftreten können, flankiert von der Dame ohne Unterleib und der Kuh mit sechs Beinen.

Trotz allem hilft diese Firma meinem Durchblick gewaltig auf die Sprünge. Es geht offensichtlich immer nur ums Verkaufen und Vermitteln. Gesucht werden Kunden, Leute, die Geld haben und denen man irgendwas andrehen kann. Agenturen der krudesten Art schalten sich nun zwischen Verkäufer und Kunden, d.h. sie beschaffen dem Verkäufer die Kunden, und das lassen sie sich bezahlen. Da sie selbst aber auch nicht wissen, wie man an Kunden rankommt, stellt die Agentur freie Mitarbeiter an, denen sie Provisionen von beliebiger Höhe in Aussicht stellt. Entweder sind das solche, die in ihrem Bekanntenkreis schon die potentiellen Kunden haben, oder solche, die der Hunger zwingt, sich die Hacken abzulaufen, oder solche, die einfach nicht checken, was da läuft, und wirklich träumen, sie könnten so zu viel Geld kommen. Die Agentur lebt eigentlich nur von den ersteren: Jemand bekommt ein paar Mark, weil er ein Geschäft anbahnt, dann ist er sowieso aus dem Rennen, denn die Chose läuft dann auch ohne ihn.

Der strahlende Sonnenschein des nächsten Tages beschert mir gute Laune und den innigen Wunsch, neue Leute kennenzulernen. Was bietet sich da als Geschäftsaufhänger besseres an als ein kleines Interview über Einkaufsgewohnheiten? Ich greife meine Fragebogen und fahre nach Steglitz. Erste Adresse laut Liste ist: Pioch, Peschkestraße 21. Herr? Frau? -

Haushalt Pioch! Schönes altes Haus, o Gott - Haustür ist zu, Klingel mit Gegensprechanlage. Fängt ja gut an, ich kann nicht mal meinen Charme versprühen, die lassen mich gar nicht erst rein. Ich kann mir gut vorstellen, wie oben eine krächzend-verzerrte Stimme ankommt, die was von Marktforschung und Einkaufsmöglichkeiten erzählt. Würde ich auch nicht reinlassen. Es geht aber mit dem Teufel zu, ich werde reingelassen. Im ersten Stock öffnet Frau Pioch, nettes älteres Muttchen. Fünfzig und etwas, freundlich in-sich-ruhend, glücklich im Hier und Jetzt auch ohne Baghwan. (Als KAVB-Kunde für Bausparvertrag oder Lebensversicherung fällt sie aus. Oder gibt es sowas wie Sterbeversicherungen? Muß ich Hoberg beim nächsten Mal unbedingt fragen.) Die gute Stube, in die ich eintreten darf, riecht etwas stark nach guter Stube, jedoch öffnet sie bald ein Fenster. Mein Anliegen, etwas über ihre Einkaufsgewohnheiten zu erfahren, damit alle ihre Beschwerden abgestellt werden können, stößt auf ungebrochene Sympathie. Sie ist so nett und unbedarft, daß mir etwas unwohl ist bei dem Gedanken, sie jetzt fast eine Stunde mit Fragen zu malträtieren. Die gute Frau scheint jedoch keiner anderen wichtigen Tätigkeit entrissen worden zu sein, bereits die erste Frage: »Wie lange wohnen sie schon hier?« ist für sie Anlaß einer längeren Ausführung. Mein schlechtes Gewissen, ihr Zeit zu rauben, weicht allmählich dem schlechten Gewissen, ihre Erzählansätze abwürgen zu müssen, damit ich nicht noch am Sonntag zum Kaffee hier sitze. Vor dem offenen Fenster sammeln sich ein paar Tauben, die sie schnell aufspringend vertreibt. »Ich streu' nämlich immer die Frühstücksreste auf die Fensterbank, für die Spatzen. Aber dann kommen die Tauben und fressen alles.« Vor zwanzig Jahren haben wir Meisen gefüttert und die Spatzen waren die ungebetenen Gäste. In der Großstadt verschieben sich die Feindbilder - oder gibt es schon gar keine Meisen mehr?

Obwohl sich Oma Pioch im ersten Drittel der Befragung als kritische, informierte und preisbewußte Hausfrau zu erkennen gibt, stellt sich fürderhin heraus, daß sie fast ausschließlich bei Karstadt kauft. Sie weiß genau, wo die gute Lurpak-Butter 2,28 statt 2,98 DM kostet. Auch die Sonderangebots-Anzeigen in der Donnerstagsausgabe studiert sie eifrig - und geht dann doch wieder zu Karstadt. Nun, daran sollen die Marktforscher knacken, mein Job ist es, Fragen zu stellen und nicht, unschuldige Berliner Hausfrauen in Widersprüche zu verwickeln.

Mein schon immer vorhandener Eindruck, daß diese, von Oma Pioch repräsentierte Generation ungemein zäh ist, bestätigt sich auch hier wieder: Während Frau Pioch mit wachsender Begeisterung zum achtenmal den roten Kartenstapel zur Hand nimmt und vier kleine Haufen bildet, ist meine Kondition dem Ende nahe. Für sie ist das wohl so etwas wie ein Demokratie-Erlebnis und ihre Augen leuchten, als sitze sie hinter Robert Lemkes gelben Schweinderln und der anständige Teil der Nation blicke mit Wohlgefallen auf sie. Einer von uns beiden ist hier wirklich eine arme Sau, aber ich bin mir in dem Moment überhaupt nicht sicher, wer von uns.

Im Schlußteil, bei den statistischen Angaben, stellt sich heraus, daß sie 69 und Witwe ist. Ausgangspunkt eines kurzen, wenn auch nicht gerade straffen Abrisses der Familienverhältnisse. Mann ehemals Steuerberater, eine Tochter, Archäologin, diese stößt bei Ausgrabungen in der Türkei auf einen Mann, der sie heiratet, vier Enkel, alles paletti. Der brave Türke ist auf einem Passfoto zu besichtigen, das sie dem Portemonnaie entnimmt. Er sieht so beamtig aus, wie es eine deutsche Mutter von ihrem Schwiegersohn nur erträumen kann. Jurist ist er. Bei denen scheint ein bestimmtes Aussehen Berufsvoraussetzung zu sein. Die Tochter begutachte ich auf einem Ausriss eines ehemals wohl größeren Fotos, die Enkel paarweise in Farbe sechs mal neun. Der Ex-Mann steht gerahmt auf dem Fernseher und hat Ähnlichkeit mit Erich Honnecker: dasselbe schwarze Kassengestell, die merkwürdige Dünung im hellen Haar und dunkelweißer Anzug. Sie war bis gestern drei Wochen im Urlaub, in Bayern, Schulfreundin besucht in München und Abstecher in die Schweiz und und und ... Den Brief vom Institut hat sie gar nicht gelesen, die Post der letzten drei Wochen ist noch ungesichtet. Sie wußte von nichts, als sie mich reinließ. Daß sie wirklich ein Pfund Kaffee bekommen soll, rührt sie. Ich bin auch gerührt. Noch fünf Minuten und ich hätte sie in den Arm genommen. Jetzt aber nichts wie raus. Die Verabschiedung ist herzlich. Ich werde bestimmt noch Gesprächsstoff für Monate sein.

Wenn das kein guter Auftakt war. Erschöpft, aber frohgemut mache ich mich auf den Weg ins Nachbarhaus. Wunderbar, offene Tür und Warnach ist Parterre. Also los, nochmal die quälende Spielerei. Es öffnet der vierzehnjährige Sohn, die Mutter erscheint kurz darauf im Bademantel, läßt mich knapp einen Satz sprechen, schleudert mir dann ein gedehntes, urberlinerisches »Neee« entgegen und fügt hinzu »Sowas machen wir nicht« - als hätte ich sie aufgefordert, die Oma zu rösten. Die alte Verkaufsregel ignorierend, daß das Gespräch ja erst beginnt, wenn der Kunde nein sagt, mache ich kehrt. Mit einer Frau im Bademantel diskutiert es sich schlecht. Außerdem schien sie weitaus entschlossener als ich, ihre Meinung durchzusetzen. Also der nächste. Fritsche ist auch nach dreimaligem Klingeln nicht da, gegenüber ebenfalls Fehlanzeige. Noch ein Stockwerk höher. Ich breche bewußt die alte Vertreterregel, immer von oben anzufangen, weil ich in den unteren Stockwerken die älteren Bewohner vermute, und die haben mehr Zeit und scheinen verträglicher. Denkste! Frau Heizmann läßt mich durch die geschlossene Tür abblitzen. Oma Prebanz schenkt mir nur den Blick eines Auges - die kurze Türkette erlaubt lediglich spaltbreite Öffnung und halbe Kopfsichtung. Sie hat keine Einkaufsprobleme, nein, nein, das wär schon gut - und zu ist die Tür.

Im nächsten Haus fange ich doch oben an. Zwei halbe Treppen steigen und sofort klingeln führt jedesmal dazu, daß ich noch etwas japsig rede. Also locker von oben runter. Im Vierten ist keiner zu Haus. Drei links öffnet ein Dreißigjähriger im schwarzen Bademantel. Seine Frau kommt erst in einer Stunde. Nebenan wieder Konversation ohne Blickkontakt, drei Zentimeter Holz trennen uns. »Wer ist da? Was? Ich habe einen gebrochenen Knöchel, ich kann Sie nicht empfangen.« Ich hole Luft, um zu erläutern, daß ich weder empfangen werden möchte noch es auf ihren Knöchel abgesehen habe, sondern nur Fragen stellen will, Fragen. Doch als meine Lungen am vollsten sind, sinkt meine Zuversicht rapide und ich breche mit einem pfeifenden Stöhnen ab. Keine Debatten! Zwei Treppen niemand zu Hause. Erster Stock links. Mittvierziger im Unterhemd, Frau im Hintergrund. »Nee, wir sind vor 'ner Stunde erst aussem Urlaub zurück, jeht nich.« Gegenüber Spalt mit Kette, Frau im roten Kleid. Sie ist so klein, daß sie unter der Kette durchguckt, und hat eine schrille Stimme. »Nein, das möcht' ich nicht.« Wahrscheinlich gucke ich auch schon nicht mehr so freundlich wie anfangs. Ich versuche, mir etwas mehr Ausstrahlungskraft einzureden, wechsele die Straßenseite und fange doch wieder im Erdgeschoß an. Rechts ein Türschild mit drei Namen, ausgeschriebene Vornamen, poppig gemalt. Wohngemeinschaft. Mal sehen, wie die Altersgenossen reagieren. Wichtig: lockere Ansprache! Ich klingele. Ein kaugummikauender Spät-Teeni mit New-Wave-Haarschnitt öffnet, aus dem Hintergrund schallt mir AFN-Musik entgegen. »Sag mal, würd's Euch nerven, wenn ich mal kurz 'nen paar Fragen stelle, so über Einkaufen und Geschäfte hier in der Nähe?« - »Ja, allerdings!« Mist, ich hab's ihr wirklich zu leicht gemacht. »Laß man«, sagt sie und will die Tür schließen. Da schießt mir noch ein Gedanke durch den Kopf, wie sich die letzten Reste der Jugend-Solidarität vielleicht doch noch ausnutzen lassen. »Hättest Du was dagegen, wenn ich sage, ich hätte Euch befragt, auch wenn ich's nicht habe?« »Nö, kannste machen« und weg ist sie. Wunderbar, alles weitere zu Hause am Schreibtisch. Die lassen bestimmt jeden Kontrolleur des Instituts genauso abblitzen wie mich. Ich bin also erfreut, daß ich in dem Haus gar nicht mehr weitermache, sondern gleich zum Nachbarhaus strebe. Letzter Versuch.

Eine Mittdreißigerin öffnet, friesischer Typ, nettes, offenes Gesicht und helle lebendige Augen. »Frau Gericke, Sie sind auserwählt«, fange ich an und lasse die Kunstpause wirken. »Ihr Haushalt ist auserwählt für eine repräsentative Befragung der Berliner Bevölkerung. Es geht um die Verbesserung der Einkaufsmöglicheiten, sie können endlich einmal alle ihre Beschwerden loswerden und einiges wird sich dann wohl auch verbessern. Dazu möchte ich Ihnen gerne einige Fragen stellen, wenn Sie gestatten.« Ich bin beeindruckt von mir, sie von mir auch. Ich darf reinkommen. Na also, es bedarf eben eines kleinen Auftritts. Da ich sie nicht unsympatisch finde, habe ich das ungute Gefühl, daß sie mich nach einer Stunde nicht mehr so nett finden wird und ich dann sehen muß, wie ich mit ihrem Groll leben kann. Im Wohnzimmer, einem großen hellen Raum, darf ich an einem altdeutschen Tisch, helles Braun und ungemein stabil, Platz nehmen. Ihr offenes Lächeln stimmt mich frohgemut. Bei Frage 16 muß ich sie in den Fragebogen blicken lassen und rücke ihr näher. Als wir uns gemeinsam vorbeugen, wird sie etwas rot und ihr Lächeln etwas inniger. So unlieb ist es ihr wohl gar nicht, mit mir zu reden. Da erscheint die siebenjährige Tochter und versucht, von der Mutter zu erfahren, was wir eigentlich treiben. Sie will sich jedoch nicht unterbrechen lassen. »Später, Ute, später!« Ihre Art, mich anzusehen, wenn ich meine Fragen stelle, wird immer freundlicher. Ich überschlage einzelne Fragen, dann und wann auch mal eine Seite. Ich muß zum Ende kommen. Nach knapp eindreiviertel Stunden sind wir endlich bei der letzten Frage angelangt. Mit dem Hinweis auf das demnächst eintreffende Pfund Kaffee und unter Mißachtung all meines Wissens über non-verbale Kommunikation nähere ich mich der Wohnungstür, völlig erschöpft, genervt und eine enttäuschte Hausfrau zurücklassend.

In der Badewanne überschlage ich: sechs Stunden unterwegs, völlig kaputt, offiziell dreißig Mark verdient, mit der getürkten Wohngemeinschafts-Antwort (das kostet mich sicher noch einmal eine halbe Stunde) fünfundvierzig. Nicht gerade viel. Aber ohne Abzüge. Heute abend gibt's Steak, der Rest kommt aufs Konto.

Aus Münster kam das kiloschwere Paket eines Marktforschungsunternehmens. Fragebogen? Fragebücher! Eine Lifestyle-Analyse; die Broschüre trug den Titel: »Sie werden sich wundern, was man alles fragen kann!« Allerdings. Sie zahlten weniger als das hiesige Umfrageinstitut, nämlich zehn Mark pro Interview, dafür brauchte man aber nur zehn Fragen selbst zu stellen, auf den folgenden 123 Seiten durfte der Befragte selbst und allein die Kringel machen. Mit den 327 Fragen konnte sich jeder Willige sicherlich einen schönen Abend machen. Vielleicht ist der Bürokatie-Virus ja wirklich schon so tief in die deutsche Seele eingedrungen, daß alle Bürger ein latentes Verlangen haben, Fragebögen auszufüllen. Ich wollte diesen Lustgewinn niemandem vorenthalten, doch leider fand ich keine Interessenten.

In der »Morgenpost« stieß ich auf ein immer umsatzstärker werdendes amerikanisches Waschmittel. »Amway« verhieß mir Selbständigkeit, Reichtum und ein glückliches Leben. Der Show-Auftritt eines Chef-Einpeitschers wurde mir vorenthalten, aber bereits am Tag nach meiner telefonischen Interessenbekundung hielt ich eine Vierfarben-Tiefdruck-Broschüre in Händen, die kaum weniger überzeugend war: »Ja, Sie können ein eigenes Geschäft haben! Durch den Amway Verkaufs- und Marketingplan sind bereits Tausende von Menschen aus allen sozio-ökonomischen Schichten Inhaber ihrer eigenen erfolgreichen und unabhängigen Geschäfte geworden.« Hoffungsschwanger schwenkt mein

Blick auf die rechte Seite, wo bunte Bilder das Gesagte unterstreichen und der Euphorie Nahrung geben. »Leute jeden Alters und aus allen Schichten ...«, darunter eine Menschenansammlung im Hörsaal (bei näherem Hinsehen beim Sechstagerennen), »...können ein erfolgreiches Amway-Geschäft aufbauen.« Darunter zwei Paare im lebhaften Gespräch, eins auf Couch und Sessel vor einem Rauchglastisch sitzend, das andere stehend-gebeugt darüber, der Mann im hellen Sakko hält eine Broschüre in Händen. Ein wunderbares Verkaufsgespräch. So einfach ist der Deal!

»Wie so viele andere können auch Sie ein gewinnbringendes Amway-Geschäft aufbauen, wenn Sie bereit sind, regelmäßig Zeit und Arbeit dafür einzusetzen.« Mein Gott, Zeit und Arbeit! Ist das zur Abschreckung geschrieben oder um Seriosität zu demonstrieren? Wie auch immer, ich erfahre von Möglichkeiten, mir ein »beachtliches Zweiteinkommen« zu sichern, ja sogar ein »Haupteinkommen, was eine wirkliche finanzielle Unabhängigkeit bedeuten könnte« wird nicht ausgeschlossen.

Dreihundert Mitarbeiter hat der Laden schon. Und: »Ihre eigenen Interessen werden dabei vollständig durch die ethischen Leitsätze von Amway geschützt.« Ist der Inhaber jemand, der das Wort Profitwillen im Katechismus gefunden hat? Ganz klar wird mir das nicht, dennoch: »Dies ist Ihre Chance.« Keine Investition ist nötig, toll, ich sehe die Wirtschaftsdemokratie nahen, jeder sein eigener Unternehmer. Nähere Erläuterungen dieses mich langsam interessierenden Gesellschafts- und Wirtschaftsmodells suche ich leider vergeblich, denn nun wird es sehr persönlich. »Was erwarten Sie vom Leben? Was sind Ihre heimlichen Wünsche?« Gute Frage. Ich wäre glatt ins konturlose Grübeln verfallen, würde Herr Amway das nicht geahnt haben und mir einige hilfreiche Tips geben, was ich eigentlich will, wollen könnte oder sollte: »Ein neuer Wagen?« (Au Mann, der weiß wirklich, wo mich der Schuh drückt!) »Ein eigenes Haus? Ein Boot oder ein Wochenendhaus am Meer? Oder eine bessere Ausbildung für Ihre Kinder?« Jetzt komme ich doch wieder ins Grübeln. Warum bin ich darauf bisher nicht alleine gekommen, auf all' diese schönen Möglichkeiten? Lebe ich verkehrt? Bin ich zu bescheiden? Denke ich einfach nicht genug nach? Wieder Fragen über Fragen.

»Durch die Einkommensverbesserung, die durch den Amway Verkaufs- und Marketingplan erzielt wird, können Sie die Dinge erwerben, an die Sie so oft gedacht haben, die Sie aber nie besaßen.« Ja, mehr noch: »Das ist vielleicht nur der Anfang. Sie allein bestimmen, was bei dem Amway-Geschäft herausspringt.« »Alles, was Sie wirklich brauchen, ist der Wunsch nach einem besseren Leben, eine verbindliche Art und die Bereitschaft zu arbeiten.« Haben wir! Auf geht's! »Nehmen Sie Ihr Leben in die Hand!« Na und ob. Erst einmal nehme ich die nächste Seite zur Hand. Produktvorstellung. Anti-Staub-Spray, Vollwaschmittel, erfrischendes Raumspray, Geschirrspülmittel, Möbelpolitur und noch 43 andere bunte Dosen, Kanister, Flaschen. Nächste Seite: »Wie Sie mit dem Aufbau Ihres Amway-Geschäftes beginnen. Um sich zu überzeugen, wie gut Amway-Artikel tatsächlich sind, sollten Sie sie zu allererst einmal selbst verwenden. Als nächstes lernen Sie, die Amway-Artikel vorzuführen und vorzustellen. Danach stellen Sie sich eine Liste potentieller Kunden auf.« Nachtigall, ick hör' dir trapsen. Wieder einmal ist der Verkäufer sein bester Kunde. Das wird den Aufsichtsrat freuen. Aber, wie gewinne ich denn weitere Kunden für ein so langweiliges Produkt wie Wasch- und Reinigungsmittel? Das nimmt doch jeder so im Vorbeigehen im Laden mit. Mit dieser Sorge läßt mich die Firma Amway alleine fertigwerden. Sie winkt schon mit den Verdienstmöglichkeiten. »Bei einem Geschäftsvolumen von DM 400.-- erhalten sie am Ende des Monats ein Einkommen von DM 132,--. Um Ihr Einkommen zu erhöhen, müssen Sie lediglich etwas mehr Zeit aufbringen, etwas mehr Amway-Artikel anbieten und weitere Kunden gewinnen. Auf diese Weise legen Sie die Grundlage für ein stabiles, dauerndes Geschäft.« Ob das wirklich jemand kapiert, was das bedeutet, für vierhundert (!) Mark Waschmittel pro Monat zu verkaufen? Die Leute fressen das Zeug doch nicht wie Kuchenteig. Und selbst wenn ich ein paar Dumme finde und das Zeug losschlage, brauchen die doch nicht in der nächsten Woche schon wieder was. Echtes Geld mache ich aber nur, wenn die Nachfrage nicht abreißt. Also, Bundesbürger, saut Euch voll. Mütter, wascht und spült wie die Besengten! Schließlich wollen wir alle leben.

Cine-Video rief an und verlangte ein weiteres Mal meine Präsenz bei den Dreharbeiten des Gremm/Faßbinder-Films. Ich fühlte mich endlich als Charakter-Darsteller erkannt und sah eine große einträgliche Karriere vor mir - doch war ich am Drehort nur einer von hundertfünfzig Statisten. Massenszenen waren angesagt. Es herrschte ein Chaos, das jedes Sponti-Herz hätte höher schlagen lassen. Leider nicht kreativ, dieses Chaos, produktiv schon gar nicht. Immerhin bescherte es mir reichen Menschenkontakt, und zwar rund um die Uhr. Für die Viertelstunde Film waren 200 Menschen von morgens sieben bis abends sieben auf den Beinen. Häme und Wiederholungen würden ausarten, wollte ich den Dilettantismus des Teams und die endlose Warterei beschreiben. Wirklich filmreif waren allein die permanenten Anbiederungsversuche vieler weiblicher Komparsen an die Mitglieder des Aufnahmeteams. Die absurde Hoffnung auf eine Filmkarriere geisterte offensichtlich durch ihre Köpfe - und ihre Körper waren bereit, dafür Preise zu zahlen. Harmlos-neugierig, aber kokett die Schülerinnen, die schwänzten; mit klarer Absicht, klarer Zielsetzung und klarem Programm einige Schönheiten, die sich immer vor der Kamera drängelten, vom Regisseur bis zum Beleuchter alle mit Charme überströmten, sofort vorstürmten, wenn für eine Tanzszene Auserwählte gesucht wurden, murrten, wenn sie jemand nach hinten verbannte. Darunter eine Disco-Bardame, eine freiberufliche Krankengymnastin, eine Boutiquen-Verkäuferin und eine Arbeitslose. Vereint durch den Willen zum Film mit Hausfrauen und Frührentnern. Einen Großteil meiner Gage setze ich an dem Abend noch in Alkohol um. Es gibt Berufe, da kostet das Überleben manchmal mehr als das Gehalt einbringt.

Am nächsten Abend offeriert die KAVB Verkaufstraining für alle, die noch im ersten Mitarbeiterjahr sind. Wie bearbeite ich den Kunden? In viertelstündigen Videofilmen wird demonstriert, wie man es nicht macht - und wie man es besser macht. Wo stehe ich, wenn die Tür aufgeht, wie trage ich mein Anliegen vor, wie erwecke ich Vertrauen und Sympathie, wie unterlaufe ich Abweisungsversuche, wie zwinge ich den Kunden, mir zumindest einen neuen Termin zu geben. Die Negativbeispiele werden mit brüllendem Gelächter quittiert, meist schon kurz vor der Pointe. Hier sitzen Profis, die kennen die Situationen, erkennen sich auch wieder. Von der Tür in den Flur, wie leite ich das Gespräch ein; der Gang ins Wohnzimmer, den Tatort; wie wähle ich die Sitzordnung, wie behandle ich andere Personen im Raum, wie eröffne ich das Verkaufsgespräch, wie führe ich es weiter, wie unterscheide ich Einwände und Vorwände des Kunden. Dann die letzte Hürde: Wie bringe ich den Kunden zur Unterschrift. Tip: Wiederholung und Zusammenfassung aller bisher genannten und herausgefundenen Gründe für den entsprechenden Versicherungsvertrag; dabei die einzelnen Punkte vom Kunden bestätigen lassen, »so daß der Kunde in einen Ja-Rhythmus kommt und auch die letzte Frage - wollen Sie bitte hier unterschreiben - mit Ja beantwortet.« Und: »Immer daran denken: zuerst muß das Herz über die Hürde, dann der Verstand.« Dem Herz kann man etwas auf die Sprünge helfen. »Vergleichen Sie große Zahlen mit kleinen Zahlen. Die Höhe der Versicherungssumme mit den monatlichen Beitragssätzen. Malen Sie die Kosten des Risikos aus. Gehen Sie sofort davon aus, daß es gar keine Frage mehr ist, *ob* der Kunde sich versichert; alleiniges Problem ist nur noch, *wie* der Kunde sich versichert. Machen Sie Ihr Angebot erst, wenn Sie seinen Bedarf genau kennen. Gehen Sie auf Einwände nicht zu lang ein, es könnten ja auch nur Vorwände sein. Stellen Sie die positiven Seiten immer wieder heraus.« Jeder Moment des Verkaufsgesprächs ist wichtig und schwierig. Doch alles ist machbar, wenn man nur weiß wie. Einfühlungsvermögen wird dem Verkäufer angeraten, aber auch Festigkeit. Schließlich ist er der Fachmann, der Kunde ist unsicher. Das will der Kunde vermeiden zuzugeben, vor allem, weil das Gespräch in seinem Haus stattfindet, wo er das Sagen hat. Der Verkäufer muß damit rechnen, daß der Hausherr dies ab und zu mal zu erkennen geben will. Dabei muß man ihn gewähren lassen. Zugleich ist der Kunde nämlich nur zu bereit, sich von dem Fachmann etwas erklären zu lassen, sich leiten zu lassen. Das Verkaufsgespräch ist eine Wanderung mit der Kuh über einen vereisten Grat. Der Kunde will vom Eis, der Verkäufer vom Grat. Also haben beide dasselbe Ziel: den Vertrag. »Noch Fragen?« Keine.

Zweiter Teil des Abends: Manöverkritik. 8.000 Einheiten sollte diese Truppe bis zum Quartalsende schaffen. Heute, 10 Tage davor, sind knapp 4.000 Einheiten geschrieben. Herr Hellmann, jungscher Krauskopf im Dunkelblauen, der zur KAVB-Führungsmanschaft aufsteigen möchte, übt sich in Zusammenstauchen und Motivieren. »Jokoscheit. Ihr Stand ist 300 Einheiten. Ihr Monatsziel 500. Was ist los? Faul, Pech oder was?« Reihum, namentliche Anraunzerei, Schauprozess. Öffentliche Demütigung zum Zweck der Motivationssteigerung. Mit den Neuen hat Hellmann Verständnis und Nachsicht. »Daß da nicht hunderte von Einheiten zustandekommen - haben wir auch nicht erwartet. Aber was soll das hier: 24, nichts, 27, nichts, nichts, 32. Also das ist zu dünn. Ich muß das noch mal ganz klar sagen, wir sind hier ein Leistungsunternehmen, es muß hier was rauskommen. Wir haben deshalb beschlossen, eine Leistungsgrenze zu setzen. Schreiben Sie in den nächsten 10 Tagen 50 Einheiten. Mein Gott, 50 Einheiten, das ist im Grunde schon lächerlich, das ist fast nichts. Aber die müssen Sie schreiben. Sonst - müssen wir uns leider von Ihnen trennen. Sie haben alle unsere Hilfe und Unterstützung. Wir haben Ihnen tolle Angebote erklärt und Sie bekommen nachher noch zwei, damit machen Sie auf einen Schlag 100 Punkte. Also, auf geht's!«

Das Leistungsunternehmen KAVB sah sich dann mit Bedauern genötigt, sich von mir zu trennen.

Pizza esse ich neuerdings immer bei Antonio. Traumhaft zubereitet. Und der Valpolicella ist wunderbar mild. Dort können wir uns ja mal treffen. Falls Sie noch keine Lebensversicherung haben ...

Working Class Heroes

Das krasse Gegenteil einer amerikanischen Show ist eine deutsche Gewerkschaftssitzung. Beides muß man live erlebt haben. Die eine ist schnell, einfallsreich, gut organisiert und effektvoll, die andere ist quälend langatmig, schleppt sich über die Runden und vermeidet erfolgreich jeden Hauch von Spannung und Rhetorik. »Liebe Kollegen, wie ihr sicherlich gehört habt, will die Geschäftsleitung ...« Von gewählten Funktionären geleitete Betriebsversammlungen fangen immer so an; wie sie aufhören, weiß ich nicht, denn solche Zusammenkünfte haben selten ein organisiertes Ende - sie laufen langsam auseinander, bröckeln ab, lösen sich in Nichts auf. Den Wettbewerb um die besseren Nerven und das beste Sitzfleisch gewinnen dabei komischerweise immer die Leute auf dem Podium. Ob sie die Sitzungen beenden, wenn der letzte Zuhörer sich mit zerquältem Gesicht davongeschlichen hat oder erst, wenn sie den allerletzten Tagesordnungspunkt abhaken können, wäre einen Forschungsauftrag wert.

Dieser Habitus tapsiger gutmütiger Bären, die mit dickem Fell, gutem Sitzfleisch und festem Glauben an ihren Auftrag unverdrossen und unbeirrbar ihre Mission erfüllen, findet sich bis in die Spitzen gewerkschaftlicher Organisation. Im Frühjahr 1984 hatte ich das sattsam erfahren. Auf der Jagd nach Interviews zum Thema Arbeitszeitverkürzung hatte ich zunächst in Köln bei der Bundesvereinigung Deutscher Arbeitgeberverbände Station gemacht. Der Taxifahrer wußte sofort, wo das war, nähmlich in bester Lage, direkt am Rheinufer, in einem modernen und großzügigen Bau. Eine Sekretärin holte mich am Empfang ab und geleitete mich in ein gemütliches Zimmer. »Herr Dr. Himmelreich bittet Sie noch ein paar Minuten um Geduld, leider ist noch ein wichtiges Telefonat hereingekommen.« Ich hatte den starken Kaffee kaum zur Hälfte getrunken, als ich von der freundlichen Fee abgeholt wurde. Vier Stunden später stieg ich am Hauptbahnhof in Düsseldorf in ein Taxi und sagte: »Zum DGB.« Der Spāthippie guckte groß: »Wo iss das denn?« Er mußte über Funk fragen und kutschierte mich dann aus der Innenstadt heraus. Der Wagen war erfüllt von lauten Rock-Klängen; Marianne Faithfull krächzte den alten John Lennon-Song »A working-class heroe is something to be ...«

Die DGB-Zentrale steht inmitten eines leblosen Gewerbegebietes, ein nüchternes Hochhaus zwischen anderen noch phantasieloseren Hochhäusern. Der Weg zum Tarifexperten im Bundesvorstand des DGB, Lothar Zimmermann, erfordert mehr Eigeninitiative als der Vorstoß in Köln. »Fahrnse man in'n achten Stock!« hatte der Pförtner gesagt und war anschließend wieder hinter seiner Zeitung weggetaucht. Ich sichtete zwei Dutzend Namensschilder an den Türen, dann war ich, wo ich hinwollte. »Ach, da sindse ja schon«, begrüßte mich die Sekretärin. »Der Kollege Zimmermann iss noch in 'ner Sitzung. Ja, ich weiß gar nicht ..., am besten ich ruf da unten mal an.« Sie wählte eine dreistellige Nummer. »Ja Lothar, hör mal, dieser Journalist iss jetzt da. Wann bist du denn soweit? Hm, was? Ja, sach ich ihm. Sie möchten sich noch etwas gedulden, meint er.«

Nett, ausgesprochen nett finde ich sowas, so menschlich; für jemanden, der Lokalkolorit mag, sind solche Begegnungen Erlebnisse, an die er immer gerne zurückdenken wird. Ob das aber der Stil ist - und wir sprechen ja bislang nur über Stil, über die Ästhetik der Organisation und der Dialogform -, ob das der Stil ist, mit dem sich heutzutage noch viele Menschen »ansprechen« lassen, darf bezweifelt werden. Die Selbstdarstellungsweise der Gewerkschaften, wie sie im Auftreten der Funktionäre ihren Ausdruck findet, ist biedermännisch und häufig plump-solidarisch. Damit können sich immer weniger junge Leute identifizieren; speziell die aufstrebenden Facharbeiter, die aufstiegsorientierten Angestellten und die neuen Techno-Experten haben andere Umgangsformen, andere Werte und andere Zukunftsvorstellungen. Sinkende Mitgliederzahlen und die Schwierigkeit, junge Arbeitnehmer zu gewerkschaftlicher Mitarbeit zu überreden, zeugen von den Diskrepanzen im Selbstverständnis.

Ist diese Gesellschaft zu reich geworden, so daß Gewerkschaften veraltet, unzeitgemäß sind? Haben die Werktätigen, seit sie mehr zu verlieren haben als ihre Ketten, die Lust an Gewerkschaften verloren? Haben die Gewerkschaften, indem sie der arbeitenden Bevölkerung zu Wohlstand verhalfen, sich selbst das Wasser abgegraben?

Angesichts der Schwierigkeiten der Gewerkschaften (in der heutigen Zeit und der jetzigen gesellschaftspolitischen Situation ihre Rolle zu definieren und ihren Mitgliederbestand zu halten) über Selbstverständnis und Zukunftsaussichten und -absichten der Gewerkschaftsbewegung zu diskutieren, lehnt der DGB-Vorsitzende Ernst Breit ab. Über seinen Pressesprecher läßt er mir mitteilen: »Der Problemkomplex ist auch bei uns noch im Stadium der Diskussionen. Es ist natürlich gar keine Frage, daß der Vorsitzende dazu etwas aussagen könnte ...; er möchte es jedoch nicht.« Tz, er möchte einfach nicht. »Gräm dich nicht«, tröstete mich ein alter Gewerkschaftskenner, »der DGB-Vorsitzende hat sowieso wenig Machteinfluß. Die Chefs der Einzelgewerkschaften, das sind die Fürsten im Land. Der ganz Bundesvorstand ist eher verwaltend als vorwärtstreibend. Überhaupt, die ganze DGB-Linie ist eigentlich das Ergebnis eines Kräfteparallelogramms der Einzelgewerkschaften. Der Bundesvorstand ist bloß ausführendes Organ. Und die haben Schiss, unter Handlungsdruck zu geraten.« Gut, abgehakt.

Nehmen wir die mächtigen Fürsten. ÖTV-Chefin Wulf-Mathies, so beredt, daß schon mancher Fernsehmoderator blaß aussah, findet aufgrund der laufenden Tarifrunde im öffentlichen Dienst keinen Termin. Adolf Schmidt, Vorsitzender der IG Bergbau und Energie und jüngst hervorgeteten durch seine Appelle, Buschhaus endlich in Betrieb zu nehmen, jener Adolf Schmidt, dem Arbeitsplätze über alles, vor allem aber über die Umwelt gehen, will einfach nicht. »Nö, will er nicht«, ist die knappe Antwort aus Bochum. Ansonsten will Adolf Schmidt lieber mehr als weniger: neben seinem Gewerkschaftsvorsitz hat er noch den stellvertretenden Aufsichtsratsvorsitz bei der Ruhrkohle AG und der VEBA und Aufsichtsratsmandate in privaten, öffentlichen und gewerkschaftseigenen Unternehmen; er ist Mitglied des Bundestags und dort stellvertretender Fraktionsvorsitzender der SPD. Die vielen Ehrenämter laufen am Rande. Man merkt: wie der überzeugteste Baghwan-Jünger ist auch Adolf Schmidt ganz dem Hier und Jetzt verbunden. Wen wundert's, daß ihn Zukunftsfragen dann nicht interessieren?

Bleibt eine Gewerkschaft, die schon immer etwas besonderes war im DGB-Spektrum: die IG-Metall. Sie ist groß, stark, kämpferisch. Und selbstbewußt genug, sich einen Mann in der Führungsspitze zu leisten, der schon rein äußerlich aus der grauen Norm der Funktionäre herausfällt: Franz Steinkühler. So wenig, wie das Schweigen der anderen Spitzenfunktionäre verwundert, so wenig verwundert es eigentlich, daß er das Gesprächsangebot aufgreift.

Der 47jährige sitzt seit Ende 1983 in der Frankfurter Zentrale der IG Metall, und die liegt im Zentrum der Main-Metropole, in unmittelbarer Nachbarschaft des Bankenviertels, doch mit dem angemessenen höflich-distanzierten Abstand, direkt am Mainufer. Die Eingangstür ziert ein großer gelber Aufkleber »Atomwaffenfreie Zone«. Das würde sich der DGB nicht trauen. Doch damit erschöpfen sich die Differenzen zunächst. Der Pförtner meldet in vertrauter Weise nach oben: »Der Kollege Kampe ist jetzt da!« Der Kollege Schirmer aus der Presseabteilung bringt mich in das holzgetäfelte Obergeschoß und läßt durchblicken, daß »der Franz« ganz interessiert sei, auch mal über solche Dinge wie Zunkunftsaussichten zu reden. Daß er Spaß an offenen, auch kontroversen Gesprächen hat, hatte ich schon vorher vernommen; daß er oft mit seinen offenen, direkten und häufig unkonventionellen Äußerungen und Standpunkten aneckt und dann auch manchen Rüffel einstecken muß, kann man in regelmäßigen Abständen den Tageszeitungen entnehmen.

Als er plötzlich im Raum steht, zieht er natürlich sofort die Aufmerksamkeit aller Anwesenden auf sich. Aber er erzwingt sie nicht, kein »Hoppla, hier bin ich«-Auftritt, keine lässige Routinehaltung des Mächtigen oder Stars. Während er einen kurzen Moment lang registriert, wer sich alles in seinem Vorzimmer tummelt, huscht das verlegene Lächeln eines Jugendlichen über sein Gesicht. Kurz darauf hat er die Situation in der Hand, grüßt, legt fest, wer wann zu ihm kommt, unterzeichnet ein paar Schriftstücke und sitzt mir dann gegenüber. Er strahlt mehr Wärme und Herzlichkeit aus, als die üblichen Pressefotos vermuten lassen. Da sieht er eher scharfkantig, hart und asketisch aus - und wohl auf Basis solcher Fotos machte ihm die »Welt« das fragwürdige Kompliment: »Er könnte auch als junger erfolgreicher Unternehmer durchgehen.«

Ich bin gespannt, ob er so entspannt bleibt, mit dem Hang zum schelmenhaften Lächeln, wenn wir an die wirklich brisanten Punkte »Selbstverständnis« und »zukünftige Strategien« der Gewerkschaften rühren. Die erste Frage, wie seine Gewerkschaft auf den sinkenden Anteil der klassischen Arbeitnehmer an der Gesamtzahl der Beschäftigten und die scheinbar zunehmend schwerere Organisierbarkeit der Lohnabhängigen reagiere, beantwortet er ziemlich dozierend. Es sei richtig, daß die Mitgliederzahl sinke, aber es gebe keine Massenaustritte, wie etwa in der Zeit vor 1933. Trotz sinkender Mitgliederzahl steige der Organisationsgrad, der Anteil der gewerkschaftlich Organisierten an der Gesamtzahl der Metallarbeiter nehme zu; aber der massive Abbau von Arbeitsplätzen in dieser Branche, dreihunderttausend im Zeitraum bis 1980, mache sich natürlich auch für die IG Metall bemerkbar. Daß das jedoch nur die halbe Geschichte ist, daß seit dem Neue-Heimat-Skandal die Zahl der Neuzugänge rückläufig ist, daß es vor allem immer schwerer fällt, Jugendliche für die gewerkschaftliche Mitarbeit zu gewinnen - all das weiß ich auch aus IG-Metall-Veröffentlichungen. Aber der Franz Steinkühler möchte wohl zumindest am Anfang einmal etwas Positives schildern. Ich bin gespannt, wie lange er nun erstmal Eigenlob der Organisation spendet, bevor er selbstkritisch wird. Zu meiner Überraschung kommt die Wende schon mit dem nächsten Satz. »Die Arbeit wird allerdings in der Tat nicht einfacher. Im Augenblick eilt die technologische Entwicklung dem gesellschaftlichen Bewußtsein weit voraus. Wir haben eine dramatische Entwicklung vor uns und viele - auch bei uns - haben noch nicht begriffen, wo das hingeht. Die Produktivität steigt ungeheuer schnell, und das führt zu enormen Folgeproblemen, zu Strukturbrüchen. Der Kreis derer nimmt ja zu, die meinen, daß diese Industriegesellschaft in ihrer derzeitigen Verfassung (um nicht zu sagen: ihrer derzeitigen kapitalistischen Verfassung, und das trifft im Grunde den Kern) in eine tiefe und irreparable Krise geraten ist.«

Zur Charakterisierung dieser Krise benutzt Franz Steinkühler klassische Formulierungen der marxistischen Politischen Ökonomie, spricht von Produktivkräften, Grenzen der Verwertbarkeit, rückläufiger Nachfrage. Hinzu kommen neuzeitliche Termini wie »Ökologische Grenzen« und »sinkendes Arbeitsvolumen«. Fazit: »Es hat objektive Verschiebungen gegeben, gerade auch im Verhältnis der Bedeutung der Lohnarbeit zur Bedeutung anderer Lebensbereiche, die zunehmend wichtiger werden. Das hat Folgen für die Werte des Menschen - und das bereitet uns auch Schwierigkeiten, denn wir sind zwar in dem Bereich der Lohnarbeit zu Hause, aber zu dem anderen Bereich haben wir noch nicht genügend Zugang gefunden. Angesichts dieser neuen Werte kann man aber nicht einfach alte Politik weitermachen, die ist dann gar nicht mehr tragfähig, weil sie auf keinerlei Rensonanz mehr stößt. Da muß einiges nachhaltig anders werden.«

Was konventionell anfing als Beschwörung der Krise des Kapitalismus ist damit schnell an einen neuen Ausgangspunkt herangeführt worden. Verschiebungen in der Welt der Arbeit und der Produktion, neue Werte, neue Politik sind erforderlich. So klar hat das noch keiner formuliert, der bei einer Gewerkschaft in Amt und Würden steht. Da hört man eher zu später Stunde in Fernsehdiskussionen die alten Gewerkschaftsrecken schwadronieren: »Harte Auseinandersetzungen der Sozialpartner hat es auch schon in den fünfziger und sechziger Jahren gegeben, das ist damals wie heute, nun ja, die Formen ändern sich ...« und so weiter. Daß es nicht heute wie damals ist, hatte der Steinkühler Franz im Frühjahr '84 laut verkündet: Der Kampf um die Arbeitszeitverkürzung sei eine Existenzfrage für die Gewerkschaften. Da wurde es den anderen Gewerkschaftsführern mulmig. Wäre das richtig, dann müßten sie ja auch mal grundsätzlich nachdenken über Strategien und Selbstverständnis. Und so viel Innovation überforderte sie wohl - noch.

Der klar analysierende, vorausschauende und schnell denkende Franz Steinkühler bringt sich mit solchen Denkspielen und Erkenntnissen natürlich unter Zugzwang. Eine neue Politik der Gewerkschaften, eine zeitgemäße, den Veränderungen angemessene Gewerkschaftspolitik, wie soll so etwas aussehen?

»Ich glaube, daß die Betätigungsfelder der Gewerkschaften sich über den heutigen Bereich hinaus ausdehnen müssen. Die Interessen abhängig Beschäftigter lassen sich nicht auftrennen in Interessen, die aus der Arbeitssphäre entstehen, und Interessen, die im Freizeitbereich auftauchen. Ausbeutung - im Sinne von Ausnutzung - findet ja in beiden Bereichen statt. Und da werden wir wohl ein paar neue Strategien und Organisationskonzepte entwikkeln müssen, um auf dieser Ebene wirksamer als in der Vergangenheit zu werden.«

Das klingt gut, aber was soll das heißen, wie sollen sie aussehen, diese neuen Strategien? Franz Steinkühler hebt die Hände, lächelt spielerisch verzweifelt: »Noch sind das Überschriften; ich hab' da auch noch keine fertigen Vorstellungen; ich versuche das hier nur mal anzuschneiden. Dieser ganze Diskussionsprozeß ist, das kann ich wohl, ohne jemand wehzutun, sagen, ist auch bei uns noch sehr schwach entwickelt. Was ich da sage, ist ja nicht für den kurzfristigen Zeitraum gedacht, wir wollen ja über langfristige Perspektiven reden. Unser Selbstverständnis ist, daß wir nicht nur Arbeitsbedingungen verbessern wollen, sondern auch Lebensbedingungen. Und das kann man nicht allein durch Tarifverträge; aber fertige Rezepte, wie Lebensbedingungen zu verbessern sind, haben wir eigentlich nicht.«

Daß solche Rezepte oder Konzepte bei der IG Metall nicht vorliegen, hat nichts mit mangelnder Planung oder Phantasie zu tun; starke Kräfte in dieser Massengewerkschaft haben es lange Zeit als sinnvoll betrachtet, daß ihr Apparat sich auf Lohnfragen beschränkte, - und politische Strategen an der kurzen Leine gehalten. Diese starken Kräfte saßen keineswegs nur an der Gewerkschaftsspitze. Im Gegensatz zum politischen Weltverständnis der APO-Linken, die die Gewerkschaftsfunktionäre stets als Bremser und Abwiegler sahen, wohingegen die latent revolutionäre Arbeiterklasse längst den Kapitalismus überwunden hätte, wenn man sie nur gelassen hätte - im Gegensatz zu diesem naiven Weltbild zeigt sich heute, daß der Gewerkschaftsapparat und seine Funktionäre Mühe haben, der Basis Beine zu machen, daß sie aufpassen müssen, mit ihrer Einsicht in die makroökonomischen Probleme und den daraus folgenden Strategien sich nicht zu weit vom überwiegend privatistischen, konsumorientierten und politisch desinteressierten Bewußtsein der satten Arbeitnehmerschaft zu entfernen.

Obwohl ich all dies nicht gerade sanft formuliere, geht der gewählte Repräsentant der so geschmähten Arbeiterklasse nicht auf die Palme. Vorsichtig sucht er nach Worten. »Nun ja, die Arbeitnehmerschaft, hm, also ich sag' das mal sehr zurückhaltend, ist nie so politisch gewesen, daß sie hätte resistent bleiben können gegen ökonomische Wenden. Da gibt's viele Irritationen, Irrungen und Brüche - im Verhältnis zu diesem Wirtschaftssystem, und auch im Selbstverständnis. Wir merken das auch an der Mitgliederloyalität. Das heißt, viele Arbeitnehmer sehen uns heute nur als Dienstleistungsbetrieb, der zuständig ist für Lohnerhöhungen. Und da haben wir nicht sehr effektiv sein können, die Reallöhne sind ja gesunken in den letzten Jahren. Und deshalb denken viele: Weshalb sollen wir loyal sein mit so einer Organisation, die nicht mal unsere Löhne sichern kann. Das ist ein sehr unpolitisches Denken, und Gott sei Dank sind das nicht alle, die so denken. Aber deren Unterstützung bräuchten wir eigentlich auch, wenn wir in diesem Lande wirklich was verändern wollen.«

Plötzlich lacht er auf. »Ach Gott, dieses Märchen von der revolutionären Basis. Ich habe alle Streiks mitgemacht in diesem Land seit 1961. Und es war nie die Basis, die die Funktionäre geschoben hat. Wenn die Führung nicht mobilisiert hat, kam nichts. Der Unterschied zu heute ist nur: Das Mobilisieren war früher viel leichter, die Bereitschaft der Kollegen zu folgen war größer. Heute muß die Führung höllisch aufpassen, daß sie der Mannschaft nicht vorauseilt, sonst wird sie abgehängt.« Er macht eine kleine Pause und horcht in sich hinein. »Die Arbeitnehmerschaft war eigentlich immer konservativ, ich habe sie eigentlich nie als besonders progressiv erlebt. Das ist gerade eine der Hauptschwierigkeiten gewerkschaftlicher Arbeit: Einerseits müßten wir voraussschauende Politik machen, andererseits scheint es das Wesen gewerkschaftlicher Arbeit zu sein, daß wir nur reagieren können auf Tatsachen und Fakten, die andere vollzogen haben. Aber ich will, daß wir Zukunftsentwicklungen rechtzeitig erkennen und aufnehmen, damit wir möglichst viel tun können für diejenigen, die davon betroffen werden.«

Franz Steinkühler will kein Gewerkschaftsfunktionär sein, der sich mit administrativem Handeln zufriedengibt. Er will politisch handeln. Aber im Gegensatz zur Auffassung seiner politischen Gegner, die ihm gerne Machtansprüche unterstellen und seine politischen Äußerungen mit Schaudern und Schrecken zur Kenntnis nehmen, ist der Werkzeugmechaniker-Meister Steinkühler kein Eiferer, der die Macht der Gewerkschaften um der Macht willen ausdehnen will, sondern er ist ein nüchterner Analytiker, der sieht, daß die bisherige traditionelle Gewerkschaftspolitik unter den neuen Bedingungen in die Isolation, in eine politische Sackgasse führt. Was sich anhört wie Offensive ist in Wahrheit eine verzweifelte Vorwärts - V e r t e i d i g u n g:

»Wenn wir uns in unserer Tätigkeit allein beschränken würden auf den Industriebreich, das wäre auf Dauer wohl fatal. Das Arbeitsvolumen wird ja kleiner; damit wird auch der Bereich kleiner, in dem die typische Arbeitnehmer-Sozialisation stattfinden konnte. Damit werden auch die Zeiträume kleiner, in denen Gewerkschaften Kontakte knüpfen können, in denen Solidarität geübt werden kann. Solidarität kann man ja nicht intellektuell erfahren, das muß man erleben, oder man begreift nie, was das ist. Also müssen wir weg von der Beschränkung auf das reine Tarifgeschäft.«

In den sechziger und frühen siebziger Jahren hat die linke Intelligenz an den bundesdeutschen Universitäten eben dies von den Gewerkschaften erwartet. Gewerkschaften wurden zum Hoffnungsträger all jener, die irgend etwas mit dem Begriff Systemüberwindung verbanden. Die meisten Gewerkschaftsführer konnten damals mit solchen Rollenerwartungen nicht viel anfangen. Aber die Frage, welche Rolle Gewerkschaften übernehmen können bzw. sollen, kam in den nächsten Jahren immer wieder auf sie zu. Sollen Gewerkschaften Interessenspolitik der Lohnabhängigen betreiben, sich als Lobby der Facharbeiter verstehen, sich »amerikanisieren«? Oder sollen sie eine gesamtgesellschaftliche Initiativrolle übernehmen und eingreifen in die Gestaltung von Politik, Wirtschaft und Lebensverhältnissen? Die IG Metall hat immer beides getan. Und noch im Herbst 1984 fragte die FAZ per Balkenüberschrift: »IG Metall - Zwei Gewerkschaften?« Ohne Quellen und Anhaltspunkte geben zu können, referierte die konservative Wirtschaftsredaktion »große Besorgnis unter den Metallarbeitern«, weil ihre Gewerkschaft auseinanderzufallen drohe in ein »schweigendes pragmatisches Lager« und eine »den Konflikt suchende, systemüberwindende Kampforganisation«. Wie auch immer man den integrativen und den innovativen Flügel benennt, januskköpfig hat sich die IG Metall schon immer gegeben, häufig genug auch so manches Vorstandsmitglied, dem die beiden Flügel der Organisation zu zwei Seelen in seiner Brust wurden, die je nach Bedarfs- oder Stimmungslage aktiviert wurden.

Ende der sechziger Jahre lehnte die IG Metall zwar jede Politisierung von Streiks ab, finanzierte aber gleichzeitig den Bundesvorstand des SDS, dem die SPD den Geldhahn zugedreht hat. Anfang der siebziger Jahre, als die Konjunktur besonders gut lief und die Sozialliberalen besonders reformeifrig waren, veranstaltete die IG Metall eine große Tagung unter dem Titel »Aufgabe Zukunft - Verbesserung der Lebensqualität«, wo Heinz Oskar Vetter bedeutsame Sätze sprach: »Wir müssen radikal brechen mit den bislang unsere Wirtschaft und Gesellschaft beherrschenden Prinzipien des privaten Gewinns und des unkritisch gesehenen Wachstums. ... Für uns ist der Umweltschutz ein gesellschaftliches Problem, das ohne die »Gretchen«-Frage nach den Bedingungen privatwirtschaftlicher Produktion und privater Macht gar nicht gelöst werden kann.«

Mit dem gleichzeitigen Niedergang von Konjunktur und Reformeifer der Sozialdemokraten sank auch der Wille der Gewerkschafter, die Wirtschaftsverhältnisse grundsätzlich in Frage zu stellen und systemüberwindende oder -verändernde Antworten zu geben. Das hehre Ziel Umweltschutz etwa wurde zurechtgestutzt, zunächst der sicheren Energieversorgung (auch durch Kernenergie) gleichgestellt und schließlich der kurzfristigen Erreichung des Vollbeschäftigungsziels untergeordnet. Nachdem nun heute das Ziel Umweltschutz nicht mehr nur von kleinen Bürgerinitiativen und Öko-Aktivisten, sondern von weiten Teilen des Bürgertums getragen wird (so daß selbst die Adels- und Busen-Blätter des Bauer-Verlages nicht mehr an diesem Thema vorbeikommen), reagieren auch die Gewerkschaften (allen voran, wen wundert's, die IG Metall). Denn die verbürgerlichte Arbeiterklasse, sprich: die Basis, zeigt sich zur Zeit nicht mehr so einseitig lohnorientiert wie früher; sie ist beunruhigt. Sie hat zwar kein klares Konzept, will aber beides: eine gesunde Umwelt und hohe Löhne. Und da treffen sich die Regungen der Basis mit denen der Organisation: beide wollen beides und wissen nicht genau wie. Der Widerspruch zwischen Ökonomie und Ökologie, über den jahrelang gefaselt wurde, wird nun zwar nicht gelöst, aber doch in Frage gestellt: gibt es ihn überhaupt, muß es ihn geben? Natürlich muß es ihn nicht geben, aber nur dann nicht, wenn eine offensive Strukturpolitik betrieben wird, wenn umweltbelastende Branchen abgebaut werden. Derartige Vorstellungen über eine Neu- und Umgestaltung unserer Wirtschaft haben aber mit reaktiver Lohnpolitik soviel zu tun wie eine numerische Werkzeugmaschine mit einer Steinaxt - und so geben sich die meisten Gewerkschafter heute zögerlich: Sie wissen zwar, was sie wollen, und wissen auch, was sinnvoll wäre, aber sie trauen sich nicht, das auszusprechen. Anders Franz Steinkühler: Der denkt laut darüber nach, wohin die Reise gehen muß - auch wenn er die Route noch nicht ganz genau kennt. Denn sonst, das sieht er wohl klarer als andere, besteht die Gefahr, daß das Ticket eingezogen wird.

Wie weit seine Überlegungen zur Route, zur zukünftigen, zukunftssicheren und -adäquaten Strategie schon gediehen sind, möchte ich noch herausfinden. Und wieder bin ich überrascht, wie offen er solche Fragen annimmt, seinen eigenen Denkprozeß offenlegt, ohne sich hinter Floskeln, Allgemeinplätzen oder Ausflüchten zu verstecken.

»Über den Kernbereich industrieller Arbeit hinaus können wir nur tätig werden mittels einer umfassenden Politisierung der abhängig Beschäftigten. Und damit meine ich eigentlich etwas sehr einfaches: die Arbeitnehmer in die Lage versetzen, alternativ zu denken. Wenn wir nicht in der Lage sind, zu dieser so zwangsläufig erscheinenden technologischen Entwicklung, zu der so zwangsläufig erscheinenden wirtschaftlichen Entwicklung einleuchtende Alternativen darzustellen, Positionen aufzuzeigen, die wir für richtig halten und die machbar sind, dann bleiben wir ohne Einfluß.«

Jetzt spricht er richtig mitreißend, der ehemalige Bezirksleiter aus Stuttgart. Wer immer der Meinung ist, daß wir nicht in der besten aller Welten leben, kann ihm eigentlich nur aus vollem Herzen zustimmen. Jawohl, eine Alternative muß her. Was ist da schon das sauertöpfische Gemäkel von Ernst Breit am Kohlschen Sozialstaatsabbau - hier spricht einer von der Alternative dazu. Aber der so spricht, ist von der IG Metall, und die hat sich mit dem Stichwort Alternative noch nie leicht getan. Eigentlich schwankte sie immer zwischen Anerkennung des Status quo (prinzipielles Ja zur Martkwirtschaft, aber es gibt einiges zu verbessern) und wortradikaler Ablehnung: Loderer - wie Vetter - sprach dann immer von der »Gretchen«-Frage, der Frage nach der Sinnhaftigkeit privatwirtschaflicher Verfügungsgewalt über die Produktionsmittel. Das war der drohende Knüppel aus dem Sack - ein dünner Knüppel, denn es war eine leere Drohung, da keiner sagen wollte und konnte, was denn die

Aufhebung der privatwirtschaftlichen Verfügungsgewalt über die Produktionsmittel bedeutet hätte.

Deshalb ist dem Hinweis auf eine Alternative ebenso mit Spannung wie mit Vorsicht zu begegnen, so lange die IG Metall nicht deutlich sagt, was sie damit meint. All dies lasse ich mir nicht leise durch den Kopf gehen, sondern konfrontiere - und vielleicht provoziere? - den zweiten Mann der größten Einzelgewerkschaft der westlichen Welt damit. Der nimmt es spielerisch-federnd an: »Tja, scheint wohl so zu sein, daß Gewerkschaften umso radikaler auftreten, je schlechter es ihnen geht.« Wieder dieses Lächeln, schelmisch, Verzweiflung mimend. »Erwarten Sie jetzt bitte nicht, daß ich Ihnen eine Alternative wie ein Modell aus dem Hut zaubere. Aber wie wir uns eine humanere, sozalverträglichere, umweltfreundlichere Gesellschaft vorstellen, das können wir schon darlegen.«

Glaube ich ihm, aber er soll jetzt kein utopisches Bild malen, sondern konkret sagen, mit welchen politischen Schritten man dahin kommt. Solange zwischen dem Status quo und der ganz großen Alternative eine Lücke klafft, wird niemand einen Finger rühren für diese Alternative, weil sie zu unrealistisch erscheint. Was sind die konkreten Veränderungen, die praktischen und realistischen Schritte? Daß Arbeitsplatzsicherung und Umweltschutz nun nicht mehr als Alternativen angesehen werden, sondern eine umweltfreundliche Industriepolitik für möglich und machbar gehalten wird, ist zweifellos ein Fortschritt, aber nur ein Fortschritt in der Diskussionsweise. Im Saarland stützen die Gewerkschaften die künstliche Belebung der unrentablen, umweltbelastenden Arbed-Saarstahl-Werke. An der norddeutschen Küste stützen sie die Forderungen nach Subventionen zum Erhalt von Werften, die weltwirtschaftlich gesehen keine Existenzchance (und -berechtigung) mehr bei uns haben. Und da in beiden Regionen Alternativen zu diesen Großbetrieben fehlen, sieht die konkrete Gewerkschaftspolitik so aus, wie es die neue theoretische Position der Gewerkschaften eigentlich nicht zuläßt.

»Alles zugegeben, aber es gibt auch Beispiele, wo wir gezeigt haben, wo es unserer Meinung nach lang gehen soll und wie das zu machen ist. So in der Uhrenindustrie. Die ist regional beschränkt auf Südwürttemberg-Hohenzollern und Südbaden. Da haben wir in den letzten Jahren rund 50 Prozent unserer Arbeitsplätze verloren. Wir wollten dort den Staat zwingen, vorausschauende Strukturpolitik zu betreiben. Zusammen mit dem Wirtschaftsminister von Baden-Württemberg haben wir der Uhrenindustrie angeboten, Gemeinschaftsforschung zur Produktinnovation zu betreiben - und die wäre mit 50 Prozent bezuschußt worden. Das hat die Uhrenindustrie abgelehnt, wohl jeder Betrieb in der Hoffnung, selber den Stein der Weisen zu finden und die Konkurrenz abzuhängen. Dann haben die Japaner mit ihrem Vorsprung bei der Entwicklung von Quarzuhren den Markt aufgerollt und die Firmen gingen reihenweise über die

Wupper. Nur einer hat's gepackt, das war Junghans, aber die blieben auch nur am Leben, weil dahinter ein großer Rüstungskonzern stand. Das waren so unsere ersten Erfahrungen mit dem Versuch von Strukturpolitik. Bei den Werften und der Stahlindustrie haben wir keine konkreten Modelle, aber da fordern wir Gremien, die mit Staatsvertretern, Unternehmern und Gewerkschaften besetzt sind, die gemeinsam Pläne entwickeln, wie es mit diesen absterbenden Branchen weitergehen soll und was man aus ihnen machen kann.« Ich gebe ihm zu verstehen, daß ich das für unbefriedigend halte, ein Gremium sei etwas Abstraktes, keine Alternative, kein Konzept, nichts Einsehbares. Das sei weder Strukturpolitik noch konstruktive Wirtschaftspolitik.

Er stockt und denkt darüber nach. Dann greift er einen andern Fall auf: »Nehmen wir Video-Color in Ulm. Das war ein Bildröhren-Werk, eigentlich ganz gesund und technisch auf dem neuesten Stand. Und es war eine politische Entscheidung des Konzerns Thompson-Brandt, das Werk zu schließen. Dann gab's den Streik, das Werk wurde besetzt, und da haben wir wirtschafliche Alternativen zur Fortführung des Werkes erstellt. Da haben wir große Erfahrungen gesammelt. Und haben zum Beispiel festgestellt, daß im Wirtschaftsministerium in Baden-Württemberg nicht ein einziger Mann saß, der das dazu notwendige Wissen gehabt hätte. Wir haben uns dann einen freien Wirtschaftsberater geholt und eine Konzeption auf den Tisch gelegt, der nicht mehr zu widersprechen war. Plötzlich war das Argument weg, daß die Firma rentabel nicht weitergeführt werden könne. Wir waren politisch Sieger, aber wir haben natürlich ökonomisch trotzdem verloren, weil keiner es weiterbetreiben wollte. Denn die Abnehmer für die Röhren waren in festen Händen, so daß es für uns unsinnig gewesen wäre, für uns als Gewerkschaft, die Firma zu kaufen und die Produktion weiterzuführen. Aber wir haben mit diesem neuen Informationsstand den Sozialplan für die Entlassenen um eine zweistellige Millionensumme verbessern können.«

Schade, das wäre ja wirklich mal etwas Neues gewesen, wenn da die Belegschaft mit Gewerkschaftshilfe die Produktion zunächst weitergeführt und später umgestaltet hätte. Aber es ist trotzdem interessant, daß die IG Metall so nahe vor dieser Entscheidung stand. Vielleicht wird der Arbeitskreis »Alternative Produktion« der IG Metall in den nächsten Jahren doch noch an Bedeutung gewinnen.

»Wir haben damals in der ganzen Ulmer Region Bewußtsein dafür herstellen können, wo welche Verbindungen zwischen betriebswirtschaftlich sinnvollen Entscheidungen und volkswirtschaflich unsinnigen Folgen bestehen. Die gesellschaftlichen Kosten, die Belastungen für die Allgemeinheit, die aus der Schließung des Werkes resultierten, waren nämlich beträchtlich.« Solche Dinge müsse die Gewerkschaft häufiger machen, meint Steinkühler, damit die mittelbar betroffene Bevölkerung und die unmittelbar betroffenen Arbeitnehmer sehen könnten, wo politisch richtige und wo politisch falsche Entscheidungen von wem getroffen würden.

Gestaltend im Sinn von umgestaltend tätig zu werden ist eigentlich etwas Neues für Gewerkschaften. Doch Franz Steinkühler sieht Traditionen, an denen angeknüpft werden kann: beim Einsatz neuer Techniken, vor allem von Fertigungseinrichtungen, haben Betriebsräte oft genug nach der IG Metall gerufen, um die Form des Technikeinsatzes arbeitnehmerfreundlich zu gestalten. Er zählt ein paar Beispiele auf, die belegen, daß es so etwas wirklich gegeben hat und gibt. Das weiß zwar kaum einer und das Image der Gewerkschaften wird davon überhaupt nicht beeinflußt - aber der Franz weiß es und beeinflußt damit die Linie seiner Gewerkschaft. Vielleicht auch bald schon so, daß sich das Image seiner Organisation verändert. »In einigen Bereichen«, sagt er und lächelt wieder so gewinnend-entschuldigend, »machen wir eben erst die ersten Gehversuche.« Hätte er sagen wollen: Ich mach' ihnen da schon Beine? Er schiebt noch hinterher - und ich weiß nicht, ob zur Dämpfung allgemeiner Erwartungen oder seiner eigenen Ungeduld: »Die Organisation ist halt sehr groß und manches geht eben nicht so schnell, wie es einige gerne hätten.«

Einige Minuten später; wir streiten uns darüber, ob die IG Metall zu bestimmten Problemen diese oder eine andere Position vertreten hat. Ich gehe aus von dem, was allgemein bekannt geworden ist; Franz Steinkühler weiß, was intern diskustiert und verabschiedet worden ist. Natürlich kommen wir da nicht zusammen. Und wieder siegt im Franz Steinkühler das Bedürfnis nach dem Spiel mit den offenen Karten: » Wissen Sie, die Beschlußlage der IG Metall zu all diesen Dingen ist hervorragend, Entschließungen haben wir reichlich; aber Sie haben recht, diese Beschlüsse sind eine Sache und nicht immer paßt das Bild, das wir nach außen abgeben, zu diesen Beschlüssen. Aber bis die bei den Kollegen in den Betrieben ankommen, müssen die halt durch viele Köpfe - und da ändert sich manchmal schon einiges.«

Okay, denke ich, jetzt hol' ich ihn mir, jetzt muß er Farbe bekennen; den Brocken wirft er mir nicht umsonst hin. Entweder geht er jetzt an die Decke oder er kneift: »War das nicht schon immer so, daß die Entschließungen der IG Metall hervorragend waren und die praktische Politik ganz trivial?«

Er fixiert mich einen Moment länger als sonst und etwas blitzt in seinen Augen auf. Aber es ist nicht das Zeichen zum Show-down, da sitzt nicht John Wayne, der jetzt mit den Kinnmuskeln mahlt. Das Kinn von Franz Steinkühler bleibt locker und lächelnd; der Blitz in den Augen war anders zu verstehen: er nimmt die Frage voll an, will nicht ausweichen, akzeptiert die Herausforderung. Und gibt eine Antwort, die mich den Hut ziehen läßt und gewerkschaftlicher Geschichtsschreibung neue Richtlinien setzt: »Wir hatten nach dem Zweiten Weltkrieg ein korporatistisches Modell, an dem sich die Wirtschaftspolitik orientierte. Das hat ja auch über viele Jahre funktioniert. Die Bundesrepublik hatte ja nach dem Krieg eine ökonomische Sondersituation, die es ermöglichte, Bedürfnisse der Arbeitnehmer aus den enormen Zuwächsen des Bruttosozialproduktes zu befriedigen, ohne die Verteilungsfrage echt ansprechen zu müssen. Das hat es auch den Gewerkschaften erlaubt, die Verteilungsfrage im theoretischen Feld zu belassen. Das war ein Thema für Kongresse und Beschlüsse, praktisch mußten wir das nie angehen. Den ersten leichten Bruch gab es, als die Montanmitbestimmung zur Debatte stand, als es um Streik oder nicht Streik ging. Da haben wir Montanmitbestimmung dann auch noch so gekriegt. Dabei fragt sich, ob das überhaupt die richtigen Felder waren, ob nicht damals bereits hätte erkannt werden können, daß Montanmitbestimmung ja bedeutet: Mitbestimmung in absterbenden Industrien.« Er hält inne und ist einen Moment ganz gedankenversunken und gequält. Dann blickt er auf. »Rückblickend kann man das natürlich viel kritischer sehen als die Leute, die damals Entscheidungen fällen mußten.« Pause, Blick hinaus auf den Main. Entscheidungen fällen kann eine Qual sein, für einen Moment ist das im sonst so jugendlichen Gesicht von Franz Steinkühler sichtbar. Aber ich will ihn jetzt nicht in Melancholie abgleiten lassen. »Haben Sie damit nicht gesagt, daß den Gewerkschaften damals die wichtigsten Dinge zugestanden wurden, daß sie gar nicht erkämpft wurden? Haben die Gewerkschaften wirklich jemals eine echte Kraftprobe ausstehen müssen?« Wieder dieser große offene Blick, sowohl 'Ich sage alles' als auch 'Ich scheue diese Frage nicht': »Ich glaube, die erste wirklich harte Kraftprobe war der hinter uns liegende Streik um die Arbeitszeitverkürzung. Da wollten uns die Gegner wirklich vernichten. Sie hatten erkannt, daß die Gewerkschaften die einzigen waren, die ihrem Gesellschaftsmodell eine Alternative entgegensetzen und der Durchsetzung ihres hierarchisierenden Modells widerstehen konnten. Da ging es wirklich um Sein oder Nichtsein, da ging es ganz grundlegend um das Gesicht dieser Gesellschaft. Früher sind die Konfliktfelder durch das hohe Wirtschaftswachstum zugedeckt worden, da entstand dann das »Modell Deutschland« mit Sozialausgleich und Sozialpartnerschaft und wenigen Arbeitskämpfen. Die Verteilung der Macht ist da nie ernsthaft berührt worden. Heute, in der Krise, ist das anders, da sind wir gefordert wie noch nie zuvor.«

Soviel Aufrichtigkeit und Freimut ist bei einer Person der hohen Politik heute in diesem unserem Lande selten geworden. Den meisten merkt man die Angst an, wenn ihre Münder und die Mikrofone gleichzeitig offen sind. Dann wird die Sprache glatt, das Niveau platt und die Aussage austauschbar. Franz Steinkühler spricht wir er denkt: angstfrei. Und wenn er so fabulierend brainstormt, dann macht er das nicht aus Lust an der Selbstdarstellung, sondern aus der Lust am Denken und Verstehen. Sprechend und denkend bewältigt er Wirklichkeit, ohne einen Hehl daraus zu machen, daß es weitgehend eine ungeliebte Wirklichkeit ist. Jürgen Habermas hat den Bürgern des Spätkapitalismus eine gefesselte Phantasie bescheinigt. Der Franz zerrt an diesen Fesseln. An seinen und denen der Kollegen.

Herren mit weißem Kragen, aber ohne weiße Weste

Der Anruf kam kurz vor acht. Es war lange nach Dienstschluß, und Staatsanwalt Tilman Huber wollte endlich einmal ungestört die Akten eines dubiosen Firmenbankrotts studieren. Doch das, was der Mann am anderen Ende der Leitung zögernd und gepreßt erzählte, ließ Huber die vermutlich betrügerische Insolvenz schnell vergessen.

Er könne, meinte der Anrufer, einen großangelegten Betrug auffliegen lassen, in den Rentenhändler, Makler und namhafte Banken verwickelt seien. Es gehe um illegale Wertpapiergeschäfte und um Millionengewinne, die sich einige Leute trickreich zuschöben. Ob der Herr Staatsanwalt daran interessiert sei?

Staatsanwalt Huber war sehr interessiert. Eine halbe Stunde später saßen sich die beiden Männer im »Schwarzen Stern« in der Frankfurter Freßgass' gegenüber: ein neugieriger Staatsanwalt und ein nervöser Bankangestellter, dem die krummen Geschichten, in die er verwickelt war, offensichtlich über den Kopf wuchsen. Halb verzweifelt, halb hoffnungsvoll suchte der Mann einen Ausweg, einigermaßen heil aus der Affäre herauszukommen.

Von dem, was der Banker ihm erzählte, gestand Huber später, habe er zunächst so gut wie nichts verstanden. Von Rentenhandel und Inter-Banken-Geschäften, von Termin-Vorkäufen, Kursschnitten durch Kassa-Kauf und ähnlichem war die Rede.

Huber stieg auf Mineralwasser um, fagte nach, ließ sich erklären. Der beichtende Banker blieb bei Frascati, wurde mit der Zeit etwas ruhiger, fertigte ein halbes Dutzend Graphiken auf Bierdeckeln an und erläuterte geduldig. »Nach einer Stunde«, erinnert sich Huber, »hatte ich zumindest in groben Zügen kapiert, worum es ging.« Darum ging es: Händler der Nassauischen Sparkasse wickelten zusammen mit einem Makler und verschiedenen Bankhändlern in Hannover, Frankfurt, Hamburg und Düsseldorf Wertpapiergeschäfte ab und erzielten auf Risiko der Bank spekulative Gewinne. Die allerdings kamen nicht den Banken zugute, sondern landeten nach mancherlei Umwegen letztlich auf Privatkonten der Händler.

Das konspirative Treffen, das 21monatige Ermittlungen der Frankfurter Staatsanwaltschaft auslöste, kostete Familienvater Huber einen Feierabend. Das war für den 40jährigen Württemberger genauso normal wie die anderen Umstände dieses Falles: der heiße Tip eines Unbekannten; das Geständnis eines Täters, der die Nerven verliert; die Denunziation durch einen mißgünstigen Konkurrenten - so sehen regelmäßig die Auslöser für staatsanwaltschaftliche Ermittlungen bei Wirtschaftsstrafsachen aus.

Daß irgend jemand zu plaudern beginnt, ist für die Wirtschaftsstaatsanwälte ungleich wichtiger als für die Strafverfolger in anderen Bereichen. Denn angesichts undurchschaubarer Geschäftsbeziehungen, kaum noch verständlicher Vertragstexte und riesiger Dokumenten- und Aktenberge sind kriminelle Taten nur selten offensichtlich. Meist auch sind die Staatsanwälte viel zu überlastet, als daß sie eigenen Verdachtsüberlegungen nachgehen könnten.

Natürlich wissen die Staatsanwälte nur zu gut, daß sie trotz dieser immer wieder überraschenden Hilfestellungen nur wenig von dem aufdecken, was sich in Banken und Versicherungen, in Industrieunternehmen und Handwerksbetrieben an Kriminellem tut.

Die Dunkelziffer ist gewaltig, und die Möglichkeiten der Strafverfolger sind gering. Ursache dieser begrenzten Möglichkeiten ist eine spezifische Eigenart der Wirtschaftskriminalität: Die Straftat ist meistens nicht offensichtlich. Anders als beim Mord, beim Raub oder der Körperverletzung ist die Wirtschaftsstraftat nur in den seltensten Fällen als solche erkennbar.

»Es stinkt, aber wir haben noch keine Leiche«, beschreibt Rolf Zabel, Chef der Hamburger Zollfahndung, die Ermittlungsaufgabe. »Die Leiche müssen wir erst noch suchen.«

Entdeckt werden allerdings die wenigsten »Leichen«. Weil die Tat nicht offensichtlich ist, sind die Strafverfolgungsbehörden auf Tips und Hinweise, Zufälle, verdächtige Zeichen und Geständnisse angewiesen. Das reicht, um ihnen mehr als genug zu tun zu geben. Aber, und da machen sich die Beamten keine Illusionen, es bleibt die Spitze des Eisbergs, den sie bearbeiten. Die Dunkelziffer ist immens.

Die Schätzungen über die der Volkswirtschaft durch Wirtschaftsstraftaten entstehenden Schäden gehen weit auseinander. Zwischen 20 und 70 Milliarden Mark bewegen sich die gängigsten Schätzungen; die Gewerkschaft der Polizei nimmt 130 Milliarden Mark an, auf einer Fachtagung des Bundeskriminalamtes rechnete der Bund Deutscher Kriminalbeamter mit 150 Milliarden Mark.

Die 1983 erledigten Verfahren umfaßten eine Schadenshöhe von rund sieben Milliarden Mark. Demnach würden, je nach Schätzung des Gesamtumfangs, nur fünf bzw. maximal dreißig Prozent der wirtschaftskriminellen Schäden durch Ermittlungen aufgedeckt.

Die enorm hohe Dunkelziffer gibt Anlaß zu kühnen Rechnungen. Um ein Drittel könne man alle Steuern senken, meinen Fachleute, wenn die Wirtschaftskriminalität umfassend und effektiv bekämpft würde.

Die Dunkelziffer ist extrem hoch, weil Täter und Opfer häufig gemeinsam in dunkle Geschäfte verstrickt sind. Wer einem Warenterminhändler oder einem Bauherrenmodell-Spekulanten Schwarzgelder anvertraut hat, damit dieser es vermehre, der wird nicht die Polizei einschalten, falls der Betrüger sich mit dem Geld auf und davon macht. Oftmals liegt es auch im Interesse der Geschädigten, sich zugunsten einer reibungslosen Schadensregulierung stillschweigend mit dem Täter zu arrangieren. »Wir haben ja den Verdacht«, erzählt der Hamburger Oberstaatsanwalt Borchers, »daß in den Banken viel mehr Betrügereien und andere Straftaten geschehen, als wir erfahren. Aber die regeln das intern, damit ja kein Schatten auf den guten Namen der Firma fällt.«

Was da intern per Versetzung, Aktennotiz und banktechnischer »Wertberichtigung« erledigt wird, ist letztlich eine Lösung zu Lasten der Kundschaft. Denn die entstandenen Verluste werden nicht dem Täter auferlegt, sondern im Alltagsgeschäft untergebügelt. »Das rechnet sich weg«, heißt es dann im Bankjargon, will sagen: Das merkt und spürt keiner. Im Einzelfall wohl nicht. Aber daß die Summe der Wirtschaftsstraftaten sich spürbar auswirkt auf Versicherungsprämien, Krankenkassenbeiträge und Steuerhöhe jedes einzelnen Bürgers, ist unter Fachleuten heute unbestritten.

Einige wollen profitieren - die Allgemeinheit zahlt drauf!

Doch zurück zu dem beichtenden Banker und dem aufmerksamen, lernwilligen Wirtschaftsstaatsanwalt. Daß Tilman Huber mit den Informationen, die er von dem Aussteiger im »Schwarzen Stern« erhielt, zunächst nicht viel anfangen konnte, war für ihn durchaus nichts Ungewöhnliches. Obwohl der stämmige Süddeutsche mit dem Kinnbart und den lebendigfunkelnden Augen bundesweit als Experte für kriminelle Handlungen im Bankenbereich gilt, muß er immer wieder erfahren, daß sein Wissen und seine Erfahrungen nicht alle Bereiche abdecken können, die Wirtschaftsgangster sich als Betätigungsfelder aussuchen.

Derlei Schwierigkeiten liegen in der Natur der Sache. Hinter dem Begriff Wirtschaftskriminalität verbirgt sich ein unglaublich breites Spektrum von Fällen und Straftatbeständen: von A wie Aktiengesetz, gegen das verstoßen wird, bis Z wie Zinsverschleierung, mit der Steuern hinterzogen werden. 249 mögliche Gesetzesübertretungen listete Max-Planck-Forscher Karlhans Liebl allein in einer »Auswahl von Tatbeständen« auf.

Wer aber ist fachlich qualifiziert, gleichermaßen Verstöße gegen das Börsengesetz, das Patentgesetz, das Margarinegesetz, das Schiffpfandbriefbankengesetz, das Abwasserabgabensgesetz und das Fleischbeschaugesetz nachzuweisen und zu ahnden? Die Wirtschaftsstaatsanwälte sollen es.

Um die ständige Überforderung der Statsanwälte bei komplizierten Wirtschaftsdelikten abzubauen, wurden Ende der sechziger Jahre Schwerpunkt-Staatsanwaltschaften geschaffen. Die befassen sich ausschließlich mit Wirtschaftskriminalität. Mittlerweile gibt es davon 23.

Ganz zweifellos konzentriert sich dort einiges an Sachverstand. Aber mit Ausnahme der gößeren Routine bieten auch die Schwerpunkt-Staatsanwaltschaften nichts Außergewöhnliches. Im Gegenteil, noch stärker als ihre Kollegen spüren diese spezialisierten und immer wieder auf die sogenannten großen Fälle angesetzten Staatsanwälte die Hemmnisse, die ihnen das Leben und das Arbeiten schwermachen: unzureichende Personalausstattung, schlechte Organisation, alles verkomplizierende bürokratische Vorschriften sowie unklare und lückenhafte Gesetzestexte.

Solche Schwierigkeiten wirken sich auf die Arbeit aus. Im letzten wissenschaftlich untersuchten Zeitraum, Mitte der siebziger, Anfang der achtziger Jahre, stellten die Schwerpunkt-Staatsanwaltschaften fast 40 Prozent aller Ermittlungsfälle ein. Begründung war jedes Mal der Paragraph 170 Absatz 2 der Strafprozeßordnung: Beweisnot. Die Ermittlungsbehörden sahen sich überfordert, den juristisch tragfähigen Beweis der Straftat zu erbringen.

Mit den üblichen Schwierigkeiten seines Berufes sah sich Tilman Huber gleich am nächsten Tag konfrontiert. Die am Abend zuvor erhaltenen Informationen schienen auf einen großen Betrug hinzudeuten. Aber um den Nachweis einer strafbaren Handlung führen zu können, benötigte er zunächst einmal ein klares Verständnis von dem, was bei Banken angestellte Effektenhändler eigentlich tun, wie sie arbeiten, welchen Vorschriften sie unterliegen. Er mußte sich zudem darüber informieren, was im Bankengewerbe erlaubt ist und was nicht.

Um derartiges zu verstehen, braucht man entweder eine gute Banklehre plus Spezialausbildung zum Wertpapierhändler, oder man muß einen Sachverständigen finden, der so etwas verständlich darstellen kann. Staatsanwalt Huber hatte weder das eine noch das andere.

»Wenn ich so was aus dem Handgelenk schütteln könnte«, kommentiert er sarkastisch, »wäre ich nicht Jurist, sondern Finanzexperte in der freien

Wirtschaft und würde das Fünffache verdienen. Und für den Sachverständigen fehlt uns das Geld.«

Zwar lassen die Dienstvorschriften es zu, Sachverständige oder Gutachter hinzuzuziehen. Aber die Experten dürfen nur nach Sätzen honoriert werden, die das »Gesetz über die Entschädigung von Zeugen und Sachverständigen« festlegt. »Und für das Geld«, muß auch Hubers Vorgesetzter, der Frankfurter Oberstaatsanwalt Udo Scheu, einräumen, »kriegen wir nur selten mal einen hochqualifizierten Wirtschaftsprüfer, der sich in der jeweiligen Materie auskennt und uns schnell helfen kann«.

Also muß Huber improvisieren. Der ehrgeizige Staatsanwalt will die seltene Chance, die Schweigemauer der Banken einmal zu durchbrechen, nicht durch langwierige Anträge und Gutachteraufträge vertun. Er ruft einen alten Bekannten bei der Landeszentralbank an, stellt ihm ein fürstliches Mittagessen in Ausssicht und präsentiert drei Stunden später auf weißem Damast die sechs Bierdeckel mit den Skizzen des Informanten.

Zwischen Suppe und Hauptgericht nickt der Experte erstmals bedächtig mit dem Kopf und meint: »Das wär' in der Tat ein dicker Hund.« Das reichhaltige Mahl wird kaum noch gewürdigt. Der Landeszentralbanker redet viel, Huber schreibt und schreibt.

»Beim dritten Kaffee wußte ich wohl so ziemlich alles über Mißbrauchsformen beim außerbörslichen Renten- und Schuldscheingeschäft«, erinnert sich Huber mit leuchtenden Augen, bleckt die Zähne und ballt die linke Faust wie Boris Becker nach einem erfolgreichen Passierschlag.

Staatsanwalt Huber liebt diese Herausforderung, einen scheinbar vollkommen unerklärlichen Sachverhalt aufzudröseln, in dem Dickicht die Grenzlinie zum Unerlaubten aufzuspüren und dann dem Täter nachzuweisen (und dem Richter vorzuführen), worin die strafbare Handlung bestand.

Mit dieser Entschlossenheit, eine Sache zum Ende zu bringen, hat Huber einen alten Citroen, Baujahr 1956, wieder auf Touren gebracht, mit dem er jetzt durch Frankfurt fährt. Und mit diesem Biß hat er auch Finanzjongleure und Betrüger geschnappt, die sich hinter Vertragsklauseln, Luftgeschäften und Auslandskonten versteckten und für unentdeckbar hielten. Die Ausführungen des Landeszentralbankers haben den Erzählungen des Informanten aus der Freßgass' noch mehr Gewicht gegeben. Huber hat einen neuen Fall. Er weiß, worum es geht, er weiß im Prinzip, wer beteiligt ist, und er hat verstanden, wie die Täter arbeiten. Jetzt braucht er Beweise.

Sind bislang der glückliche Zufall eines heißen Tips sowie eine rasche Auffassungsgabe und Kreativität vonnöten gewesen, so bedarf es nun der Logik. Beweismittelfindung und Beweissicherung per Durchsuchung und Beschlagnahme erfordern Planung, und sie erfordern einen Apparat.

»Der Apparat, da wollen wir gar nicht lange drumherum reden, ist unglaublich schwerfällig und fachlich meist überfordert«, faßt Huber kurz zusammen. Als er bei einem Erfahrungsaustausch der bundesdeutschen Staatsanwälte für Wirtschaftskriminalität einen Vortrag über »Probleme der Bankendelinquenz« hält, hört es sich etwas feiner an. Aber die traurige Botschaft ist dieselbe, daß nämlich »bei der Polizei erfahrungsgemäß nahezu überhaupt keine Einsatzkräfte zur Verfügung stehen, die von Anfang an spezielle, zum Teil hochkomplizierte Geschehensabläufe der Wirtschaft mit allen zu beachtenden Aspekten in rechtlicher oder tatsächlicher Hinsicht zu bewältigen imstande sind«. Huber weiter: »Das birgt die Gefahr in sich, daß beim Einsatz unkundiger Beamter schwerwiegende, zum Teil irreparable Ermittlungsfehler begangen werden.«

Seinen neuen Fall will Staatsanwalt Huber auf keinen Fall dadurch gefährden, daß der Apparat klassische Ermittlungsfehler begeht. Er muß sich deshalb der mühevollen Aufgabe unterziehen, möglichst viele der bei den Durchsuchungsaktionen beteiligten Wirtschaftsreferenten, Steuerprüfer und Kriminalbeamten persönlich und detailliert zu instruieren. Nur präzise Planung kann sicherstellen, daß bei der entscheidenden Aktion auch wirklich die richtigen Dokumente gefunden und mitgenommen werden.

Innerhalb einer einzigen, äußerst geschäftigen Woche klärt Huber mit seinen Wirtschaftsreferenten und mit Sachverständigen der Landeszentralbank in mehreren stundenlangen Sitzungen, welche Beweismittel benötigt werden und wo sie zu finden sein könnten. Er instruiert eine Mannschaft des Bundeskriminalamtes (BKA) detailliert über die Arbeitsplätze von Renten- und Effektenhändlern und was dort von Interesse sein könnte. Schließlich plant Huber mit dem BKA und den örtlichen Kripos eine zeitgleiche Durchsuchungsaktion in drei Städten.

»Bereits der erste Zugriff mußte so viele Informationen bringen, daß Absprachen zwischen den Beschuldigten und Vernichtung belastender Urkunden nicht mehr möglich waren«, erläutert Huber die diffizile Aktion.

Um Punkt neun Uhr am Dienstag der Folgewoche - seit dem Treffen mit dem Informanten in der Freßgass' sind zehn Tage vergangen - beginnen 50 BKA-Beamte und Sachverständige mit der Durchsuchung einer Bank und zweier Wohnungen in Wiesbaden, von zwei Banken, vier Wohnungen und einem Maklerbüro in Frankfurt und einer Bank und einer Wohnung in Hannover.

»Unser Hauptproblem war die Kommunikation zwischen den Einsatzorten. Für mich kam es darauf an«, erinnert sich Huber, »möglichst schnell aus den gefundenen Beweismitteln ein Gesamtbild zu gewinnen.«

Stundenlang telefonierte Huber, der den Einsatz von einer der durchsuchten Frankfurter Banken aus leitet, mit den anderen Fahndern. Wichtige Beweisurkunden werden ihm per Kurier mit der Bahn zugestellt. Dank seiner präzisen Instruktionen wissen die Kriminalbeamten und Sachverständigen, wonach sie suchen, und sie werden schnell fündig.

In Hubers Hauptquartier, der Frankfurter Hassel-Bank, stößt der Sachverständige bereits nach einer guten Stunde Belegsichtung auf Quittungen, die Hubers Verdacht und die Aussagen des Informanten bestätigen: Die Bank ist Abwicklungsstelle für illegale Wertpapiertransaktionen; eine ganze Reihe von Renten- und Effektenhändlern unterhält hier Konten und Depots, auf denen die Gewinne aus den unerlaubten Geschäften ablaufen.

Allein auf dem Konto eines Händlers der Nassauischen Sparkasse sind innerhalb von sieben Monaten über vier Millionen Mark eingegangen.

Auch an den anderen Einsatzorten finden sich die Belege, mit denen die kriminellen Aktionen der Täter rekonstruiert werden können, innerhalb weniger Sunden. »Der Schreck war überall so groß, daß nichts mehr beiseite geschafft wurde«, berichtet Huber nicht ohne Stolz. »Dieser Schreck war natürlich kalkuliert, denn wer Angst hat, reagiert nicht unbedingt rational, so daß die Chance, das inkriminierte Material zu finden, recht groß ist.«

Am späten Nachmittag hat Huber aus vielen Mosaiksteinchen das Bild eines großangelegten Wirtschaftsverbrechens zusammengesetzt. Er läßt fünf in Frankfurt und Wiesbaden tätige Effektenhändler festnehmen und zur Hassel-Bank bringen, wo sie in getrennten Räumen zeitgleich von Kriminalbeamten verhört werden. »Auch hier wirkte sich die Überraschung förderlich für uns aus«, erklärt Huber.

Ein Händler aus Wiesbaden, »sowieso von seinem Typ her kein Steher« (Huber), ist völlig irritiert davon, daß man ihn von Wiesbaden nach Frankfurt bringt, in jene Bank, wo er sein geheimes Konto unterhält. Als er dort dem Staatsanwalt konfrontiert wird und auch noch all seine Komplizen sieht, ist er mit den Nerven am Ende und packt aus. Alle Festgenommenen leiden sichtlich darunter, nicht zu wissen, was ihre Kumpanen erzählen.

Nach drei Stunden reichen die Vernehmungsergebnisse aus, gegen die fünf Banker Haftbefehl zu erwirken. Die Aussagen und Dokumente belegen zahlreiche Fälle unerlaubter Transaktionen.

Das Prinzip war immer das gleiche: Ein Effektenhändler verkaufte ein seiner Bank gehörendes Wertpapier an einen Kollegen bei einer anderen Bank - allerdings nicht zum Marktpreis, sondern billiger. Dadurch entstand der ersten Bank ein Verlust, der durch falsche Notierungen des Händlers verschleiert wurde. Der Komplize in der zweiten Bank verkaufte das Wertpapier dann zum Marktpreis an eine dritte Bank und schrieb den Gewinn einem Privatkonto gut.

Durch Einschaltung weiterer Banken, eines Wertpapiermaklers und durch Termin-Käufe wurden die Spuren - die ohnehin kaum zu erkennen waren, da es sich fast durchweg um Telefongeschäfte handelte - weiter verwischt. Die Händlerzettel, auf denen die telefonischen Transaktionen dokumentiert wurden, waren teilweise manipuliert. Daß jemand die nur Insidern verständlichen Kürzel jemals dechiffrieren und durch Vergleich mit den Händlerzetteln anderer Banken und ihre Richtigkeit überprüfen würde, hatten die Täter wohl für unmöglich gehalten.

Dem Staatsanwalt genügen vorerst vier Fälle, in denen die Dokumente illegale Ringgeschäfte belegen. Die Auswertung aller beschlagnahmten Belege und die Berechnung des Gesamtschadens würden noch mühsam werden.

»Dieser Zugriff«, sagt Huber, »stand unter einem sehr günstigen Stern, wir hatten außergewöhnliches Glück.«

Außergewöhnlich war auf jeden Fall die gute Vorbereitung, die es ermöglichte, die gesuchten Beweismittel schnell aufzuspüren und sicherzustellen. Üblicherweise werden bei Firmendurchsuchungen, die meist ohne Anwesenheit eines Staatsanwaltes durchgeführt werden, ganze Papierberge beschlagnahmt.

»Wenn Kripo-Beamte, Steuerfahnder oder Wirtschaftsreferenten ausrücken«, schildert der Beamte Huber den Ermittlungsalltag, »dann haben sie zwar eingegrenzt, was für uns von Interesse sein könnte. Aber häufig geht es in den Firmen so drunter und drüber zu, daß sie ungeheuer viel mitnehmen müssen. Sonst gehen uns die Beweise doch noch durch die Lappen.«

Im Idealfall findet der Stoßtrupp das Gesuchte; im Normalfal findet er Bruchstücke davon; der Extremfall kann auch so aussehen: »Die Bank gehört Ihnen«, begrüßte der Direktor der luxemburgischen Tochter einer großen deutschen Bank die acht Beamten der luxemburgischen Finanzpolizei. Die wollten, einem bundesdeutschen Rechtshilfeersuchen folgend, dort Beweismittel gegen einen betrügerischen Geschäftsmann aus Koblenz einsammeln.

Hilfreiche Hinweise, wo in dem Bankgebäude die Belege oder Magnetbänder mit den Kontobewegungen des Koblenzer Tricksters archiviert seien, wollte der freundliche Hausherr indessen nicht geben. Nach einem halbstündigen Spaziergang durch die Flure der Bank zogen die acht Fahnder wieder ab. Ein hoffnungsloser Fall.

Selbst wenn es gelingt, vollständige Buchhaltungsunterlagen zu beschlagnahmen, fängt die Arbeit erst an, wenn die Akten, Karteikarten oder Magnetbänder im Polizei-LKW davongefahren werden.

»Manche Firmenunterlagen haben mit der Wirklichkeit soviel gemein wie ein farbiger Urlaubsprospekt mit London im Nebel«, erzählt Huber, »was in den Büchern getürkt wird, das sind oft Meisterleistungen der Phantasie.« Die den Staatsanwaltschaften zugeordneten Buchhalter, Kaufleute und Wirtschaftsreferenten versuchen aufzudecken, wie es wirklich war.

Ähnlich aufwendig sind die Arbeiten, wenn die Unterlagen unvollständig sind oder, was ebenso häufig vorkommt, eine Betrugsfirma gar keine Buchführung hatte.

»Wir haben schon Firmen gehabt, da waren alle Belege einfach ungeordnet in ein Zimmer geworfen worden«, berichtet Wirtschaftsreferent Manfred Fenske von der Düsseldorfer Schwerpunkt-Staatsanwaltschaft, die erstmals systematisch EDV zur Materialauswertung einsetzte.

Fast zwei Zentner Papier mußten die Düsseldorfer Polizisten bei dieser Firma rausschleppen. Es kostete die Helfer der Statsanwälte mehrere Monate, den Papierkram zu ordnen.

Bei einem betrügerischen Warenterminhändler, der ebenfalls von der Düsseldorfer Staatsanwaltschaft betreut wurde, bestand die einzige schriftliche Unterlage über eineinhalb Jahre Geschäftstätigkeit aus einem DIN A3-Blatt für die Portokasse.

Gut zwei Jahre arbeiteten Fenske und sein Kollege Hans-Dieter Marienfeld daran, ein Computerprogramm zu entwickeln, um dann mit Hilfe des Gebietsrechenzentrums die Bewegungen auf 103 Bankkonten zu rekonstruieren und die Geschäftspraxis des Warenterminhändlers nachzuzeichnen.

»Wir haben denen praktisch die Buchführung der letzten Jahre gemacht«, meint Fenske. »Wahrscheinlich wissen wir jetzt mehr über den Laden als die drei ehemaligen Geschäftsführer.«

Die Arbeit mit dem Computer ist die Ausnahme. Und qualifizierte Fachkräfte wie Fenske und Marienfeld sind, so muß man die Klagen vieler Staatsanwälte wohl verstehen, auch nicht die Regel in den Amtsstuben der Staastanwaltschaften. »Es sind ja häufig fachlich nicht vorgebildete und kaum motivierbare Leute, die bei Beschlagnahme-Aktionen wahllos Material einsammeln«, schildert Tilman Huber den Alltag der Ermittlungen, der in Wahrheit noch mühsamer abläuft, als es die ansonsten realitätsnahe ARD-Krimiserie »Schwarz Rot Gold« beschrieb.

Erfolge haben die Wirtschaftsstaatsanwälte deshalb vor allem dann vorzuweisen, wenn die Täter mit allzuviel Naivität ans Werk gingen. Kleine, überschaubare Straftaten und dreiste statt clevere Täter - das sind meist die Merkmale jener Fälle, die aufgedeckt werden.

»Je umfangreicher der Tatsachverhalt, je komplizierter der wirtschaftliche Hintergund, desto größer sind die Chancen des Delinquenten, den Ermittlungsbehörden zu entwischen«, summiert Karlhans Liebl, Forscher des Freiburger Max-Planck-Instituts für Strafrecht seine Untersuchungen.

Weil die ermittelnden Behörden zu wenig und zu schlecht qualifizierte Mitarbeiter beschäftigen, entgehen viele Täter ihrer Strafe »aus prozeßökonomischen Gründen« (Liebl). Wer von Anfang an einen gewieften Anwalt zur Hand hat, wer auf Konfrontationskurs zur Staatsanwaltschaft geht, der hat gute Aussichten, daß die Ermittlungen eingestellt werden und er mit einer relativ geringen Buße davonkommt. So war es zum Beispiel beim Fall Wabrecht:

Die sechshundert Putzfrauen der Stuttgarter Gebäudereinigungsfirma GBR, die jeden Abend von Büroschluß bis spät in die Nacht palavernd, staubsaugend und wischend durch Flure und Büroräume zogen, gaben nie Anlaß zur Klage. Mehrere Dutzend Großbetriebe und auch einige städtische Verwaltungseinrichtungen bedienten sich des zuverlässigen Reinigungsunternehmens. Fast alle GBR-Mitarbeiter waren teilzeitbeschäftigt, sie arbeiteten nur so viele Stunden pro Monat, daß ihr Gehalt unterhalb der Sozialversicherungsgrenze von 390 Mark lag.

So zumindest stellt es der geschäftsführende Gesellschafter Karl-Heinz Wabrecht in den buchhalterischen Unterlagen der GmbH &Co KG dar. Als die AOK jedoch eine Kontrolluntersuchung durchführte, stießen die Prüfer zufällig auf Buchungsunterlagen, die zeigten, daß viele Mitarbeiter durch Barauszahlung oder Überweisung auf andere Konten erheblich mehr verdienten als die dem Finanzamt und den Sozialversicherungsträgern angegebenen Summen.

Allein aufgrund der entdeckten Unterlagen schätzte die AOK, daß ihr vermutlich 1,5 Millionen Mark vorenthalten worden waren. Die Landesversicherungsanstalt erstattete Anzeige. Steuerfahnder durchsuchten die Büroräume. Die Staatsanwaltschaft beschlagnahmte 57 Umzugskisten mit Akten und Belegen, da eine ebenso unvollständige wie unordentliche Buchführung nicht sofort erkennen ließ, welche Dokumente wichtig für den Nachweis strafbarer Handlungen sein konnten.

Vier Jahre ermittelten die Behörden. Buchprüfer der AOK, Steuerfahnder, Finanzbeamte und Wirtschaftsreferenten der Staatsanwaltschaft ordneten die Unterlagen, systematisierten die Kontobewegungen, katalogisierten mehrere tausend Arbeitsverträge. Sie stießen auf viele nachweisbare Fälle von Steuerhinterziehung durch verschleierte Gehaltszahlungen. Aber was in dieser Firma tatsächlich geschehen war, in welchem Umfang Steuern hinterzogen und Sozialabgaben vorenthalten worden waren, blieb aufgrund fehlender Unterlagen, nicht mehr auffindbarer ausländischer Mitarbeiter und widersprüchlicher Aussagen des Hauptbeschuldigten im Dunkeln.

Während des dritten Ermittlungsjahres einigte sich die AOK, der schwante, daß sie ohnehin nur einen Teil des ihr zustehenden Geldes erhalten würde, mit Geschäftsführer Wabrecht auf eine Nachzahlung in Höhe von 340.000 Mark. Ein knappes Jahr später traf sich der ermittelnde Staatsanwalt mit Karl- Heinz Wabrecht und seinen Rechtsbeiständen. Nach einem halbstündigen Gespräch einigte man sich auf eine Verfahrenseinstellung nach Paragraph 153a Absatz 1 der Strafprozeßordnung: Einstellung des Verfahrens unter Auflagen. Die Auflage war eine Bußgeldzahlung von 30.000 Mark, zwei Drittel davon an die Staatskasse, ein Drittel ans Rote Kreuz.

Wann immer die Staatsanwälte Schwierigkeiten haben, einen umfassenden Tatnachweis zu führen, können sie die Ermittlungen einstellen mit Bezug auf Paragraph 153a Absatz 1 StPO. Auch wenn der Straftatbestand klar auf der Hand liegt, die Staatsanwälte aber Angst haben, daß der Nachweis der ungesetzlichen Handlung vor Gericht Monate dauern könnte (und damit sowohl die Strafkammer als auch ihre eigene Arbeit blockieren würde), dürfen sie einstellen und eine Geldbuße verhängen.

Die 1975 geschaffene Möglichkeit der Strafverfahrenseinstellung unter Auflagen zielte auf die massenhaften Kleinstvergehen, die die ohnehin überlasteten Strafverfolgungsbehörden vollends zu blockieren drohten. »Die Praxis zeigt jedoch«, berichtet Max-Planck-Forscher Volker Meinberg, »daß nicht selten äußerst schadensintensive Fälle, mit Schadenssummen bis zu zwei Millionen Mark, nach Paragraph 153a Absatz 1 eingestellt werden.«

»Eine nicht unbedenkliche Praxis der Bagatellisierung und Entkriminalisierung« habe sich so herausgebildet, meinen die Forscher des strafrechtlichen Max-Planck-Instituts in Freiburg. Zumal hier die Macht des Geldes einige vor dem Gesetz gleicher macht als andere: »Die Geringfügigkeitseinstellung unter Auflagen beinhaltet die Gefahr einer indirekten Begünstigung sozial bessergestellter Straftäter, die schließlich die problematische Verfahrenslage bewußt herbeiführen und die eher die Zahlung eines Bußgeldes anbieten können.«

Unabhängig von diesem unbefriedigenden Verfahren verbuchen die Statistiken die so eingestellten Ermittlungen als aufgeklärte und erledigte Fälle: Die Tat ist gesühnt, die Staatsanwaltschaft schließt die Akten. Der Täter kommt relativ glimpflich davon.

Zu glimpflich?

Nicht alle Wirtschaftstraftäter profitieren von dem pragmatischen Entgegenkommen der Staatsanwälte, das resultiert aus den begrenzten Aufklärungsmöglichkeiten der überlasteten Ermittlungsbehörde.

Als der 43jährige arbeitslose Lagerarbeiter Hartmut Enderich am Dienstagmorgen um neun Uhr von dem Hamburger Amtsgericht erscheint, hat er keinen Grund, auf solch ein pragmatisches Entgegenkommen des Anklagevertreters zu hoffen. Sein Fall ist klar: Enderich bezog Arbeitslosengeld, arbeitete dann aber fast drei Monate lang bei Karstadt im Warenlager, ohne das Arbeitsamt davon zu informieren. Er habe geglaubt, erklärt er dem Richter, das ihn einstellende Personalbüro werde automatisch das Arbeitsamt unterrichten.

2.431 Mark Arbeitslosengeld sind dem Angeklagten zuviel ausgezahlt worden. Die Sache kam heraus, weil sowohl Karstadt als auch das Arbeitsamt die Sozialversicherungsbeiträge abführten. Ein paar kurze Briefe zwischen den Verwaltungsbehörden und eine Notiz an den Staatsanwalt brachten Enderich vor die Schranken des Gerichts.

Das für die drei Monate zu Unrecht bezogene Arbeitslosengeld hat Enderich längst zurückgezahlt. Aber damit ist der Fall nicht erledigt, denn er hat sich einer Wirtschaftsstraftat schuldig gemacht. Der Staatsanwalt verlangt eine Strafe von 70 Tagessätzen à 25 Mark. Die Behauptung des Angeklagten, er habe gar nicht bemerkt, daß das Arbeitsamt auch während seiner Beschäftigungszeit weiter Geld überwiesen habe, sei unglaubhaft. Geradezu naiv sei es anzunehmen, man werde ihm das abnehmen. Über die Naivität des Angeklagten, zu glauben er könne so einfach eingespielte Verwaltungsbehörden austricksen, sagt er nichts in seinem Plädoyer.

Das Urteil lautet: 90 Tagessätze à 25 Mark und die Kosten des Verfahrens. In der mündlichen Urteilsbegründung würdigt der Richter, daß Enderich nicht vorbestraft ist; das über die Forderung des Staatsanwaltes hinausgehende Strafmaß erklärt er zum einen mit dem betrügerischen Vorsatz des Angeklagten. »Zum andern spielen auch generalpräventive Überlegungen eine Rolle, da solche Betrügereien, die der Allgemeinheit schaden, lawinenartig um sich greifen.«

Die »generalpräventive Überlegung«, also die Abschreckungsabsicht, taucht in fast allen Urteilsbegründungen gegen die kleinen Straftäter auf. Die Amtsrichter begründen die Urteile stets auch mit dem Hinweis auf das geschädigte Gemeinwesen. Passagenweise klingt das mehr nach Moralpredigt als nach Begründung eines Strafmaßes.

Vor den Großen Strafkammern und den Schöffengerichten, wo die schweren Fälle von Wirtschaftskriminalität verhandelt werden, herrschen andere Umgangsformen. Sachlich und höflich werden Positionen dargelegt, Ereignisse referiert und Stellungnahmen abgegeben. Hier werden Strafverfahren verhandelt, wie sonst Geschäfte verhandelt werden. Keine Demutshaltung bei den Angeklagten, kein moralischer Zeigefinger beim Staatsanwalt, keine »generalpräventiven Überlegungen« beim Richterspruch.

So auch vor der Wirtschaftsstrafkammer des Oberlandesgerichts Hamburg, wo drei Männer, alle Mitte vierzig, gut gekleidet und selbstsicher auftretend, wegen Zigarettenschmuggels vor dem Richter stehen. Zwölf Container mit insgesamt 97 Millionen Zigaretten haben die Herren von Hamburg über London und Rotterdam nach Italien verschifft und mittels Dokumentenfälschung 15 Millionen Mark Steuern hinterzogen. Der Organisator, der auch die internationalen Kontakte knüpfte, erhält dreieinhalb Jahre ohne Bewährung. Die beiden anderen bekommen zwölf bzw. zehn Monate mit Bewährung plus Geldstrafe.

Bei der mündlichen Begründung des Urteils kommt der Richter ins Grübeln. »Wenn man weiß, wie kleine Ganoven wegen geringer Eigentumsdelikte bestraft werden, dann kann man schon tiefsinnig werden, ob Sie, die Sie 15 Millionen hinterzogen haben, mit dreieinhalb Jahren gerecht bestraft werden und ob die Bewährungsstrafen angemessen sind.« Eigentlich müsse man da ja viel höher gehen, fährt er fort. »Aber das ist ja mittlerweile üblich: Je höher der

Schaden ist, desto mehr Rabatt kriegt jemand.«

Nach diesem tiefsinigen Exkurs folgt der Versuch einer rationalen Begründung: »Aber bei dieser Kammer zählen Geständnisse enorm!«

Die Würdigung des kooperativen Verhaltens der Angeklagten ist ein Eingeständnis der eigenen Schwäche. Wirtschaftsstraftaten stellen die ermittelnden Staatsanwaltschaften und die rechtsprechenden Richter vor so große Probleme, daß Schuldeingeständnisse mit bedeutenden Strafnachlässen belohnt werden.

Weil der juristische Nachweis einer Straftat in dem unübersichtlichen und vielen kaum verständlichen Wirtschaftsbereich so schwer ist, weil die Staatsanwälte überlastet und überfordert sind, weil die Strafkammern unter der Flut der Prozesse ersticken und sich langdauernde Prozesse kaum noch leisten können, deshalb haben Wirtschaftsverbrecher generell gute Chancen, nicht gefaßt zu werden. Überführte Täter haben gute Chancen, milde Strafen zu bekommen, wenn sie den Strafverfolgungsbehörden die Arbeit leichtmachen.

Gleiches Recht für alle?

Das Strafmaß ist das deutlichste Indiz dafür, daß unsere Rechtsprechung sich schwertut mit der Wirtschaftskriminalität. »Hat jemand 2.000 Mark veruntreut, so erhält er vielfach eine Freiheitsstrafe von neun Monaten. Hat er dagegen zwei Millionen veruntreut, wird ihm oft nur eine Strafe von 18 Monaten auferlegt - wobei beide Freiheitsstrafen zur Bewährung ausgesetzt werden können«, berichtet Karlhans Liebl vom Max-Planck-Institut für inländisches und ausländisches Strafrecht. Der promovierte Sozialwissenschaftler und Kriminologe untersucht die Arbeit der Ermittlungsbehörden bei Wirtschaftsstraftaten seit einem Jahrzehnt. Problematisch scheint ihm nicht nur die Sanktionierungspraxis der Gerichte. Auch die Gesellschaft zeigt eine ungleiche und damit ungerechte Reaktion auf die Straftäter: »Der Angestellte, der einen kleinen Betrag aus der Kasse entwendet hat und dem daraufhin gekündigt wurde, wird kaum wieder eine Anstellung in seinem Tätigkeitsbereich finden. Die Ermittlungsakten zeigen aber, daß derjenige, der es fertigbrachte, mit einem 'genialen Trick' eine Million zu veruntreuen, bald schon wieder eine führende Position in einem Unternehmen einnehmen kann.«

Rechtssprechung und gesellschaftliche Moral verhalten sich also etwa gleich: die wirtschaftskriminelle Tat erhält, je höher die Schadenssumme wird, die Aura des Kavaliersdeliktes.

Über die Einstellung der Gesellschaft, die laxe Moral und die klammheimliche Bewunderung für den gerissenen Täter mag man klagen oder philosophieren. Das Verhalten der Rechtsorgane aber ist anders zu bewerten. Sie werden durch die beobachtbare Praxis unglaubwürdig, wirken parteiisch und ermutigen durch ihr Verhalten eine bestimmte Gruppe von Straftätern.

Wenn Tilman Huber über die Wirkungen seiner Arbeit laut nachdenkt, dann schwankt er zwischen stolzem Trotz, häufig widrige Umstände durch eigene Kreativität überwunden zu haben, und resignativer Wut, nicht über die Mittel zu verfügen, die Wirtschaftskriminalität wirklich effizient zu bekämpfen.

Als er mit 28 Jahren innerhalb der Staatsanwaltschaft zur Wirtschaftsabteilung versetzt wurde, erinnert er sich, habe er gleich gemerkt, daß die Dienststelle für ihre Aufgabe schlecht gerüstet war. Doch er blieb bei den Verfolgern der Weiße-Kragen-Täter. Kurze Zeit nach Antritt des neuen Jobs waren in Frankfurt die Selmi-Bank und die Bass & Herz-Bank unter dubiosen Umständen zusammengebrochen. »Diese Kriminalität im Bankenbereich, das war ja damals völliges Neuland. Ich empfand das als ungeheure Herausforderung und habe mich da reingearbeitet.«

Diese Herausforderung war sein eigentliches Motiv, das Geld war es mit Sicherheit nicht: »Das Gehalt eines Staatsanwaltes ist ja, gemessen an seinen Aufgaben, wirklich lächerlich gering.«

Heute äußert sich Tilman Huber nur noch ironisch über sein Gehalt, spricht von sich und seinen Kollegen als »den am schlechtesten bezahlten Spezialisten im Land« und meint, es sei doch nur natürlich, daß immer mehr Kollegen abwandern - die betulichen auf weniger anstrengende Posten, die dynamischen in die Wirtschaft.

Ökonomisch verhält sich der Staat mit seinem starren Besoldungssystem da gewiß nicht. Wirtschaftsstaatsanwälte zählen zu den wenigen Staatsdienern, die ihrem Arbeitgeber mehr Geld einbringen, als sie kosten. Schelmisch erzählt Huber von dem luxemburgischen Bankdirektor, den er vor Jahren verhaften ließ. Gegen eine Kaution von 1,8 Millionen Mark setzten ihn die Richter auf freien Fuß. »Der Kerl tauchte weg, das Geld blieb in der Staatskasse; mein Gehalt habe ich also reichlich selbst erwirtschaftet«, meint er.

Fragwürdig ist das Verhalten des Gesetzgebers aber nicht nur bei der Besoldung der Jäger der Weiße-Kragen-Täter. Bislang, so scheint es, werden die Strafverfolger auch durch unzureichende juristische Rahmenbedingungen und mangelhafte Ausstattung an der kurzen Leine gehalten.

Abhilfe könnte geschaffen werden. Die Regierungen in Bund und Ländern müßten die Wirtschaftskriminalität und ihre Folgeschäden ernster nehmen, die Arbeitsbedingungen der Strafverfolgungsbehörden verbessern und die Gesetze aktualisieren. Aber stärker als die juristischen Forderungen sind vielfach die wirtschaftlichen Interessen mächtiger Lobby-Gruppen.

Die seit dem Ende der Wachstumseuphorie beschworene Krisenstimmung, die Gefahr für Arbeitsplätze und Wohlstandsniveau, hat immer wieder ritualhaft herhalten müssen, Lohnerhöhungen abzuwehren, Umweltschutz aufzuschieben oder Subventionen zu erpressen. Nur folgerichtig dient die ideologische Gebetsmühle auch dazu, den Kampf gegen die Wirtschaftskriminalität zu bremsen und zu blockieren.

Dreistester Fall: die Bauwirtschaft. 90 Prozent aller öffentlichen Bauvorhaben in der Bundesrrepublik, so schätzt die Basler Prognos-AG, werden nach Absprachen der interessierten Baufirmen vergeben. Dieser Ausschreibungsbetrug, der den Wettbewerb ausschaltet und so die Preise treibt, kostet die öffentlichen Haushalte und damit die Steuerzahler jährlich sieben bis acht Milliarden Mark.

Obwohl die Mauscheleien der Bauträger allgemein bekannt sind und es unter Experten kaum Differenzen über die Schadenshöhe gibt, ist der Ausschreibungsbetrug noch immer keine Wirtschaftsstraftat, sondern eine Ordnungswidrigkeit.

»Selbst wenn ein Preiskartell auffliegt, machen die Bußgelder nur einen Bruchteil der unrechtmäßig erworbenen Gewinne aus«, meint Staatsanwalt Huber.

Das seit 1978 diskutierte und erst Anfang 1986 verabschiedetet »Zweite Gesetz zur Bekämpfung der Wirtschaftskriminalität« sollte den Ausschreibungsbetrug in das Strafrecht aufnehmen.

Aber die Juristen hatten die Rechnung ohne die Bau-Lobby gemacht. Zunächst ließen die Verbände verlauten, die bisher gültigen Vorschriften für Kartellverstöße seien völlig ausreichend, um eventuellen Auswüchsen zu begegnen. Da dies allzu offensichtlich nicht der Realität entsprach, griffen die Lobbyisten alsdann zur wundersamen Vielzweckwaffe des erpresserischen Krisengejammers. Die besonderen Strukturprobleme der Baubranche, so hieß es, erlaubten es nicht, den Firmen weitere Erschwernisse zu bereiten. Die Schaffung eines neuen Straftatbestandes Ausschreibungsbetrug, meinte Werner Benisch vom Bundesverband der Deutschen Industrie, sei »ein erster Schritt in die Kriminalisierung von unternehmerischem Marktverhalten«.

Die alte Leier zog wieder einmal. Der Ausschreibungsbetrug wurde aus den folgenden gesetzesvorbereitenden Texten herausgenommen.

»Ein ungeheuerlicher Vorgang«, kommentiert Frankfurts Oberstaatsanwalt Udo Scheu. »Mit dieser Argumentation können demnächst alle notleidenden Branchen fordern, sie zeitweise von der allgemeinen Rechtsprechung auszunehmen, damit sie durch illegale Aktionen wieder Boden unter die Füße kriegen.«

Nicht nur die Bau-Lobby zeigte den Juristen, wer bei uns das Sagen hat. Auch der Bankenverband fühlte sich durch den im Entwurf zum Zweiten Wirtschaftskriminalitätsgesetz aufgeführten Tatbestand des »Mißbrauchs von Scheck- und Kreditkarten« in seinen Plänen gestört. »Dieser Tatbestand hätte eine Gesetzeslücke geschlossen«, urteilt Karlhans Liebl, »aber die Banken wollten nicht bereits im Vorfeld der Ausdehung des Scheckkarten-Geschäfts eine Diskussion um die Kriminalitätsträchtigkeit dieser Angebotssparte auslösen.« Also wurde der ursprünglich unter Paragraph 266 b vorgesehene Straftatbestand aus dem Gesetzentwurf wieder herausgenommen.

»Das Zurückweichen des Gesetzgebers vor den Interessenverbänden der Wirtschaft«, resümiert Kriminologe Liebl, »kann nur als Signal betrachtet werden, daß die Bekämpfung der Wirtschaftskriminalität nur noch so weit von Belang ist, als sie nicht 'das System freier wirtschaftlicher Betätigung' beeinträchtigt. Was darunter zu verstehen ist, darf die jeweilige Wirtschaftslobby definieren.«

Ähnlich bei der unerlaubten Arbeitnehmerüberlassung, seit Günter Wallraffs Bestseller allgemein bekannt als illegale Leiharbeit. Obwohl bekannt ist, daß einige hunderttausend illegale Arbeiter Baustellen, Werften und Fabrikhöfe bevölkern, drückt der Gesetzgeber beide Augen zu: geahndet wird dies nur als Ordnungswidrigkeit. Obwohl den Sozialversicherungsträgern und dem Fiskus Millionen vorenthalten werden, ist der systematische Verleih von Schwarzarbeitern keine Straftat.

Daß der Gesetzgeber nicht einfach das Problem verschlafen hat, sondern ganz offensichtlich einseitig handelt und mit zweierlei Maß mißt, erkennen immer mehr Fachleute. Die intensive Arbeit an den Gesetzespassagen über Kapitalanlage-Betrug bei gleichzeitiger Herausnahme der Tatbestände zum Ausschreibungsbetrug, Scheckkartenmißbrauch und illegale Leiharbeit erzürnte auch den Strafrechtler Professor Tiedemann. »Das ist allerdings besonders bemerkenswert«, schrieb der Experte, »wenn man die Untätigkeit des Gesetzgebers auf anderen Gebieten bedenkt, was er zum Schutz des 'kleinen Mannes' unterläßt. Das Gesetz zur Bekämpfung des Kapitalanlagebetrugs betrifft ja überwiegend Gutverdienende, eben die genügend Geld haben, es gewinnbringend anlagen zu können. Es ist ja ganz erstaunlich, wie energisch der Gesetzgeber zu ihrem Schutz hier vorgehen will.«

Zuweilen träumt Staatsanwalt Huber davon, wie seine Arbeit aussehen könnte. »Der Staatsanwalt«, sagt er, »sollte wie ein General fähig sein, die jeweils richtige Einheit an die richtige Stelle zu bringen. Das setzt voraus, daß er entweder die Truppen zur Verfügung hat oder die Mittel besitzt, die nötigen Heere einzukaufen.«

»Und«, setzt er leise hinzu und breitet klagend die Arme aus, »wir haben weder das eine noch das andere.« Einen Moment lang wirkt Tilman Huber wie ein geschlagener Armeechef. Die Mängel seiner Truppe kann Huber schnell auflisten:

- zu wenig Leute und zu geringe Mittel;
- veraltete Organisationstechniken bei den Wirtschaftsreferenten, die von EDV träumen, aber noch immer per Hand riesige Buchhalter-Kladden ausfüllen;

- Kooperation mit einer völlig überlasteten Kriminalpolizei, die Aufgaben oft nur im Hauruck-Verfahren erledigen kann;
- bürokratische Hemmnisse etwa bei Rechtshilfeersuchen ans Ausland;
- fehlende juristische Hilfestellungen, wie zum Beispiel bei der illegalen Leiharbeit oder dem Ausschreibungsbetrug in der Bauwirtschaft, die beide gesetzlich noch immer als Ordnungswidrigkeit eingestuft werden.

Vieles andere, das den Alltag erschwert - wie die fehlende Sekretärin oder die Anmeldung jedes Ferngespräches über die Telefonzentrale -, erwähnt Huber schon gar nicht mehr.

Bei seinem »großen Fall«, dem illegalen Wertpapierhandel durch bankangestellte Rentenhändler, hat Huber durch fast übermenschliche Anstrengungen und Mobilisierung aller Reserven einen großen Erfolg erzielen können. In fast zweijähriger Arbeit - von 1980 bis 1982 - konnte er zusammen mit seinem Wirtschaftsreferenten das beschlagnahmte Material so weit aufbereiten, daß sich eine Anklageschrift erstellen ließ.

Die enthielt einen lückenlosen Tatnachweis und konnte überdies dem fachlich nicht vorbelasteten Richter erklären, worin die kriminelle Handlung eigentlich bestand.

Huber wies nach, daß die Angeklagten innerhalb von vier Jahren illegale Wertpapiergeschäfte in einem Gesamtvolumen von 450 Millionen Mark abgewickelt und dabei 6,7 Millionen Mark Gewinn privatisiert hatten.

Das Gerichtsverfahren, das Huber als »zügig geführt« bezeichnet, dauerte fünf Monate. Da einer der Angeklagten jegliche Tatbeteiligung bestritt, mußte die Strafprozeßordnung voll ausgespielt werden. Schließlich, im Dezember 1983, wurde der Makler als Anstifter des Unternehmens zu fünf Jahren und sechs Monaten Freiheitsstrafe ohne Bewährung verurteilt, die anderen Angeklagten erhielten Freiheitsstrafen zwischen einem halben und vier Jahren, ebenfalls ohne Bewähreung.

Die Urteile hatten für die bundesdeutschen Renten- und Effektenhändler zweifellos abschreckende Signalwirkung. Das Bundesaufsichtsamt für das Kreditwesen erließ neue Richtlinien, wie die Banken ihre Abteilungen für Wertpapierhandel in Zukunft zu organisieren haben. Huber hat etwas bewegt. Erfüllen ihn Stolz, Genugtuung, Befriedigung über seine Arbeit?

»Naja, Befriedigung schon, daß man wenigstens eine Sache mal in den Griff gekriegt hat.« Er stockt. Von Stolz und Genugtuung nichts zu spüren. »Aber während ich an diesem Fall saß, sind natürlich zwei Dutzend andere große, bedeutende Fälle liegengeblieben.«

Und schon ist er wieder bei seinem Lieblingsthema: Wie müßte eine Organisation aussehen, die wirksam gegen Wirtschaftsverbrechen vorgeht? Mit leuchtenden Augen erzählt er von der Arbeit der US-amerikanischen Securities & Exchange Commission, die von sich aus die Börsengeschäfte kontrollieren kann und ermittelnd tätig werden darf; er hält ein flammendes Plädoyer, warum es notwendig ist, die Wirtschaftsstaatsanwälte aus dem lähmenden Rahmen des öffentlichen Dienstes herauszunehmen. Voller Leidenschaft erklärt Tilman Huber, wie sinnvoll es wäre, bereits im Vorfeld der kriminellen Taten aktiv zu werden, etwa indem der Strafverfolger regelmäßig die dubiosen Kapitalmarktanzeigen in der »FAZ« untersuche oder Ausssagen der Rechnungshofberichte nachgehe.

Aber plötzlich ist sein Elan wieder verschwunden. »Der Alltag«, sagt Huber resigniert, »sieht ja genau andersherum aus. Wir ersticken im Kleinkram und in der Bürokratie.«

ERSTVERÖFFENTLICHUNGSHINWEISE

Die Reportagen wurden in zum Teil abgeänderter Form in folgenden Zeitschriften erstveröffentlicht:

Fünf Weise in der Wirtschaft: TRANSATLANTIK 1/83.

Ladenhüter: TRANSATLANTIK 11/82.

Die Angstmacher: TRANSATLANTIK 2/84.

Die Rotstifte der Nation: TRANSATLANTIK 4/84.

Das schlechte Gewissen der satten Nation:
überarbeitete Fassung eines Artikels aus TRANSATLANTIK 9/83.

Einfältige Jäger und schnelle Mäuse:
Eine gekürzte Fassung dieses Artikels erschien in TRANSATLANTIK 6/83.

Working Class Heroes: TRANSATLANTIK 1/85.

Herren mit weißem Kragen, aber ohne weiße Weste:
Erweiterte Fassung eines Artikels aus SPIEGEL 14/86.

Denken ist

Drucksache.

TRANS ATLANTIK

Im guten Zeitschriften- und Buchhandel